教育部人文社会科学重点研究基地

教育部人文社会科学重点研究基地重庆工商大学长江上游经济研究中心2017年自主招标项目
"三峡库区百万移民安稳致富国家战略"服务国家特殊需求博士人才培养项目
国家哲学社会科学重大招标项目"三峡库区独特地理单元'环境-经济-社会'发展变化研究"
(11&ZD161)
中央财政支持地方高校发展专项资金应用经济学学科建设项目
教育部人文社会科学重点研究基地重庆工商大学长江上游经济研究中心智库创新团队重大培育项目
(CJSYTD201708)
教育部人文社会科学重点研究基地重庆工商大学长江上游经济研究中心十三五重大招标项目"长江上游地区生态文明建设体系研究"

Basin Economic Review

流域经济评论

（第三辑）

文传浩◎主编

科学出版社

北京

图书在版编目（CIP）数据

流域经济评论.第三辑 /文传浩主编. —— 北京：科学出版社，2018.4
ISBN 978-7-03-056850-2

Ⅰ.①流… Ⅱ.①文… Ⅲ.①流域经济学-文集 Ⅳ.①F061.5-53

中国版本图书馆 CIP 数据核字（2018）第049014号

责任编辑：杨婵娟　姜德君 / 责任校对：何艳萍
责任印制：张欣秀 / 封面设计：铭轩堂
编辑部电话：010-64035853
E-mail:houjunlin@mail.sciencep.com

科学出版社 出版
北京东黄城根北街 16 号
邮政编码：100717
http://www.sciencep.com

北京凌奇印刷有限责任公司 印刷
科学出版社发行　各地新华书店经销

*

2018 年 4 月第 一 版　开本：B5（720×1000）
2020 年 3 月第二次印刷　印张：15
字数：229 000
定价：86.00元
（如有印装质量问题，我社负责调换）

《流域经济评论》指导专家委员会

主　任：孙芳城　王崇举　杨继瑞
委　员：（以姓氏笔画排序）
　　　　文传浩　左学金　史晋川　刘　灿
　　　　齐建国　杨云彦　杨文举　余兴厚
　　　　宋小川　张宗益　陈泽明　陈新力
　　　　郝寿义　荆林波　段　钢　黄志亮
　　　　曾庆均　廖元和　魏后凯

《流域经济评论》编辑委员会

主　编：文传浩
副主编：范云峰　滕祥河　邓雪嵩

前　言

　　人类文明伴水而生，河流及其孕育的流域是人类文明生生不息繁衍至今最重要的复合生态系统。相反，人类对流域生态系统不合理的开发利用，最终又导致文明的消亡或代价沉重的长途迁徙，世界四大文明古国都未能逃离这一生态演变宿命，现在和未来，人类依旧可能在赖以生存繁衍的各大流域重复着昨天的故事……流域在为人类生产生活提供基础性自然资源的同时，也提供了重要的战略性经济资源。沿江防洪灌溉、水电水利开发、旅游发展和航运建设等日益成为当今时代流域开发建设的主要内容。

　　2016年1月5日，习近平总书记在重庆召开推动长江经济带发展座谈会时指出：推动长江经济带发展是国家一项重大区域发展战略；千百年来，长江流域以水为纽带，连接上下游、左右岸、干支流，形成经济社会大系统；长江拥有独特的生态系统，是我国重要的生态宝库；当前和今后相当长一个时期，要把修复长江生态环境摆在压倒性位置，共抓大保护，不搞大开发。[①] 2016年9月《长江经济带发展规划纲要》正式印发，明确了长江流域绿色发展的路线图。2016年12月14～16日，重庆工商大学与中国区域经济学会、涪陵区人民政府及长江师范学院主办的"长江经济带·首届乌江流域绿色发展高峰论坛"应运而生。

　　乌江是长江上游南岸的最大支流，流域面积8.792万 km^2，流经56个县市，所流经的区域资源富集，居住有汉族、彝族、苗族、布依族、回族等多个

---

① 共抓大保护　不搞大开发. 2016-01-08. 烟台日报，第1版.

民族,在旅游、水电、矿产资源等方面有着巨大的经济价值和资源开发潜力,其流域范围覆盖集喀斯特石漠化地区、民族集聚区、集中连片特困区叠加和交错、多省市交接区于一体的特殊区域,是我国确定的武陵山、乌蒙山和滇黔桂石漠化等集中连片特困区叠加和交错区域,生态治理难度大,也是长江经济带"共抓大保护、不搞大开发"的重点区域和难点区域。然而,多年来具有盲目性、片面性和短期功利性的经济开发和产业建设方式,给流域内的自然生态环境造成了较大的负面影响,加速了生态退化的速度。因此,召开"首届乌江流域绿色发展高峰论坛",深入探讨乌江流域绿色发展系列问题具有重要的理论和现实意义,对于长江上游地区生态保护及长江经济带可持续发展具有举足轻重的作用,同时为其他流域的治理和可持续发展提供了可靠的借鉴和宝贵的参考。

本书是《流域经济评论(第一辑)》和《流域经济评论(第二辑)》的延续和发展,以生态学、复合生态系统管理、可持续发展、循环经济等方面的理论为基础,利用流域经济学和流域生态学等新兴学科的交叉优势,结合乌江流域的具体情况,以深入的调研为基础,本辑刊围绕乌江流域产业发展与转型、乌江流域可持续发展模式、乌江流域生态文明建设对策、乌江流域精准扶贫问题四个方面进行研究,尝试在现有人口、资源、环境、社会、产业基础上,探索流域可持续发展模式,在流域内基本形成节约资源和保护生态环境的生态产业结构、持续增长方式、绿色消费模式,实现流域地区生产发展、生活富裕、生态良好的文明发展模式。同时通过对典型的乌江流域的研究,旨在剖析流域建设发展过程中的重点问题、主要矛盾及发展水利水电的经验教训等内容,为流域经济、流域生态等相关方面的研究提供支撑,并且为全国乃至全世界的其他流域的可持续发展提供一个范式,推进构建和谐流域战略。

流域经济学是建立在保证流域生态环境可持续发展基础之上的经济学、自然地理学、生态学和环境科学等学科的新兴交叉学科,是理论研究与实践应用并重的一项复杂系统工程。流域不同于简单的行政区划,也不同于路域,流域环境特殊,流域内跨区域补偿问题复杂,沿途经济社会发展差异巨大。进行流域经济学的理论与流域经济的实践探索,不仅可以加强区际联系,促进区域合作，而且可以实现优势互补、缩小区域发展差距，从而实践区域之间的可持续发展。流域经济学及这门学科涉及的理论体系的构建是不断更新、不断完善的过程，编者及所带领的学术团队近年来一直致力于流域经济、流域生态方面的研究，取得了较为丰硕的成果：一是一套流域经济·管理与可持续发展系列丛书；二是创建一个公益性、学术性的开放网络平台和一个微信公众平台，实现对国内外流域经济、流域管理及水利水电库区等前沿问题进行跟踪研究，并实时推介最新相关学术动态及成果；三是基本建成水利水电库区特色流域数据库；四是围绕流域可持续发展召开系列全国性学术会议或高峰论坛。但是在流域环境管理体制理论体系、流域经济学学科理论体系等方面仍有待完善和丰富。我们将始终围绕这个领域进行孜孜不倦的研究，我们也热忱希望更多的学者关注流域经济学这一新兴领域的发展，共同为流域经济理论与实践做更大贡献。

编　者

2018 年 1 月

目 录

◎乌江水资源战略安全与旅游产业发展……………………………………… 1
（黄大勇　刘军林）

◎文化产业竞争力评价指标体系的构建——以乌江流域为例…………… 13
（洪业应　余继平）

◎第三方冷链物流发展路径研究——以重庆乌江流域为例………………… 25
（毛丽佳）

◎基于环境污染的重庆三峡库区农业全要素生产率实证分析……………… 31
（张　超）

◎基于 SSM 模型的重庆乌江流域产业竞争力比较分析 …………………… 50
（邱苗苗）

◎重庆市县域经济产业结构与竞争力时空变迁研究………………………… 64
（张渝珩）

◎基于乌江流域水资源开发实践分析的水生态文明建设思考……………… 82
（罗用能）

◎乌江流域生态屏障建设的现状、制约因素及对策研究…………………… 94
（李　伟　杜　乐　黎洪洲）

◎以民族文化立体引领乌江流域生态旅游转型升级………………………… 103
（罗丽莎）

◎保护生态环境，建设绿色乌江……………………………………………… 112
（吴友鹏）

◎乌江流域生态承载力分析研究初探——以涪陵区为例……………… 119

（谭红英）

◎长江经济带战略视域下的乌江流域发展研究……………………… 132

（彭福荣）

◎乌江流域推进林业生态扶贫初探…………………………………… 144

（欧小蓉）

◎基于主成分分析和熵权法的重庆市水资源承载力研究…………… 153

（周　欣）

◎探究农村金融症结，提升金融支农效率新思路…………………… 166

（刘开华　许　竹　余　函）

◎渝东南油桐传统知识的挖掘与利用调查报告……………………… 174

（莫代山）

◎长江上游地区公共基础设施中的 PPP 模式发展与风险控制 …… 188

（周　兵　卢小丽　吴静静）

◎长江经济带高校科技创新能力评价………………………………… 201

（孙红宇）

◎三峡库区县域经济发展效率评价研究……………………………… 214

（邓雪嵩）

乌江水资源战略安全与旅游产业发展*

黄大勇　刘军林

（长江师范学院，重庆　408100）

摘　要：乌江流域经济发展活跃，生态环境脆弱，水质状况直接关系到三峡库区的水安全，建设贵州生态文明示范区和重庆生态保护发展区，将为长江上游和三峡库区水资源安全构筑屏障，以确保我国水资源的战略安全。旅游是拉动经济发展的重要动力，乌江流域旅游产业的全面升级将带动关联产业和经济格局的转变，降低工业、农业等污染产业发展比重，形成以生态、绿色主导的综合服务产业快速发展格局。积极探索生态发展补偿机制，强化生态保护措施，通过区域联动、"腾笼换鸟"，推进乌江沿岸旅游产业发展，带动区域产业结构调整，以提升旅游综合服务产业的发展质量。

关键词：水资源安全；污染；生态保护；旅游产业

水资源是战略性经济资源，是一个国家综合国力的有机组成部分[1]，水资源安全关系到国计民生。水污染已经成为影响人民生活、生命财产安全及经济社会可持续发展的重要问题[2]。乌江作为长江上游最大的支流之一在涪陵直接

---

* 作者简介：黄大勇（1965— ），男，四川内江人，长江师范学院院长，教授，硕士生导师，主要研究方向为旅游管理、区域旅游经济等。刘军林（1979— ），男，山东东明人，副教授，主要研究方向为休闲旅游学。

汇入三峡水库，乌江水质直接影响三峡水库水资源战略安全，乌江水质状况和水体质量成为影响三峡水库水资源战略安全的重要因素。但由于乌江流域近年社会经济发展迅猛，流域内工业、农业、水产业等行业发展对乌江水质造成较大的影响，成为乌江水质的重要污染源。如何协调区域经济发展和流域水体生态环境安全成为贵州、重庆等省市面临的重要问题，也是国家长江水体战略安全面临的重要问题。贵州、重庆需积极调整区域产业结构，以旅游促进乌江沿岸工业、农业和水产业的适度避让，构建乌江水体安全隔离带区、缓冲区和监控区，将有助于增强乌江水质治理和三峡库区水体安全。

一、乌江水资源安全的战略地位

我国水资源分布不均，呈现北贫南丰的态势，长江作为我国第一大河，不仅承担着流域内淡水供给的重任，还承担着"南水北调工程"供给我国北方部分省市用水的重任。长江流域生态环境已经成为我国社会经济发展重要的制约因素，受到国家和社会的高度关注，长江水资源安全直接影响到流域社会生产、经济发展、人类生存环境等[3]。三峡水库调节长江中下游和"南水北调工程"的水供给状况，三峡水库水质状况直接影响着中下游和"南水北调工程"水质状况。乌江直接注入三峡水库，乌江水质状况直接影响三峡水库水质状况。

（一）三峡水库水质关系到国家战略安全

三峡水库是国家重要的战略淡水资源库[4]，三峡水库作为我国最大的水利工程，不仅在长江上游防洪、蓄水、发电中发挥着巨大的作用，还在我国淡水资源安全中发挥关键性作用。三峡水库的水质安全不仅直接影响长江中下游各省市的生产生活用水安全，还直接影响"南水北调工程"水质情况和北京等华北地区各省市的用水安全。如果三峡库区水质出现重大污染，将直接威胁华中地区、华东地区、华北地区几亿人口的生活稳定，威胁我国主要经济区的社会发展，威胁国家的战略安全稳定。因此，确保长江上游地区和三峡库区水质安全，做好长江上游及各支流水质安全保障防护工作意义重大。

（二）乌江生态影响长江生态屏障建设

乌江流域是西南地区重要经济中心的生态和安全屏障[5]，打造乌江生态屏障是长江上游生态屏障建设的重要一环。生态屏障建设遵循短板理论，短板缺口决定了整体建设的成败，长江上游生态屏障建设工程，不仅需要在四川、重庆长江干流区域开展，还需要在嘉陵江、乌江等长江支流区域开展，支流区域生态屏障建设的好坏，直接影响到生态屏障整体建设成效。乌江流域覆盖贵州、重庆、湖北、云南4省市，其中主体在贵州和重庆，贵州作为国家生态文明建设示范区，具有生态文明建设和生态屏障建设的叠加功能需求。目前，重庆、贵州和四川地区经济高速发展，区域经济发展给长江上游生态屏障建设带来不小的压力。

（三）乌江水体直接影响库区水质状况

乌江作为直接汇入三峡水库的长江支流，其水质状况直接影响三峡库区水质，国家将乌江作为重点流域污染防治的重要控制单元，在《三峡库区及其上游水污染防治规划》中处在重要位置。乌江看似清澈，但水质状况并不乐观，部分河段长期处在Ⅳ类水质状况，息烽河出境断面水质曾出现劣Ⅴ类重度污染状况，毕节、遵义等河段总磷（TP）量严重超标，国家已重点监控乌江水质状况。目前贵州、重庆加大了对乌江污染防治工作，取得了一定成效，同规划目标要求的Ⅱ类水质存在较大的差距，需要进行乌江水资源一体化管理[6]。

二、乌江水资源的威胁与保护措施

（一）生产生活直接污染威胁

乌江水质污染主要来源于工业污染、农业污染和生活污染，工业、农业活动对河水有一定影响[7]。首先，乌江面临工业污染。工业污染以磷矿开采、工业生产排污、工业废弃物处理为主，工业污染源主要来自乌江流域沿岸化工企业，贵州、重庆虽然加大了对工业污染的治理工作，但乌江干流及支流仍受到工业废水、坑矿废水、煤炭废水处置不达标或未经处置直接排放的威胁，贵州部分地区磷矿和煤矿开采及锌、汞、硫土法冶炼造成的生态破坏，很难在短时间内恢复。其次，乌江面临农业污染。农业污染已成为我国流域污染的主要来源[8]，农业污染主要包括渔业养殖、化肥农药、农业垃圾处理等，农业污染主要来自水体养殖、水岸农业生产、农业活动造成水土流失等，如乌江大量的网箱养殖历史久、规模大、密度高造成水体严重富营养化，成为乌江水体总磷的重要来源之一，成为乌江农业污染的重要污染源。再次，乌江面临生活污染。生活污染主要包括城市垃圾、生活污水及其他生活垃圾处理物等，随着化学洗涤用品和一次性用品的用量剧增，城乡生活污水中总磷的含量急剧上升[9]，乌江岸边部分地区存在污水处理不达标或未经处理的污水直接排入河道，生活垃圾掩埋处理不当造成泄漏污染偶有发生，城镇生活污染已经成为乌江水资源保护的重要威胁。

（二）经济发展活动间接威胁

虽然贵州、重庆加大了对工业污染的治理力度、污水处理、网箱养殖、垃圾处理的规范程度，但该地区经济近几年处在高速增长状态，对乌江水资源的保护构成间接威胁。从2012年开始，重庆、贵州一直占据我国各省份经济增长速度的前3名，乌江流域是贵州经济社会发展最快的区域，在贵州涉及流域的7个市（州）、42个县，生产总值占全省的2/3，人口占全省的1/2，重庆的涪陵等区经济发展迅猛。快速发展的社会经济必然对生态环境保护造成一定的影响，如果处理不当，间接影响很快会转化为工业污染、农业污染、生活污染等直接威胁。例如，乌江上修建的十余座梯级水电站，使乌江输送氮磷物质的能力受阻，造成氮磷的局部富集[10]，形成生态环境污染状况。因此，协调好乌江流域社会经济高速增长与乌江水资源保护的关系，成为地方政府面临的重要生态课题。

（三）乌江水资源的生态威胁

水资源安全以水资源系统的状态稳定和功能健全为标志[11]，但乌江流域喀斯特地貌分布广泛，属于生态脆弱区域，容易受到地质、生态、环境恶化等多方面的生态威胁，造成乌江流域不可逆转的生态灾害。首先，石漠化的生态威胁。贵州是世界上岩溶地貌典型区域，岩溶裸露面积占全省面积的61.92%。由于过度农业生产、放牧或不正当人类活动，贵州部分地区面临规模性石漠化威胁，石漠化治理是保障乌江流域生态安全的重要生态工程。其次，城市扩建的生态威胁。城市扩建、村镇建设、工业园区建设、道路发展等造成区域性生态破坏，降低了自然生态的区域内自我调节能力，对生态水系资源环境形成一定的生态威胁。再次，过度农业生产的生态威胁。乌江流域特别是乌江沿岸部分地区土层较薄，过度农业生产将对生态环境造成严重影响，人增—耕进—林退的农业发展模式，造成部分地区迅速石漠化的生态灾难。因此，退耕还林/还草，建立乌江水资源生态保护区，成为构建长江上游生态屏障的重要环节。

（四）乌江水资源保护措施

国家层面，《三峡库区及其上游水污染防治规划》对乌江水质提出具体目标要求；国家大力推进贵州生态文明建设示范区，通过提升贵州生态的稳定性、可持续发展，提升乌江生态环境和生态屏障建设；国家积极推进青海、四川、重庆等长江上游生态屏障建设，退耕还林/还草，发展生态涵养生态保护区等多种方式促进长江生态屏障建设等。省级联动层面，贵州以国家生态文明示范区建设为抓手，将乌江污染治理作为一号生态工程，出台了《贵州省乌江流域水污染防治总体规划》《贵州三峡库区上游区及影响区水污染防治规划（2012—2015年）》《三岔河流域水污染防治规划》等，在治理企业排污、矿业污染、网箱养鱼、生活污水、石漠化等方面成绩突出，有效地遏制了乌江污染源进一步扩大的可能。重庆将乌江流域基本划入生态保护区，强化对区域生态保护治理。通过贵州、重庆上下游综合治理，为乌江水资源安全提供了坚实的保障。

三、乌江沿岸旅游发展的战略依托

习近平指出旅游是拉动经济发展的重要动力，发展旅游产业成为地方经济调整的重要抓手，也成为建设重庆渝东南生态保护发展区和贵州生态文明示范区的关键着力点之一。乌江沿岸发展旅游产业可以替代部分高污染、高耗能产业，成为区域绿色经济发展的新引擎，成为乌江国家公园建设的核心依托。

（一）调整区域发展主体功能定位

乌江沿岸区域喀斯特地貌典型，地表土层单薄，生态蓄水能力不强，造成其生态自我修复能力较弱，一旦发生规模性生态破坏，在短期内难以自我修复，石漠化倾向严重，环境承载能力差。虽然乌江沿岸生态环境脆弱，但资源丰富、流域人口密集、社会经济发展活跃，单纯依靠污染防治和生态保护显得过于薄弱，需要从产业升级发展、区域功能再定位的角度考量。按照国家倡导实施的"主体功能区"的国土空间开发思路,将乌江沿岸调整为生态旅游发展区,从根本上改变乌江沿岸产业发展格局,搬迁关停重污染企业、采矿洗煤、网箱养鱼等,才能从根本上缓解乌江污染面临的威胁问题。

(二)旅游资源禀赋优异,发展良好

乌江流域旅游资源禀赋优异、品级很高,具有发展旅游业的天然优势,如乌江重庆段流经区县均有(或正在创建的)国家5A级旅游景区[①](以下简称5A级景区),贵州乌江流域的黔南、安顺、毕节聚集了贵州所有国家5A级景区。乌江流域旅游产业发展水平较高,贵州有5A级景区4家、4A级景区61家、国家生态旅游示范区3家,2015年旅游总收入约3500亿元,其中乡村旅游接待人数有1.593亿人次,旅游收入705.9亿元,贵州旅游产业核心区多集中于乌江流域。重庆有5A级景区7家、4A级景区74家,2015年重庆全年接待游客达到3.92亿人次,实现旅游总收入2250亿元,同比分别增长12.27%和12.66%。重庆乌江段虽然仅有4区县,但背靠重庆旅游产业发展的大树,武隆、酉阳[②]等区县旅游产业发展取得了优异的成绩。

(三)区县产业调整,大力发展旅游产业

乌江流域区县积极进行产业结构调整,大力发展旅游成为区域经济发展的共识。贵州全面建设国家生态文明示范区,鼓励并要求各市(州)发展绿色生态产业,旅游产业成为贵州多地优先发展的产业,如毕节提出加快文化旅游产业转型快速发展战略;沿河提出将文化旅游产业打造成为经济社会发展新引擎;思南提出加快构筑全域旅游发展格局;安顺提出全面升级旅游产业。乌江流经区域主要集中于渝东南生态保护发展区,酉阳提出"生态强县,旅游富

---

① 酉阳桃花源5A级景区,彭水阿依河创建5A级景区,武隆仙女山5A级景区,涪陵武陵山大裂谷创建5A级景区。

② 酉阳土家族苗族自治县,简称酉阳县。

民"的发展战略；彭水[①]提出城旅、文旅、商旅等"旅游+"发展战略；武隆高举生态和旅游两面旗帜，加快建成国际旅游目的地；涪陵提出创建国家5A级旅游景区和创建全国旅游标准化示范区。重庆、贵州乌江沿岸地区各级政府积极发展旅游产业，对乌江绿色产业发展起到积极的推进作用，对大乌江旅游产业发展提供了良好的前提条件和关键性支撑。

四、旅游视角下的乌江水资源保护措施

乌江沿岸地区各级政府将旅游产业作为战略支柱性产业，对调整产业格局、转变发展思路、共建乌江生态文明、保护乌江水资源安全起到重要作用，同中央要求严守生态红线，"决不以牺牲环境为代价去换取一时的经济增长"是相符的。

（一）建设乌江国家公园，强化生态保护措施

（1）设立乌江生态功能区。按照国家国土空间开发"主体功能区"的战略思路，结合乌江生态保护的相关要求，以乌江干流、支流沿岸区域为载体设立生态涵养保护区，在保护区内形成以旅游为主导产业的发展格局。生态涵养保护区形成"核心区—缓冲区—试验区"三级生态保护体系，建立严格的生态禁止—监控体系。鼓励沿岸地区各级政府在试验区和部分缓冲区大力发展旅游等绿色产业。

（2）建设乌江国家生态公园。按照国家公园建设相关要求，以乌江生态保护涵养区"核心区—缓冲区"为基础，建立乌江国家生态公园，严格按照国家公园管理体制实行跨区域管理，确保乌江沿岸的生态平衡。在国内外树立乌江国家生态公园的旅游形象，形成具有强大国际、国内吸引力的国家生态公园旅

[①] 彭水苗族土家族自治县，简称彭水县。

游产品。

（3）建立乌江水资源安全保护区。在乌江生态保护涵养区的"核心区"划定生态红线，建立乌江水资源安全保护区。依托三峡库区及其上游水污染防治规划、长江上游生态屏障建设，以及贵州国家生态文明建设示范区建设等相关政策，制定严格的保护政策并实现区域联动执法，确保乌江水质清澈安全。例如，在保护区内严控网箱养鱼，距江水直线距离50m内严禁畜牧养殖；在距江水直线距离2000m内严禁采矿、冶炼、化工等污染行为；在沿线距离5000m内城镇、化工企业执行严格的污染防治标准等。以生态红线为边界，以水资源安全保护区为载体，以区域联动执法为依托，切实强化对乌江水资源的安全保护。

（二）探索生态发展补偿机制，实现联动双赢

随着雾霾等生态环境问题的进一步凸显，探索建立全国范围内的生态补偿机制，确保我国生态环境安全势在必行。以国土空间功能定位为蓝本，在长江上游等生态环境良好区域实施严格的生态保护措施，并通过政府财政、碳排放交易、生态补偿机制等实现生态保护区经济与社会发展补偿。

（1）积极探索碳排放补偿机制。我国将重庆、贵州等7个省市列为开展碳排放权交易试点工作的区域，在碳交易、碳税收、碳金融、碳战略、碳资产、碳指标、碳盘查等方面开展探索性试点，鼓励试点区域探索通过税收、投资方面的相关优惠政策，保护碳投资者的利益，激发绿色投资和森林碳汇的潜力，激发生态旅游的活力。

（2）建立跨区域生态补偿机制。生态补偿机制是协调区域生态环境保护和经济发展的有效手段，可以根据生物多样性、碳排放、水资源和景观保护等划分补充类型[12]。根据国务院办公厅2016年5月发布的《关于健全生态保护补偿机制的意见》，国家将完善重点生态区域的补偿机制，到2020年实现重点领域、禁止开发区和重点生态功能区的生态补偿全覆盖；鼓励跨地区、跨流域的异地生态补偿试点；结合生态补偿机制实现绿色产业发展和精准脱贫。乌江流域将借助国家生态补偿机制及相关措施，积极发展生态防护和旅游产业。

（3）探索生态保护区建设路径。乌江流域基本处在贵州国家生态文明示范区和重庆渝东南生态保护发展区建设的范围之内，但在具体政策实施中需要进一步细化和探索。如何优化国土空间开发格局，积极实施旅游功能区战略；如何以旅游推进绿色城镇化；如何以旅游加快美丽乡村建设；如何以旅游加大生态环境保护力度；如何以旅游全面推进污染防治等具体问题，需要具体探索、深度研究。

（三）"腾笼换鸟"，以旅游带动区域产业结构调整

贵州在《关于加快发展生活性服务业促进消费结构升级的实施方案》中提出到2020年旅游总收入达到1万亿元。重庆在《重庆市建设国际知名旅游目的地"十三五"规划》中提出，到2020年旅游产业成为综合性战略支柱产业，建成国家旅游中心城市和具有世界吸引力和竞争力的国际知名旅游目的地。乌江流域作为旅游资源富集区，成为贵州和重庆旅游产业发展的重要支撑，乌江旅游发展需要采取"腾笼换鸟"的策略，以旅游产业带动区域产业结构性调整。首先，优先发展旅游产业及关联产业，以旅游绿色产业带动区域生态保护和产业发展结构性调整。其次，限制发展岸边渔、畜、农产业，降低渔业对水体污染的直接影响，降低农业生产污染影响，降低农业活动的生态破坏影响等。再次，严控化工、开矿、选煤等工业重污染行业企业，坚决关停环境评估不达标的严重污染企业。以旅游产业和生活性服务业引领带动区域产业调整发展。

（四）全域理念，推进乌江沿岸旅游产业发展

乌江流域旅游资源精品突出，个性鲜明，如乌江画廊风光绚丽、喀斯特地貌典型奇特、民俗村寨独具特色、季节旅游亮点突出，适合全域视角审视乌江流域旅游资源的开发和利用。首先，乌江亲水近水旅游，以乌江画廊——乌江百里画廊为典型的山水风光旅游，以阿依河、芙蓉江支流为代表亲水支流旅游适合多段落、多区域联合开发，成为大乌江旅游的核心吸引物。其次，乌江流

域山地旅游，以武陵山、大娄山、乌蒙山等山脉为重庆、贵州提供优质的山地旅游资源，适合发展山地运动、观光、度假、医疗、健康养生，贵州提出打造世界知名山地旅游目的地，重庆提出打造国际知名旅游目的地，均以山地旅游为核心载体。再次，村寨特色乡村旅游，贵州凯里、天柱、西江等乡村旅游发展良好，在生态、美食、田园、乡愁、农事体验等旅游方面不断发力，积极探索全域化乡村旅游发展路径。

（五）强化交通，提升综合服务产业发展质量

交通影响区域经济发展，交通格局的变化将影响区域格局的变化。乌江流域交通基础设施相对落后，严重影响区域经济社会发展，严重影响以客流为核心的旅游综合服务产业的发展。

（1）推进交通网络升级。道路交通网络仍需要改善，虽然乌江流域贵州、重庆均实现县县通高速，但省道、县道和乡村道路交通状况很差，需要进一步提升。在机场建设方面，虽然贵阳和重庆发展迅猛，但毕节、铜仁、遵义、武隆等区域性机场需要加快建设和发展的力度。高铁、铁路网络十分欠缺，贵广高铁开通不久，渝黔高铁正在建设，一般铁路仍然匮乏。乌江布满大大小小的水电站，致使通航受阻，游人码头建设散、小、弱、差，同大乌江旅游格格不入，乌江旅游码头需要强化建设和管理。

（2）强化交通配套系统。首先，完善自驾车服务体系，如公厕、加油站等道路节点服务系统，旅游交通标示等道路标志系统，汽车营地等自驾旅游服务系统。其次，完善交通接驳系统，建立空、铁、公交等完备的交通接驳系统，让游客不仅要进得来，还要散得开，实现便捷游。再次，构建旅游交通辅助，建立完善的汽车租赁市场，提供网络约车、汽车租赁平台和智慧交通服务等。

（3）增强旅游配套服务。进行生态文明建设，强化旅游景观整治；增强旅游用地的供给，满足旅游发展的用地需求；强化给排水设施，污水垃圾处理；加大智慧旅游服务体系建设；加大医疗等公共服务产品设施供给。

总之，旅游是乌江流域生态文明建设的重要抓手，需要从国家水资源安全

战略高度去保护建设乌江生态环境。旅游是乌江沿岸区域产业结构调整的核心动力之一，需要从区域发展全局考量乌江旅游综合服务产业的发展。

参考文献

[1] 张利平，夏军，胡志芳.中国水资源状况与水资源安全问题分析[J].长江流域资源与环境，2009（2）：116-120.

[2] 刘昌明.二十一世纪中国水资源若干问题的讨论[J].水利水电技术，2002（1）：15-19.

[3] 夏军，朱一中.水资源安全的度量：水资源承载力的研究与挑战[J].自然资源学报，2002（5）：263-269.

[4] 李迎喜，王孟.三峡库区水资源保护规划的编制思路[J].人民长江，2011（1）：48-63.

[5] 唐玉芝，邵全琴.乌江上游地区森林生态系统水源涵养功能评估及其空间差异探究[J].地球信息科学学报，2016（7）：987-999.

[6] 姜文来.中国21世纪水资源安全对策研究[J].水科学进展，2001（3）：66-71.

[7] 侯祎亮，安艳玲，吴起鑫，等.贵州省三岔河流域水化学特征及其控制因素[J].长江流域资源与环境，2016（7）：2212-1128.

[8] 肖新成，何丙辉，倪九派，等.农业面源污染视角下的三峡库区重庆段水资源的安全性评价——基于DPSIR框架的分析[J].环境科学学报，2013（8）：2324-3331.

[9] 赵刚，冉光和，张波.三峡库区水资源污染问题及对策研究[J].自然资源学报，2002（9）：635-639.

[10] 李蜀庆，宋福忠，任宏阳，等.三峡库区水环境安全战略研究[J].中国软科学，2013（12）：5-11.

[11] 郦建强，王建生，颜勇.我国水资源安全现状与主要存在问题分析[J].中国水利，2011（23）：42-51.

[12] 李晓光，苗鸿，郑华，等.生态补偿标准确定的主要方法及其应用[J].生态学报，2009（8）：4431-4440.

文化产业竞争力评价指标体系的构建
——以乌江流域为例*

洪业应[1,3]　余继平[2]

(1.贵州民族大学民族与社会学院,贵阳　550025;2.长江师范学院,
重庆　408100;3.中共重庆市涪陵区委党校,重庆　408100)

摘　要:文化产业作为21世纪经济全球化时代的朝阳产业,已成为国家发展战略的重要内容。文化产业竞争力不是一个单纯的经济问题,而是涉及一个相互联系的综合性评价指标体系。文章在分析文化产业核心竞争力四大特征基础上,明确文化产业核心竞争力内涵和指标选择原则的同时,选出了5个一级指标、18个二级指标、95个三级指标来构建乌江流域文化产业核心竞争力评价指标体系。乌江流域特色文化产业发展要借鉴先进文化运作方式,对文化产业进行市场化运作、国际化运作,以期为乌江流域特色文化产业的健康发展积累经验和提供决策参考。

关键词:文化产业;竞争力;评价指标;构建;乌江流域

2011年10月15日,党的十七届六中全会指出,"发展文化产业是社会主

---

* 作者简介:洪业应(1985—),男,汉族,安徽舒城人,贵州民族大学博士研究生、中共重庆市涪陵区委党校讲师,主要研究方向为应用社会学。余继平(1970—),男,土家族,重庆石柱人,长江师范学院教授,研究方向为少数民族文化。

义市场经济条件下满足人民多样化精神文化需求的重要途径……要构建现代文化产业体系，形成公有制为主体、多种所有制共同发展的文化产业格局，推进文化科技创新，扩大文化消费"。2014年3月14日，国务院发布《关于推进文化创意和设计服务与相关产业融合发展的若干意见》（国发〔2014〕10号），这表明文化创意产业和相关产业融合发展已经成为国家战略，文化产业最有价值链的高端则是文化创意产业。2016年10月27日，新华社发表《中国共产党第十八届中央委员会第六次全体会议公报》，公报中指出："全党同志必须把对马克思主义的信仰……坚定对中国特色社会主义的道路自信、理论自信、制度自信、文化自信……勇于推进理论创新、实践创新、制度创新、文化创新以及其他各方面创新。"进一步表明建设社会主义文化强国，着力提高国家文化软实力，推进文化创新，致力于开发和发展乌江流域民族地区特色文化产业更具有时代价值和现实意义。

一、乌江流域文化资源简要概况

乌江流域地处中国云贵高原东部，下游部分处于四川盆地东南缘，整个地域包括云南的镇雄县，贵州的威宁、毕节、黔西、黔东南等地区，重庆的渝东南地区，湖北的咸丰部分地区等共55个县市辖区，还涉及面积极小的镇远、桐梓、长顺、黄平、镇宁、施秉、松桃7个县[1]。乌江流域生活着以苗族、布依族、土家族、彝族等为代表的40多个少数民族，流域总人口超过2000万人，其中少数民族人口占总人口的15%，拥有着多主题、多层次、独特而丰富的文化资源，对这些文化资源进行科学分类和评价，是将其进行产业化开发，并将其转化为文化资本、文化产品或服务行为的前提条件。

受历史、地理、经济、交通等影响，乌江流域各族人民在历史的发展长河中逐渐形成了诸如"枝巴文化""夜郎文化""屯堡文化""傩戏文化""水西文化""红色文化""土司文化"等文化遗产，以及民俗饮食、民俗服饰、民俗工艺品、民俗歌舞、民俗节日等丰富的特色民俗文化资源[2]。乌江流域民族文化凸显"同中显异"特色[3]。乌江流域民族地区特色文化产业现有的发展模式主要有民族文化旅游业、民族文化传媒业、民族艺术文化业、民族体育文化业、民族餐饮业五大特色文化产业发展模式[4]。乌江流域民族地区特色文化产业创新发展新的实施举措，必须提升乌江流域民族地区特色文化产业核心竞争力，升级当下区域文化产业结构，加快乌江流域民族地区文化产业创新发展的制度、融资和人才保障机制。

二、文化产业核心竞争力的基本特征

国际竞争力评价权威机构世界经济论坛（WEF）和瑞士洛桑国际管理发展学院（IMD）认为：竞争力是指一个国家的企业和企业家设计、生产、销售产品及劳务的能力。其产品或劳务的价格和质量比竞争对手具有更大的市场吸引力，是企业家在适应、协调和驾驭外部环境的过程中成功地从事经营活动的能力[5]。文化产业核心竞争力是文化产业竞争力的中心环节，它直接体现一国或地区文化产业竞争实力和发展动力[6]。文化产业核心竞争力的内涵十分丰富，它是指文化产业赢得长期竞争优势所应具备的综合素质和战略管理方式，是一个国家或地区的文化产业在国际竞争中所应具备的某些核心能力或关键能力。整体上看，文化产业的核心竞争力既有与一般产业（如种植业、家电制造业等）相同的共性，也有它作用于社会伦理、国家凝聚力、文化普及程度、国际影响等而具有的特殊性。文化产业竞争力包含着整体创新、市场开拓、成本控制、可持续发展四大核心能力。

（一）整体创新能力

创新能力是运用知识和理论，在科学、艺术、技术和各种实践活动领域中不断提供具有经济价值、社会价值、生态价值的新思想、新理论、新方法和新发明的能力。江泽民曾指出:"创新是一个民族进步的灵魂,是一个国家兴旺发达的不竭动力。文化产业整体创新是指文化产业在产品的形式、产品的内容、技术手段、组织结构等方面的整体创新能力"[7]。

实践证明,文化产品如果缺乏内容的创新,即使生产的产品数量再多,最终也只是一堆没有价值的空壳产品,市场接受度会很低。而文化内容又是能够影响着亿万人的心理、社会的认同度,扩大国际和国内影响力的根本要素,决定了该产业最重要的价值内涵。由于乌江流域民族地区现阶段的科技水平与我国东部地区发达省份或是西方发达国家相比还是处于比较落后的水平,生产文化产品质量粗糙,知识含量也比较低,绝大多数是仿造产品,在国际市场上缺乏竞争力。因此,在现行市场经济起决定性作用的背景下,乌江流域各级政府作为推动发展特色文化产业的主唱者,必须要转变观念,不能把文化产品等同于传统种植业、传统养殖业、低端服务业。原创性的文化内容是文化产业的核心价值,文化产品更依赖于产品内在的创新活力,可以说创新已成为最核心、最关键的文化产业能力。

(二)市场开拓能力

市场开拓能力指文化产业不断拓展市场空间的能力,这不但包括在已有的市场中占据更多的份额,而且包括率先去开拓新的市场,打开新的文化消费空间。美国等发达国家在文化市场开拓方面已经有了成功的经验,他们首先从壮大文化企业实力入手,采取了全球性的文化企业合并重组战略,利用强大的经济实力作为后盾,对各国文化资源进行垄断,充分利用,建立覆盖全球的强大的文化产品连锁销售网络系统,投入巨大资金对产品进行促销,赢得全球广阔的产品销售市场空间,在经济上获得暴利。美国文化产品生产非常注重市场需求调查,如美国的大制作电影,在剧情创意过程中尽可能地考虑消费市场问题,把主要消费市场国家的风景或者习俗安插在剧中，实在无法穿插进去就设法邀请该国的大腕明星加入拍摄，以此方法引起目标消费市场消费者的需求[8]。通过学习上述经验，乌江流域部分省市"十三五"规划中也提到了区域文化"走出去"战略，最终还是落到如何迅速建立国内、国际两种文化市场销售渠道，这就要求乌江流域各级政府因地制宜，加快发展文化产业，特别重视向国际社会介绍乌江流域民族地区特色的文化经典和艺术经典，让更多的国际社会朋友了解乌江流域民族地区文化内在的东西。

（三）成本控制能力

文化产业的成本控制能力是指文化产业内部通过组织的合理化，促进有效竞争，有效配置资源，从而不断降低成本，充分利用和获得规模经济效益的能力。成本越低，则产品和劳务的竞争力越强[9]。因此，提高乌江流域民族地区文化产业的成本控制能力对于提高乌江流域民族地区特色文化产业的整体竞争力具有关键意义。文化产业企业有两个重要的竞争能力是企业应对竞争的关键：一个是价格控制能力，另一个是成本控制能力。前者主要是由企业的产品创新能力决定的；后者主要是由生产规模决定的，它意味着同样的产品，价格如果有能力低于同行，则与供应商讨价还价的能力更强。若以著名竞争策略专家波特的竞争力模型来分析，价格控制能力和成本控制能力分别代表企业与用户、企业与供应商讨价还价能力，二者实际上是企业应对竞争压力的关键所在。

（四）可持续发展能力

党的十七大报告指出，要"迅速壮大我国文化产业的规模，使文化产业占国民经济比重明显提高、国际竞争力显著增强"。文化产业已被世界各国称为"朝阳产业"，要把文化产业发展成为乌江流域民族地区国民经济支柱产业之一，同样面临着可持续发展问题，必须做到文化产业与社会、人文、生态环境、资源等协调发展，正确把握好资源、产品、市场三大发展要素。

1. 文化资源的保护和开发

文化资源是指从事文化生产和活动所利用的或可供利用的各种有形资源和无形资源，是文化产业的源泉和基础。要实现文化产业的可持续健康科学发展，一要保护和开发好不可再生的文化资源[10]。既要注重经济效益，更要传承优秀人类文化，实现一举两得。二要发掘和开发好非物质文化遗产资源。现代社会，人们工作生活压力日益加大，回归自然、返璞归真已成为大众放松身心的新趋势，而乌江流域非物质文化资源所承载的民俗风情恰好能满足人们的需要。这类开发目前还处在初期阶段，要以休闲娱乐和旅游开发为载体，发挥出真正的效应。

2. 文化产业可持续健康发展

文化产业的发展需要通过开发文化产品来实现，源源不断地生产出文化产品是推动文化产业可持续健康发展的核心环节。同时要强调文化产品的品位、情趣健康，文化产品虽然离不开大众化和世俗化，但是它不等于娱乐化和完全的低俗化。文化产品植根于传统文化土壤，挖掘文化深层内涵，对现代文化资源进行科学整合，打造精品，是可持续发展的必然选择。文化产品要实现可持续生产，还有一个不可忽视问题，就是"创新"，往往一个成功的创意，就能带来让人为之震撼的效益。例如，英国的四个天线宝宝的创意，就深受中国乃至世界各国儿童的喜爱，产生的经济效益可想而知；北京的798创意产业园，既为中国在世界上树立了创意品牌形象，又为企业创造了数十亿元的经济效益。

3. 文化市场的巩固与拓展

文化市场是提供文化产品和从事文化有偿服务的有形和无形市场平台。良好的文化市场是文化产业发展的基础。我国文化市场的可持续发展应该做好"三结合"。

（1）在巩固国内市场的同时，拓展海外市场。乌江流域拥有40多个少数民族，流域总人口超过2000万人，人口基数大，文化产品需求量大，不能好高骛远、舍近求远，要以国内市场为根基，注重开发一些乡土风情浓郁的文化产品，满足国内消费者的需求。在此基础上，实行"走出去"战略，大力拓展海外市场。

（2）在做好城市市场的同时，开拓农村市场。要积极顺应城市居民的需要，开发群众喜闻乐见、雅俗共赏的文化产品，满足人们日益增长的物质文化需要，切实把城市居民这个主战场做好做大。同时，要积极适应新形势，特别是随着我国农民收入水平的不断提高，其对文化产品的需求不断增加，农村市场存在广阔的开发空间，成为国内外商家竞相开发的市场。

（3）在适应市场需要的同时，引导市场需求。既要主动适应市场需求，又不能一味地迎合消费者的胃口。消费者的年龄、文化、性别、民族、品位等差异，导致其价值取向、鉴赏能力参差不齐，所以要积极教育培训和正面引导文化产品的消费群体，提高他们的文化消费和欣赏水平，力求内涵丰富，情趣高雅，积极向上，引领时尚。

4. 文化要素市场的培育

文化要素市场主要由三个市场组成，即文化资本市场、文化人才市场、文化产权市场。目前，乌江流域的文化要素市场的发展与国内外其他地区相比，尤其与欧美等发达国家相比，差距还比较大。例如，在文化资本市场方面，融资能力不强，一些企业规模较小，而且基本上都是在创业板上市，股本规模小，融资力度小，严重影响了文化产业发展的质量和速度。要改变这种现状，需要政府出台鼓励和扶持政策，吸引境内外资金、民间游资和产业资本投入文化产业，为文化产业的加速发展提供坚强的经济基础。在文化人才市场方面，文化高端人才匮乏，这是制约乌江流域文化产业发展的又一大瓶颈。要紧紧地依靠高校和部分省市文化产业基地和研究中心，培养一批德才兼备、享誉中外的文艺专门人才，鼓励引导文化企业运用技术入股、优厚待遇吸引、留住一批懂艺术、会经营、善管理的文化经营管理人才，为乌江流域文化产业的可持续发展提供人才保证。在文化产权市场方面，产权保护不力，盗版问题相当突出，要进一步完善文化产权保护制度，加大打击盗版力度，保护合法知识产权。同时，要进一步完善一系列的文化产业保护法，为文化产业可持续发展提供重要保障。

三、文化产业核心竞争力指标体系的构建

文化产业核心竞争力的形成机理分析是构建文化产业核心竞争力评价指标体系的前提。现有文献较少从文化产业与核心竞争力角度揭示其形成机理，对文化产业核心竞争力的形成机理研究多数采用定性分析，缺少定量依据（如分析文化产业核心竞争力的影响程度及其贡献率），这是未来进一步研究的方向。本文尝试建立计量经济模型，对乌江流域文化产业核心竞争力进行实证检验，分析文化产业核心竞争力的影响程度及其贡献率，从而为乌江流域政府部门制定科学合理的文化产业政策提供信息支持和决策依据。

（一）构建文化产业核心竞争力评价指标体系

评价指标体系是对文化产业核心竞争力进行综合评价的基础与前提，直接影响到评价结果的准确性。由于文化产业竞争力不仅是一个单纯的经济问题，而且与各种因素交织在一起，衡量文化产业核心竞争力不是单一指标或少数几个指标，而应是一个相互联系的综合性评价指标体系。只有构建科学合理的评价指标体系，才能对文化产业核心竞争力做出正确的判断与评价。因此，根据

文化产业核心竞争力内涵，兼顾数据的可获得性、可操作性，以及指标体系的层次性、科学性和系统性原则，可以将文化产业核心竞争力评价指标体系划分为5个一级指标（可持续发展能力、产业效率与赢利能力、整体创新能力、市场拓展能力、核心要素竞争能力）、18个二级指标（产业规模、产业结构、产业活力、产业特色、产业聚集，劳动效率、资本效率、技术效率、赢利能力，技术创新能力、研发能力，市场集中度、核心产品与核心品牌，核心文化遗产资源竞争力、核心文化休闲旅游资源竞争力、核心物质资本竞争力、核心人力资本竞争力、核心政策驱动力）、95个三级指标（各指标采用线性或非线性无量纲方法处理，对于逆指标转换成正指标后再做无量纲化处理），具体见表1。如何构建一个科学、合理的文化产业核心竞争力评价指标体系将是未来进一步研究的方向。

表1 文化产业核心竞争力评价指标体系

一级指标	二级指标	三级指标
可持续发展能力	产业规模	文化产业增加值、人均文化产业增加值、文化产品和服务进出口总量、文化产业固定资产投资额
	产业结构	文化产业增加值比重、本地文化产业增加值占全国文化产业增加值比重、文化产业就业人员比重、文化产业外贸依存度
	产业活力	文化产业增加值增长率、人均文化产业增加值增长率、文化产业固定资产投资增长率
	产业特色	现代传媒业（印刷、广播、影视、出版、发行）增加值占文化产业增加值比重、数字内容与动漫增加值占文化产业增加值比重、文化休闲旅游增加值占文化产业增加值比重、文化会展业增加值占文化产业增加值比重、设计服务业占文化产业增加值比重、电子商务业占文化产业增加值比重、文化产品制造业占文化产业增加值比重、信息服务业增加值占文化产业增加值比重
	产业聚集	国家级文化产业基地或园区个数、省级文化产业基地或园区个数、年营业额500万元以上文化企业个数
产业效率与赢利能力	劳动效率	文化产业全员劳动生产率
	资本效率	文化产业资本生产率
	技术效率	技术进步对文化产业贡献率（TFP）
	赢利能力	利润总额、净利润增长率、总资产收益率、净资产收益率、经济增加值

续表

一级指标	二级指标	三级指标
整体创新能力	技术创新能力	采用新技术企业比例、专利和版权交易额、技术市场成交额、省级以上文化企业技术中心数、自主创新文化企业占文化企业比例、高技术产业自主知识产权拥有率、高技术文化产业产值占GDP比重、高技术文化产业出口占工业制成品出口的比例、文化科研单位获得国家与省部级科研项目数量
	研发能力	R&D占文化产业增加值比例、文化产业人均科研经费、专业技术人员占文化产业从业人员比例、每10万人发明专利数、每10万人专利申请数、每10万人商标注册数、获得省级以上文化艺术奖项数量
市场拓展能力	市场集中度	CR_n（$n=1$或$n=8$）、赫芬达尔-赫希曼指数（HHI）、文化产品在国际市场占有率
	核心产品与核心品牌	在国际市场上销售文化品牌产品的企业个数、国家级文化品牌企业个数、国家级文化品牌产品个数、中国名牌产品个数、中国驰名商标个数
核心要素竞争能力	核心文化遗产资源竞争力	世界文化遗产数量、国家重点文物保护单位数量、省重点文物保护单位数量、国家级非物质文化遗产数量、省级非物质文化遗产数量、国家级非物质文化遗产数量、省级非物质文化遗产数量
	核心文化休闲旅游资源竞争力	世界自然遗产数量、国家森林公园数量、国家湿地公园数量、省级以上自然保护区数量、3A级以上风景名胜区数量、省级以上展览馆数量、省级纪念馆数量、省级艺术馆数量、省级文化馆数量、省级文化娱乐中心数量、省级博物馆藏品量、省级图书馆藏书量
	核心物质资本竞争力	现代传媒业固定资产投资、数字内容与动漫固定资产投资、文化休闲旅游固定资产投资、文化会展业固定资产投资、设计服务业固定资产投资、电子商务业固定资产投资、文化产品制造业固定资产投资、信息服务业固定资产投资
	核心人力资本竞争力	国家级文化名人数量、文化产业从业人员受教育年限、文化产业专业技术人员数量、高等学校在校师生人数、文化产业从业人员占第三产业人员比重
	核心政策驱动力	文化事业经费占财政支出比重、文化专项资金支持力度、省级文化保护力度、知识产权保护力度、人才培养与引进力度、服务支持力度、投融资政策支持力度、科技与创意支持激励力度

（二）文化产业核心竞争力测度方法

在构建乌江流域文化产业核心竞争力评价指标体系之后，采用何种测度方法，构建什么样的评价指数比较科学合理，这是现有研究的薄弱环节。如何度量文化产业核心竞争力,理论界没有达成共识。现有的大多数竞争力评价模型,过分强调对环境的分析,而对产业核心竞争力重视不够。目前还没有一个公认的方法可以有效地解决众多指标之间的权重问题,以及各指标之间的关联性,有不少研究文献对评价体系中权重的设计采用平均分配的方法,缺乏数理依据。因此,根据文化产业核心竞争力评价指标体系,可以利用综合评价法(如因子分析法)对各指标群构建文化产业核心竞争力综合评价指数作为文化产业核心竞争力的测度方法。该方法的优点是在指标权重的确定上比较客观,人为影响因素较小,能够有效地解决指标之间的相互关联性。该指数具有一定的科学性、可操作性、时间和空间的可比性,有助于对文化产业核心竞争力现状进行客观评价,以及与地区之间进行横向比较。当然,文化产业核心竞争力测度方法很多,包括动态计量分析方法(如时间序列分析、面板数据分析)、综合评价方法(主成分分析、因子分析、聚类方法)等,如何通过比较分析,选择一个科学、合理的测度方法将是未来进一步研究的方向。

四、小　　结

本文主要从文化产业与核心竞争力的视角来揭示文化产业核心竞争力的形成机理,在此基础上依据指标体系科学性、系统性和区域实际选出了5个一级指标、18个二级指标、95个三级指标来构建乌江流域文化产业核心竞争力评价指标体系,以期为乌江流域政府部门制定科学合理的文化产业政策提供信息支持和决策依据。本文对乌江流域文化产业进一步深入的研究进行了尝试,但目前对乌江流域文化产业竞争力的研究还不完善,特别是定量研究方面还需要进行深入研究。

参考文献

[1] 余继平,洪业应.乌江流域特色文化产业创新发展研究[M].北京:经济日报出版社,2016.
[2] 陈忱.中国民族文化产业的现状与未来:走出去战略[M].北京:国际文化出版公司,2006.
[3] 林本初,冯莹.有关竞争力问题的理论综述[J].经济学动态,2001(3):56-59.
[4] 吴应芳.湖南文化产业核心竞争力研究[D].长沙:中南大学硕士学位论文,2008.
[5] 孙敬水,黄秋虹.文化产业核心竞争力最新研究进展[J].工业技术经济,2012(12):135-144.
[6] 刘宗发,魏登才.论发展县域文化生产力的若干对策[J].江汉论坛,2005(10):18-20.
[7] 李怀亮.文化在综合国力竞争中的地位越来越突出[J].求是,2003(8):40.
[8] 李宗桂.文化体制改革的理论价值与实践意义[J].人民论坛,2005(5):35-36.
[9] 李宜春.省域文化产业竞争力评价指标体系初探——以安徽省为例[J].经济社会体制比较,2006(2):99-103.
[10] 张宝英.文化产业竞争力评价指标体系构建与实证分析——以华东六省一市为例[J].中国矿业大学学报(社会科学版),2014(2):137-144.

第三方冷链物流发展路径研究
——以重庆乌江流域为例*

毛丽佳

（长江师范学院武陵山区特色资源开发与利用研究中心，重庆 408100）

摘 要：本文从重庆乌江流域地区第三方冷链物流的现状入手，分析当前该地区第三方冷链物流发展中存在的主要问题，并针对存在的问题从冷链物流体系、冷链物流基础设施建设等方面提出建议。

关键词：乌江流域；冷链物流；第三方物流

乌江流域是长江上游右岸最大的一条支流，地处我国云贵高原，全长1037km，流域面积8.792万 km²。一般认为六冲河汇口以上为上游，汇口至思南为中游，思南以下为下游。其中，重庆境内包括酉阳、黔江、彭水、石柱①、南川、武隆、涪陵7个县（自治县、区）。同时，黔江、酉阳、彭水、武隆、石柱5个县（自治县、区）又位于武陵山连片特困区域内，上述区域的经济、社会发展严重滞后。综合来看，重庆乌江流域地区远离核心经济圈，不仅经济、社

---

* 作者简介：毛丽佳（1980— ），女，重庆人，博士在读，助教，武陵山区特色资源开发与利用研究中心研究人员，研究方向为物流管理。

① 石柱土家族自治县，简称石柱县。

会发展严重滞后，而且物流发展进程缓慢。但随着"一带一路"倡议的深入及中新（重庆）战略性互联互通示范项目的落地，重庆乌江流域地区有必要抓住发展的契机，大力发展第三方冷链物流，实现经济、社会、自然的协调发展。

一、重庆乌江流域第三方冷链物流的现状

我国冷链物流起步较晚，流通率偏低，在经济欠发达地区更是如此。湖南佳惠集团董事长李小红 2015 年指出，2015 年武陵山片区主要农产品产量约 8400 万 t，其中冷链需求量就有 2000 万 t，而实际冷链物流量只有约 20 万 t，仅能满足需求量的 1%。鉴于冷链物流的发展现状，本文将从常见模式、政策支持、投资现状三个方面对重庆乌江流域第三方冷链物流的现状进行分析。

（一）冷链物流的常见模式

常见的冷链物流主要有第三方冷链物流模式和自营冷链物流模式。从重庆乌江流域地区冷链物流实际运营情况看，第三方冷链物流模式比自营冷链物流模式更为常见。第一，该地区尚无一家企业拥有自营冷链物流。因为自营冷链物流模式对于企业而言通常是一把"双刃剑"，企业的物流运输不必受到牵制，但若企业运输量不大且不连续，容易增加物流成本，从而增加企业的负担。第二，由于受限于经济发展水平，该地区的冷链运输很少形成规模效益，企业通常以与第三方冷链物流或运输队合作的方式实现物流过程。而第三方冷链物流是指专业的冷链物流服务企业，拥有完善的冷链物流系统，为有需求的企业提供专业的冷链物流服务，并以合同的方式接受委托并完成物流过程[1]。

（二）冷链物流的相关政策支持

近年来，我国对冷链物流产业的发展高度重视。2015 年中央一号文件提

出加强农产品产地市场建设，加快构建跨区域冷链物流体系。同时，李克强总理在 2015 年国务院政府工作报告中提出深化流通体制改革，加强大型农产品批发、仓储和冷链等现代物流设施建设，努力大幅降低流通成本。

同时，重庆市"十三五"规划纲要提出加快冷链物流、电子商务物流、绿色物流发展，并将冷链物流视为构建特色效益农业全产业链中的一个重要环节。重庆市政府也先后出台了《重庆市人民政府关于加快重庆市农产品冷链物流发展的实施意见》《重庆市人民政府加强农产品流通工作的意见》《重庆市利用中央资金支持冷链物流发展实施方案》等政策[2]。

（三）冷链物流的建设投资现状

截止到 2014 年，全国冷库储存量超过 3300 万 t，冷链物流园区的建设也成为物流产业的一个新的增长点。2014 年，在"一带一路"倡议背景下，全国共吸引了近 60 亿元的冷链物流建设开发资金。

2016 年，重庆市冷链物流发展项目获得 2 亿元中央财政资金支持，以重点支持冷链物流信息化体系建设。预计通过 2 年的时间，重庆市冷藏冷冻农产品、食品冷链流通率提高 30%，冷链运输率提高 10%，流通环节损耗率下降 20%，从而解决冷链物流中"最先一公里"和"最后一公里"的问题。

同时，重庆乌江流域最大的冷链物流园也于 2015 年在黔江区投入使用，该物流园由湖北三磊实业（集团）有限公司、重庆中磊贸易有限公司和黔江区现代农业投资有限公司共同投资 7.3 亿元创建，建成后的冷链物流园能为重庆乌江流域的副产品提供集成、加工、储藏、交易等一条龙服务，从而有效提升该区域的冷链物流能力。

二、重庆乌江流域第三方冷链物流存在的问题

由于经济的快速发展，重庆乌江流域地区内现有的冷链物流根本无法满足

经济、人口发展的需求，严重制约着该地区的经济发展。

（一）欠缺完整的冷链物流体系

从田间到餐桌包含了一个完整的农副产品冷链物流系统，包括了生产、仓储、运输、配送等物流环节。就重庆乌江流域地区而言，尚未形成完整的冷链物流系统，与重庆其他经济较发达地区相比，差距也十分明显。仓储、运输、配送是目前该地区在冷链物流上存在的最大问题，主要表现为仓储基础设施不健全，运输、配送能力也无法满足实际物流需求。

（二）市场化程度低

重庆乌江流域地区的农副产品除了满足当地人民日常需要外，其余流向附近省市进行销售。但第三方冷链物流发展滞后，使得农副产品损耗率居高不下。该地区市场化程度低，市场规模偏小，冷链物流企业集中度、专业度低，仅有的几家第三方冷链物流企业无法满足日益增长的冷链物流需求，使得该地区的冷链物流费用高于重庆其他地区。

（三）冷链物流基础设施不完善

重庆乌江流域地区多位于丘陵地区，地势不够平坦，而且该地区专营冷链物流的企业和物流园区较少，冷链物流的软硬件设施发展滞后。加上该地区由于经济发展相对落后，冷链物流设施较陈旧，鲜有条件较好的冷库，也缺少设施较好的运输车辆，无法为农副产品的流通提供低温保障。

（四）冷链物流基础设施布局不合理

由于地理的原因，重庆乌江流域地区对冷链物流的发展形成了天然的障碍，也导致该地区与其他地区在冷链物流发展上形成了差距。首先，冷链物流园区规模小，无法满足农副产品流通需要。其次，冷库储存能力不强，而且在冷库建设的功能方面也偏向于肉类食品的冷库建设，而忽视了果蔬食品的冷库建设。最后，冷链物流的发展也没有很好地依托当地具有特色的农副产品来进行。

三、重庆乌江流域第三方冷链物流发展建议

（一）加速生鲜冷链物流体系的建设

鉴于重庆乌江流域地区在冷链物流发展上存在的问题，首先该地区可以考虑从产品的来源、储存、运输、配送等环节构建完善的冷链物流体系，从而保障产品的品质和新鲜度，做好"最先一公里"和"最后一公里"。其次，可以以第三方冷链物流企业为供应链的核心企业，建立无缝透明的全程可追溯体系，记录从田间到餐桌的每一个细节。这样不仅可以使生产企业专注于特色产品、优势产品的生产和研发，同时也可以将物流交由专业的物流企业来完成，打造专业化的冷链物流体系。

（二）政府积极引导冷链物流市场的形成

首先，当地政府应把握当前冷链物流发展的契机，在税收方面给予冷链物流企业一些减免，从而推动冷链物流服务的发展。其次，政府可以多渠道鼓励引导第三方冷链物流的发展。最后，当地政府可以依托本地优势农产品，建立冷链物流园区，以优势特色农产品带动冷链物流的发展，培育1家或2家区域第三方冷链物流龙头企业。

（三）完善冷链物流基础设施建设

在冷藏运输方面，首先可以更新换代使用先进的冷藏运输设备，以保证产品的品质。其次，在有条件的地区可推广应用冷藏集装箱。再次，可大力发展多式联运，不仅减少运输时间，也能降低运输成本。最后，构建完善的冷链物流信息系统，利用信息系统对物流全程进行监管和改进。

（四）合理布局冷链物流基础设施建设

以重庆乌江流域地区特色农产品为依托，突出地区的特色经济，打造围绕特色产品、特色经济为核心的冷链物流系统，重视冷库的建设，充分发挥集散功能。在冷链物流基础设施建设方面，可采用PPP模式，鼓励民间资本投资冷链物流基础设施建设，适当加大该地区的冷链物流基础设施建设。

参考文献

[1] 汪蕙．联想佳沃：树立一个能主导供应链的品牌[J]．公司与产业，2013（6）：58-61．
[2] 易兵．果蔬冷链物流的经济契机探析[J]．现代商贸工业，2014，26（1）：68-69．

基于环境污染的重庆三峡库区农业全要素生产率实证分析*

张 超

(重庆工商大学长江上游经济研究中心,重庆 400067)

摘 要：本文运用 DEA 模型非参数的 Malmquist 生产率指数方法,实证测算了不考虑环境污染和考虑环境污染两种情况下的重庆三峡库区 2005～2014 年的农业全要素生产率,并分析了农业全要素生产率变化及其分解成分。研究结果表明：在考虑环境污染情形下重庆三峡库区农业全要素生产率年均变动值为 1.013,技术进步指数为 1.014,技术效率变化值为 0.999;考虑环境污染的农业全要素生产率显著低于传统不考虑环境污染的测算结果,重庆三峡库区农业经济呈现出以严重破坏生态环境为代价的粗放型增长;技术进步是推动重庆三峡库区各区县农业全要素生产率增长的主要动力,也是造成各区县农业全要素生产率差异的主要因素,技术效率的贡献不明显,甚至对农业经济增长起阻碍作用。

关键词：环境污染；农业全要素生产率；DEA-Malmquist 指数

---

* 作者简介：张超(1992—),女,重庆万州人,重庆工商大学长江上游经济研究中心硕士研究生,研究方向为区域经济学。

一、引 言

农业是人类赖以生存发展的基础产业,农业的可持续发展关乎人民生活、关乎国家未来。三峡库区作为独特地理单元,高山丘陵多、地貌较为崎岖、农村面积广、农业人口多、可耕地少。库区农民对耕地的使用方法不当,再加上人为破坏和污染,导致三峡库区生态环境十分脆弱,这促使三峡库区农业发展相当缓慢,在农业环境污染大幅增加的同时,农业经济生产效率较低,本文重点选取三峡库区重庆段的农业进行研究。

农业生产率的提高是增强农业可持续发展能力的关键。农业产出的提高主要来自生产要素投入量的增长和农业生产要素生产率的提高。资源的稀缺性决定了以依靠要素投入的提高而获得农业产出的增长不是长久之计[1]。而要素生产率的提高可以在生产要素投入数量不变甚至有所减少的情况下,仍能获得可观的增长。因此农业的可持续发展必须要以生产要素生产率的不断增长为主要源泉[2]。要素生产率的分析方法主要有单要素生产率和全要素生产率两种。单要素生产率是指增加单一单位要素所带来的产出量增长,而农业生产是由劳动、土地和资本等多种要素共同作用的结果,因此单要素生产率并不能很好地反映生产效率技术水平。全要素生产率(total factor productivity,TFP)是用于衡量一个国家或地区甚至是部门的投入产出效率的重要指标,在计量投入要素对产出的贡献时,可以全面地分析所有要素,常用作衡量经济发展情况的技术性指标。

目前 TFP 的测算根据是否需要建立函数并对其进行参数估计,可分为参数法和非参数法。参数法要求先确定生产函数,再进行计量经济回归,最后通过计算函数余值来得到 TFP 的增长率,最终评价结果的好坏取决于是否建立了准确和恰当的生产函数。非参数法则无须建立生产函数方程,可以直接采用多投入多产出模型对 TFP 进行测算分析[3]。非参数法对算法要求较高,并且需要收集大量的个体数据,优点是不需要对生产函数进行任何分析,从而避免了设置不恰当的函数形式带来的估计偏差风险,因此非参数法被众多学者广泛应用到效率、全要素生产率的计算中。非参数法常用的有数据包络分析(data envelopment analysis，DEA）法、指数法（如 Malmquist 指数、Divisia 指数、Fisher 指数和 Tornqvist 指数）及基于生产率指数的边界分析法。近年来，国内相关学者采用了不同的方法对我国农业全要素生产率进行了计算和分析[4-9]。从国内现有的文献来看，还没有用 Malmquist 指数法对重庆三峡库区农业全要素进行分析，尤其是还没有将环境污染纳入重庆三峡库区农业全要素生产率的计算中。可持续理论认为环境因素不仅是经济发展的内生变量，而且是经济发展规模和速度的刚性约束，若采用农业全要素生产率评价方式时不考虑环境污染，则实际上就忽略了经济增长对社会福利的负面影响，无法反映出农业经济增长的真实绩效[10]。因此本文采用 DEA 模型非参数的 Malmquist 生产率指数法来测算考虑环境污染的重庆三峡库区的农业 TFP 增长率水平，将其与不考虑环境污染的重庆三峡库区的农业 TFP 增长率进行对比，对其农业 TFP 变化来源进行分解，以期对重庆三峡库区农业可持续发展提供一定参考依据，并为重庆三峡库区农业生产提供相应的政策建议。

二、研究方法

（一）DEA 效率评价模型

数据包络分析法是由 Charnes 等[11]以相对效率概念为基础，用于评价具有相同类型的多投入、多产出的决策单位（简称 DMU）是否技术有效的非参数评价方法。其基本思路是：每个 DMU 都可以看作相同的实体，即在某一视角下，各 DMU 具有相同的输入和输出。通过输入和输出数据的综合分析，DEA 法可以得出每个 DMU 综合效率的数量指标，据此将各 DMU 定级排队，确定有效的 DMU（即相对效率高的 DMU），并指出 DMU 的投入非有效的原因和程度，给主管部门提供相应的管理信息。DEA 法还能判断各 DMU 的投入规模是否适当，并给出各 DMU 调整投入规模的正确方向和程度。

DEA 法的基本模型包含 CCR 模型和 BCC 模型，本文采用的是产出角度的 BCC 模型。如果假设 k 个评价对象 DMU_k，每个决策对象含有 N 种投入要素和 M 种产出，则每个输入输出变量可以表示为

$$X_j = (x_{1j}, x_{2j}, \cdots, x_{Nj})^T > 0, j = 1, 2, \cdots, k \\ Y_j = (y_{1j}, y_{2j}, \cdots, y_{Mj})^T > 0, j = 1, 2, \cdots, k \tag{1}$$

则生产可能集为 $T_c = \left\{ (x, y) / x \geqslant \sum_{j=1}^{n} \lambda_j x_j, y \leqslant \sum_{j=1}^{n} \lambda_j y_j \right\}, \lambda_j \geqslant 0, 1 \leqslant j \leqslant n$。任一时刻的综合效率可以通过以下产出角度的 DEA（BCC）模型来确定：

$$\text{s.t.} \begin{cases} \min \theta \\ \sum_{j=1}^{n} X_j \lambda_j \leqslant \theta X_k \\ \sum_{j=1}^{n} Y_j \lambda_j \geqslant X_k \\ \sum_{j=1}^{n} \lambda_j = 1 \\ \lambda_j \geqslant 0, j = 1, 2, \cdots, n \end{cases} \tag{2}$$

式中，θ 为第 k 单元的综合效率，如果 $\theta=1$ 则说明综合效率有效，如果 $\theta<1$ 则说明综合效率无效。

（二）Malmquist 生产率指数分析

Malmquist 生产率指数最早诞生于 1953 年，由瑞典经济学家和统计学家 Malmquist 提出，用于分析不同时期的消费变化的函数。1982 年 Caves 等[12]首先提出将该指数应用于生产率变化的测算，此后与 Charnes 等[11]建立的 DEA 理论相结合在生产率测算中的应用日益广泛。

DEA-Malmquist 生产率指数方法研究 TFP 主要有四个方面的优点：一是可以利用多种投入与产出变量进行效率分析，且不需要相关的价格信息；二是适用于面板数据分析；三是可以进一步分解为技术效率变化指数和技术进步变

化指数两个部分；四是不需要特定的生产函数和生产无效率项的分布假设。

如果运用 Malmquist 生产率指数法来测度中国农业技术效率的变化和技术进步，首先就要定义产出的距离函数。其中 s 时期的技术效率可定义为

$$d^s(x,y) = \min\left\{\theta: \frac{y}{\theta} \in P(x)\right\} \tag{3}$$

式中，最小化 θ，则意味着使 y/θ 最大化。这个距离函数衡量了给定的投入下产出的最大值，因此 θ 表示技术效率变化指数。同理，可定义时期 t 的产出距离函数为

$$d^t(x,y) = \min\left\{\theta: \frac{y}{\theta} \in P(x)\right\} \tag{4}$$

Malmquist 生产率指数实际上就是一般所称的全要素生产率。根据 Caves 等[12]的研究，假设只有一种投入 x 和一种产出 y，且生产是规模报酬不变的，以时期 s 作为参考标准，从时期 s 到时期 t 的 Malmquist 生产率指数变化可定义为

$$m^s = \frac{d^s(x^t, y^t)}{d^s(x^s, y^s)} \tag{5}$$

同时，以时期 t 作为参考标准，Malmquist 生产率指数变化为

$$m^t = \frac{d^t(x^t, y^t)}{d^t(x^s, y^s)} \tag{6}$$

式（4）和式（5）中的两个指数在一种产出、一种投入的情况下是相同的，但在多种投入和可变规模收益的情况下是不同的，为了避免这种不一致性，Fare 等[13]根据上述的两种指数的几何平均值推导出产出导向的生产率指数的变化，即

$$m(x^t, y^t, x^s, y^s) = \left[\frac{d^s(x^t, y^t)}{d^s(x^s, y^s)} \times \frac{d^t(x^t, y^t)}{d^t(x^s, y^s)}\right]^{1/2}$$

$$= \frac{d^t(x^t, y^t)}{d^s(x^s, y^s)} \times \left[\frac{d^s(x^t, y^t)}{d^t(x^t, y^t)} \times \frac{d^s(x^s, y^s)}{d^t(x^s, y^s)}\right]^{1/2} \tag{7}$$

式中，等式右边第一项 $\dfrac{d^t(x^t, y^t)}{d^s(x^s, y^s)}$ 衡量了从时期 s 到时期 t 的技术效率的变化

指数（EFFCH），其中技术效率的变化指数又可继续分解为纯技术效率变化指数（PTECH）和规模效率变化指数（SECH）；等式右边括号内的部分衡量了两个时期之间的技术进步变化指数（TECHCH）。即

$$\text{EFFCH} = \frac{d^t(x^t, y^t)}{d^s(x^s, y^s)} = \text{PTECH} \times \text{SECH} \qquad (8)$$

因此，全要素生产指数（TFPCH）可分解为

$$\text{TFPCH} = \text{PECH} \times \text{SECH} \times \text{TECHCH} \qquad (9)$$

三、数据处理与描述

（一）评价区域

三峡库区分为湖北段和重庆段，其中湖北段有4个区县；重庆段有22个区县。在《三峡库区近、中期农业和农村经济发展总体规划（1995—2010年）》中提到："从总体上，为便于近、中期农村经济发展的地区控制，进行了规划分区，以利突出重点，分区指导与扶持。为此，把三峡库区划分为库首区、库腹区和库尾区三个发展规划区"。其中库首区范围包括湖北省的兴山县、秭归县、巴东县、夷陵区，共4个区县；库腹区范围包括重庆市万州区、涪陵区、丰都县、武隆区、忠县、开州区、云阳县、奉节县、巫山县、巫溪县、石柱县，共11个区县；库尾区范围包括重庆市渝中区、大渡口区、江北区、沙坪坝区、九龙坡区、南岸区、北碚区、渝北区、巴南区、江津区、长寿区，共11个区县。本文重点选取三峡库区重庆段进行研究，在文中也称为"重庆三峡库区"，主要原因有二：一是除了库首区4个区县，库腹区和库尾区的区县全部分布在重庆，库区农业发展主要由重庆三峡库区带动；二是《重庆统计年鉴》中各区县数据较为规范完善，可获得性高，便于本文研究。其中三

峡库区库尾区包含了经济社会较发达的重庆主城区9个，渝中区城镇化率达到100%，没有发展农业，所以将其剔除；而其他8个区的个别统计数据常作为整体，为保持数据真实性和可靠性，将其他8个区作为1个地区看待，即"重庆主城"。

（二）数据处理

本文中农业全要素生产率分析采用的产出指标分为"合意性产出"和"非合意性产出"，其中"合意性产出"指标选取了按可比价计算的实际农林牧渔总产值（亿元）；"非合意性产出"指标参照了袁晓玲等[14]提出的将农业环境污染指数的倒数作为模型非合意性产出的思想，借鉴了肖新成[15]计算重庆三峡库区农业面源污染的方法和数据，按照杨万平和袁晓玲[16]的综合环境指标的计算方法，计算了重庆三峡库区2005~2014年各区县农业环境污染指数，用该指数最大限度地代表重庆三峡库区各区县每年农业环境污染整体。投入指标主要选择了与劳动力、资本、技术相关的5个指标：农业从业人员（万人）、农作物总播种面积（$10^3 hm^2$）、农业化肥施用量（折纯）（万t）、农药使用量（万t）、农用机械总动力（万kW·h）。以上各投入产出数据主要来源于历年《重庆统计年鉴》及重庆各区县统计公报。

四、实证分析结果

（一）总体特征

本文使用Colelli[17]编写的DEA模型专用程序DEAP Version 2.1，采用了产出导向规模报酬变化的方法，对重庆三峡库区2005~2014年的农业全要素生产率变化进行测算。其中不考虑环境污染的重庆三峡库区农业Malmquist生产率指数计算结果见表1，考虑环境污染的重庆三峡库区农业Malmquist生产率指数计算结果见表2。

表1 不考虑环境污染的重庆三峡库区农业Malmquist生产率指数分析

时段	技术效率变化	技术进步	纯技术效率变化	规模效率变化	农业全要素生产率变化
2005~2006年	0.997	0.962	1.009	0.988	0.959
2006~2007年	1.013	1.056	0.979	1.034	1.069
2007~2008年	0.994	1.098	0.983	1.011	1.091
2008~2009年	1.003	1.027	1.017	0.987	1.031
2009~2010年	0.996	1.074	1.000	0.996	1.070
2010~2011年	0.971	1.063	0.998	0.973	1.032
2011~2012年	0.989	1.066	0.999	0.990	1.055
2012~2013年	1.065	1.006	1.019	1.045	1.071
2013~2014年	1.008	1.053	0.996	1.012	1.062
平均值	1.004	1.044	1.000	1.004	1.048

表2 考虑环境污染的重庆三峡库区农业Malmquist生产率指数分析

时段	技术效率变化	技术进步	纯技术效率变化	规模效率变化	农业全要素生产率变化
2005~2006年	1.006	0.950	1.005	1.001	0.955
2006~2007年	0.975	1.043	0.994	0.981	1.017
2007~2008年	1.010	1.046	0.970	1.041	1.056
2008~2009年	1.012	0.979	1.035	0.977	0.991
2009~2010年	1.000	1.041	1.000	1.000	1.041
2010~2011年	1.007	1.036	0.994	1.013	1.043
2011~2012年	0.996	0.979	0.999	0.997	0.975
2012~2013年	0.992	1.019	0.998	0.994	1.011
2013~2014年	0.996	1.035	0.995	1.001	1.031
平均值	0.999	1.014	0.999	1.000	1.013

1. 重庆三峡库区农业 TFP 变化情况分析

根据表1和表2所示，无论是否考虑环境污染，重庆三峡库区2005～2014年农业 TFP 总体呈增长趋势，其中在考虑环境污染情况下，年平均增长率为4.8%，而不考虑环境污染情况则为1.3%。

图1是两种情况下重庆三峡库区平均农业 TFP 增长率的年变化折线图，从图中可清晰看出，不考虑环境污染的重庆三峡库区农业 TFP 要普遍高于考虑环境污染的重庆三峡库区农业 TFP，其中，2008～2009年和2011～2012年在考虑环境污染之后农业 TFP 呈负增长。由此可见环境污染对农业经济的增长有巨大的影响。

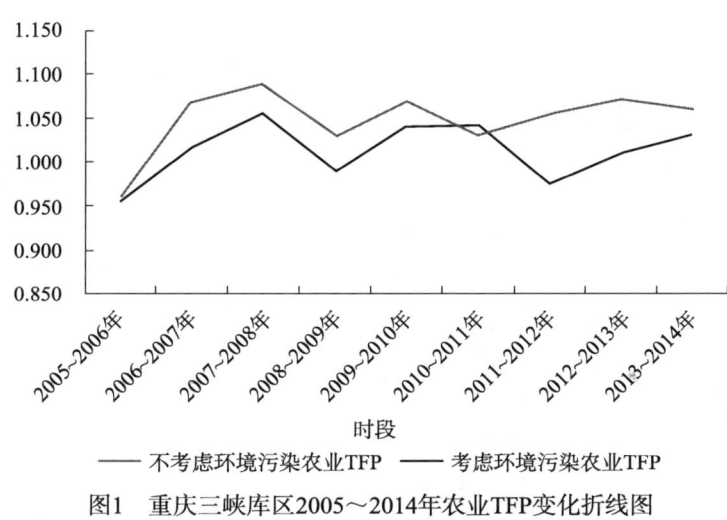

图1 重庆三峡库区2005～2014年农业TFP变化折线图

十年间，重庆三峡库区农业 TFP 增长率波动比较明显，2005～2008年农业 TFP 增长率快速上升，在2008年后急剧下降，2009～2011年缓慢增长，而2011年再次急剧下降，到2013年逐渐复苏。这主要由于农业的发展对外部环境的依赖较大，一旦遇到大的自然灾害和经济危机，就会出现严重歉收和农业经济不景气问题，如2008年全球金融危机，以及重庆三峡库区遭遇严重自然灾害，虽然采取了一系列补救措施，但是依然对重庆三峡库区农业的产出产生了较大影响。这也就反映了重庆三峡库区农业技术支持不够，对自然环境依赖过大，需要提高技术支持力度。

2. 重庆三峡库区农业 TFP 变化的分解分析

根据表1和表2所示，在不考虑环境污染情况下，重庆三峡库区2005～2014年的技术效率年均增长率为0.4%，而技术进步的年均增长率为4.4%；而考虑环境污染的技术效率年增长率为-0.1%，技术进步的年均增长率为1.4%。可见不考虑环境污染的农业技术效率和技术进步都要偏高，技术进步构成了农业TFP增长的主要因素，技术效率的贡献不明显，在考虑环境污染时技术效率甚至起着阻碍作用。

图2是考虑环境污染的重庆三峡库区2005～2014年农业TFP变化分解的趋势折线图，从中可见技术进步曲线与农业TFP变化曲线的波动是基本一致的，而技术效率变化曲线与农业TFP变化曲线相关度不大，甚至个别年份与其呈现出相反的走向，并呈现出一个有趣的现象：每当技术进步促进农业TFP上升时，总会遇到技术效率下降对农业TFP的不利影响。重庆三峡库区技术进步的变化幅度整体大于技术效率的变化幅度，这表明重庆三峡库区技术进步是一个不稳定的发展过程，而技术效率在很长时间内都得不到提升，并呈逐渐下降趋势。这一现象表明重庆三峡库区技术进步与技术效率增长不匹配，技术进步取得了一定的成效，但其推广和扩散并不成功。

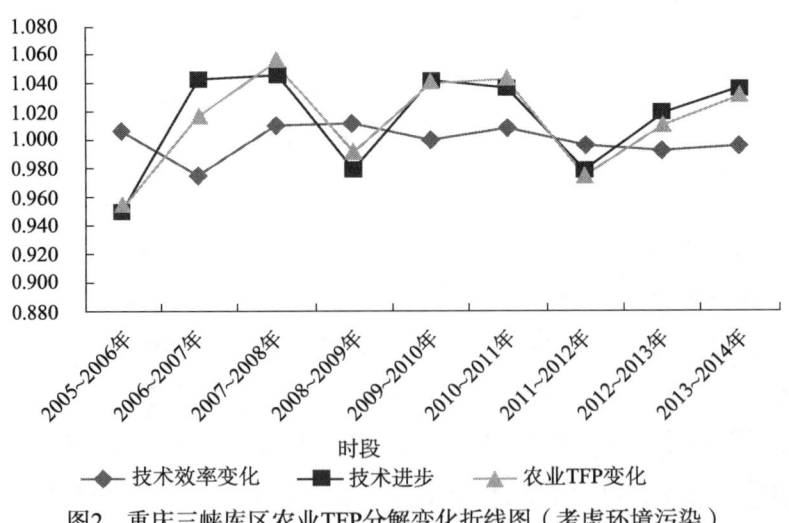

图2 重庆三峡库区农业TFP分解变化折线图（考虑环境污染）

根据表3所示，对三者进行相关分析得到：技术效率和技术进步与农业TFP变化都呈正相关，相关系数分别为0.008、0.945。因此，技术进步是推动重庆三峡库区农业TFP增长的主要动力。同时还可以看出，技术效率变化与技术进步之间存在负相关，相关系数为-0.319，技术效率变化相对于技术进步的变化呈反向变动的关系，这有可能是技术进步对技术效率的发挥存在滞后性造成的。

表3　重庆三峡库区农业TFP变化与技术效率变化及技术进步的相关性

指数	技术效率变化	技术进步	农业TFP变化
技术效率变化	1.000		
技术进步	-0.319	1.000	
农业TFP变化	0.008	0.945	1.000

3. 重庆三峡库区农业技术效率变化的分解分析

根据表1和表2，2005~2014年，重庆三峡库区农业的纯技术效率年均增长率为-0.5%，而规模效率的年均增长率为0.01%；其中除了2005~2006年和2008~2009年，纯技术效率都不超过1，表现为纯技术效率的没有改善或者下降。这一现象说明重庆三峡库区农业对技术的吸收和创新不足，不够稳定，技术效率的提升主要依靠规模效率改善。图3是在考虑环境污染情况下的重庆三峡库区2005~2014年技术效率变化分解的趋势折线图，从中还可看出纯技术效率变化和规模效率的变化呈反向变化趋势，而技术效率的变化趋势是两者综合变化的最后结果，与规模效率的变化趋势大致相似。

根据表4所示，对三者进行相关分析得到：农业技术效率变化与纯技术效率变化和规模效率变化呈正相关，相关系数分别为0.190和0.448。而纯技术效率变化与规模效率变化呈负相关，相关系数高达-0.792。这一现象说明了重庆三峡库区农业技术运用水平的提高的同时伴随着规模的恶化，农业技术不能有效促进生产规模的壮大。

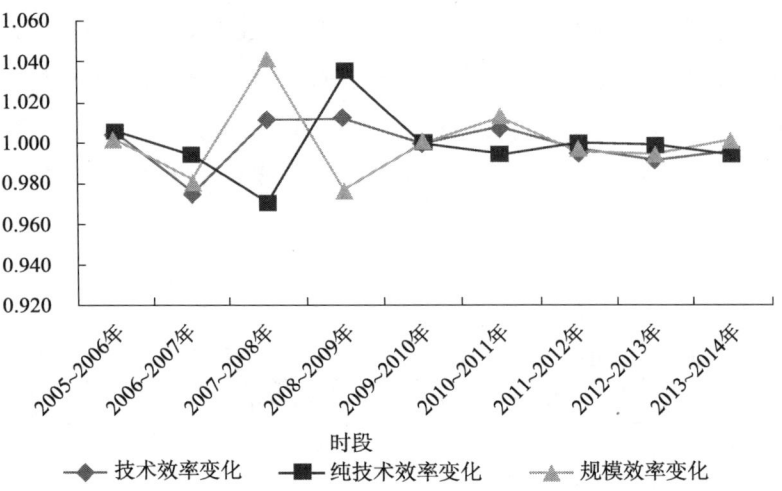

图3 重庆三峡库区2005~2014年农业技术效率变化分解折线图（考虑环境污染）

表4 三峡库区农业技术效率变化与纯技术效率变化及规模效率变化的相关性

指数	技术效率变化	纯技术效率变化	规模效率变化
技术效率变化	1.000		
纯技术效率变化	0.190	1.000	
规模效率变化	0.448	−0.792	1.000

（二）区域特征

同上，根据 DEAP Version 2.1 软件运算结果，不考虑环境污染的重庆三峡库区区县农业 Malmquist 生产率指数计算结果见表5，考虑环境污染的重庆三峡库区区县农业 Malmquist 生产率指数计算结果见表6。

表5 不考虑环境污染的重庆三峡库区区县农业Malmquist生产率指数分析

区县	技术效率变化	技术进步	纯技术效率变化	规模效率变化	农业TFP变化
万州区	1.022	1.026	1.020	1.001	1.048
涪陵区	0.980	1.063	0.976	1.004	1.041
丰都县	1.008	1.026	0.985	1.023	1.034

续表

区县	技术效率变化	技术进步	纯技术效率变化	规模效率变化	农业TFP变化
武隆区	0.955	1.054	1.000	0.955	1.007
忠县	0.997	1.063	0.990	1.007	1.060
开州区	1.025	1.019	1.024	1.001	1.045
云阳县	1.001	1.024	1.006	0.995	1.026
奉节县	1.006	1.042	0.988	1.017	1.047
巫山县	0.998	1.042	1.000	0.998	1.040
巫溪县	1.043	1.089	1.000	1.043	1.136
石柱县	1.004	1.055	1.009	0.995	1.058
重庆主城	1.000	1.049	1.000	1.000	1.049
江津区	1.000	1.019	1.000	1.000	1.019
长寿区	1.017	1.051	1.000	1.017	1.068
平均值	1.004	1.044	1.000	1.004	1.048

表6 考虑环境污染的重庆三峡库区区县农业Malmquist生产率指数分析

区县	技术效率变化	技术进步	纯技术效率变化	规模效率变化	农业TFP变化
万州区	1.013	1.021	0.995	1.017	1.034
涪陵区	0.977	1.049	0.992	0.985	1.025
丰都县	0.987	1.000	0.991	0.996	0.987
武隆区	1.000	0.961	1.000	1.000	0.961
忠县	0.993	1.039	1.000	0.994	1.032
开州区	1.020	1.019	1.009	1.011	1.039
云阳县	1.004	1.007	1.002	1.002	1.012
奉节县	0.993	0.996	0.993	1.000	0.989
巫山县	1.000	1.011	1.000	1.000	1.011
巫溪县	1.000	1.000	1.000	1.000	1.000
石柱县	1.002	0.995	1.002	1.001	0.997
重庆主城	1.000	1.049	1.000	1.000	1.049
江津区	1.000	1.013	1.000	1.000	1.013
长寿区	1.000	1.035	1.000	1.000	1.035
平均值	0.999	1.014	0.999	1.000	1.013

1. 重庆三峡库区区县农业全要素生产率变化情况分析

从表5和表6可看出，重庆三峡库区各区县与重庆三峡库区总体情况大体相似，环境污染对各区县的农业经济影响仍然显著，不考虑环境污染的农业TFP仍然偏大，其中巫溪县、石柱县、奉节县、丰都县、武隆区等区县的差异比较显著。尤其是巫溪，不考虑环境污染时农业TFP增长率为13.6%，而考虑环境污染时农业TFP没有改善。这主要是农业对自然环境的依赖较高引起的，如巫溪山地较多、土壤贫瘠、水土流失较多，农作物的种植对化肥的需求量较大，即投入相对较大，2005~2014年单位面积化肥使用量年均达到19.55kg/hm^2；然而农业化肥中含有大量TN、TP、COD、NH_3-N等环境污染物质，造成了较多不合意产出[18]，因此一旦考虑环境污染，巫溪农业TFP增长率大幅下降。

从图4可看出，在考虑环境污染的情况下，重庆三峡库区各区县的农业TFP差异比较显著，最高的重庆主城农业TFP增长率为3.4%，而最低的武隆区农业TFP增长率为-3.9%，相差了7.3个百分点。其中石柱县、奉节县、丰都县、武隆区4个区县的农业TFP均小于1，表现为农业TFP增长率的下降；巫溪的农业TFP等于1，表现为农业TFP没有改善；其他区县农业TFP均大于1，表现为农业TFP增长率的提高。

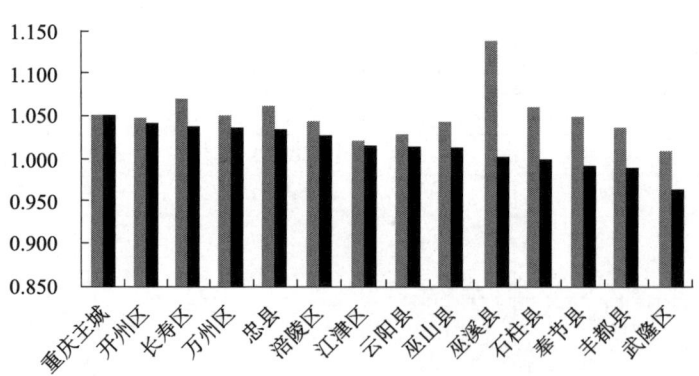

图4 重庆三峡库区各区县农业全要素生产率图

2. 重庆三峡库区区县农业TFP变化的分解分析

图5是在考虑环境污染情况下的重庆三峡库区各区县农业TFP分解图，从中可清楚看出各区县农业TFP增长也是主要由技术进步推动，技术效率的贡献不显著。技术进步也是造成各区县农业TFP差异的主要原因，其中重庆主城、长寿区、忠县、涪陵区4个区县的技术进步增长特别明显，拉动了农业TFP的增长。而巫溪县、石柱县、奉节县、丰都县、武隆区5个区县的技术进步没有改善甚至下降，导致了这5个区县的农业TFP没有增长。

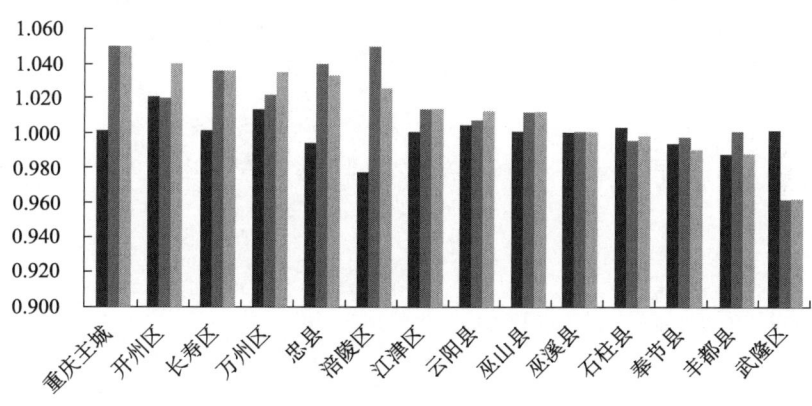

图5 重庆三峡库区各区县农业TFP分解图

3. 重庆三峡库区区县农业技术效率变化的分解分析

图6是在考虑环境污染情况下的重庆三峡库区各区县农业技术效率分解图，从中明显看出技术效率变化偏高的区县规模效率变化偏高，这也说明规模效率是促使技术效率变化的主要因素。其中技术效率较高的区县有开州区、万州区、云阳县、石柱县4个区县，表现为技术效率的提升，其对应的规模效率也是提升的；而忠县、奉节县、丰都县、涪陵区表现为技术效率的下降，其对应的规模效率是没有改善和下降的。

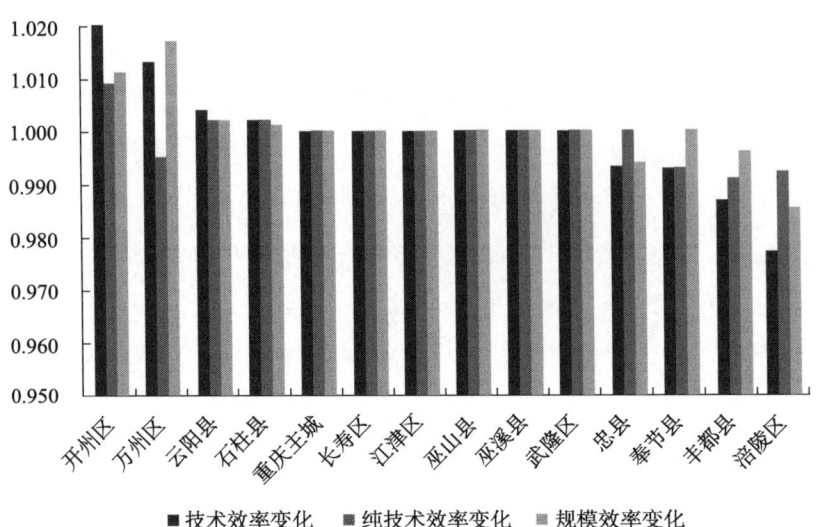

图6 重庆三峡库区各区县农业技术效率分解图

五、结论与启示

（一）主要结论

本文运用DEA模型非参数的Malmquist生产率指数法分别测算了不考虑环境污染和考虑污染情况下重庆三峡库区2005～2014年的农业TFP的变化，并将农业TFP变化分解为技术效率变化、技术进步、纯技术效率变化和规模效率变化。本文得出的主要结论如下。

第一，无论是从整个重庆三峡库区还是从各个区县分析，考虑环境污染的重庆三峡库区农业TFP要普遍低于不考虑环境污染的重庆三峡库区农业TFP，甚至在个别年份还出现农业TFP负增长的现象，这说明环境污染对农业经济的增长影响非常显著，即重庆三峡库区农业经济呈现出以严重破坏生态环境为代价的粗放型增长。

第二，2005～2014年重庆三峡库区农业TFP增长率波动比较明显，其中技术进步构成了农业TFP增长的主要因素，技术效率的贡献不明显，甚至还会起一定的阻碍作用。因此三峡库区农业TFP增长主要是技术投入驱动，农业产出能力不强。但这二者贡献率的大小是衡量农业经济发展的合理性的重要指标，因此单纯地依靠技术进步，而忽视对生产效率的提高，会使社会的资源配置失调，势必造成生产的无效和资源浪费。

第三，重庆三峡库区农业技术进步发展过程不稳定，技术效率变化与技术进步之间存在负相关，因此呈现出有趣的现象：每当技术进步促进农业TFP的上升时，总会遇到技术效率下降对农业TFP的不利影响，这可能是技术进步对技术效率的发挥存在滞后性造成的。

第四，重庆三峡库区农业的技术效率提升主要依靠规模效率的改善，而纯技术效率贡献较低，这说明农业对技术的吸收和创新不足，不够稳定。同时纯技术效率变化与规模效率变化呈负相关，即农业技术运用水平的提高的同时伴随着规模的恶化，农业技术不能有效促进生产规模的壮大。

第五，在考虑环境污染的情况下，重庆三峡库区各区县的农业TFP差异比较显著，其中重庆主城、长寿区、忠县、涪陵区4个区县农业TFP增长较高，而巫溪县、石柱县、奉节县、丰都县、武隆区5个区县农业TFP增长较低，造成各区县的农业TFP差异的主要原因是技术进步变化的不同，技术效率变化带来的影响不显著，而规模效率是促使各区县技术效率变化的主要因素。

本文研究仍然存在改进的地方：一是测量问题。源于数据获取的困难性，本文没有对重庆主城的区县分开测量，没有考虑不同处理环境污染产出的农业全要素生产率方法（如用Malmquist-Luenberger指数法等）对研究结论的影响。二是"不合意产出"指标问题。源于农业生产污染数据获取的困难性，本文采用的农业环境污染指数测量的农业环境污染产出数据要小于实际农业环境污染。这些问题有待今后的研究进行完善。

（二）政策建议

本文的研究结论对重庆三峡库区加快农业发展，转变农业经济增长方式有重要启示，具体而言有以下几点。

第一，正确评价重庆三峡库区农业经济的发展绩效必须要考虑环境污染，只有重视农业经济增长带来的环境代价问题，才能使农业经济朝着"又好又快"可持续方向发展。建立合理的激励机制推动农业清洁生产技术的进一步发展，加强高效环保型现代农业技术的推广和应用，实现资源节约、环境友好的"两型农业"发展新模式。

第二，重庆三峡库区农业TFP较低的区县一方面要主动学习农业TFP较高区县及国内其他农业发达地区的先进农业清洁生产技术和农业可持续发展管理经验；另一方面应结合自身资源禀赋条件，最大限度地提高化肥、农药、农业机械动力等生产要素的投入效率，努力实现农业经济与资源环境的协调持续发展。

第三，重庆三峡库区各区县农业的发展应注重技术效率、规模效率与技术进步的同步提高。一方面要加大对农业科技的投入，提高农业技术进步。要继续深化农业科研体制改革，促进与重庆大学、西南大学等高等院校及农业科研机构深入合作，加强农业技术的研发和攻关，做到产、学、研相结合；要适当增加农业科技方面的资金投入并给予涉农企业相关优惠政策，引导涉农企业开展技术创新活动。从多方位、多渠道建立一条系统的技术需求—技术研发—技术推广和应用—产生效益的有效路径。另一方面完善农业技术推广体系，提高农业科技成果的转化率。农业技术进步绝不只是新品种、新技术的研发，其核心是将创造的技术应用到农业生产中去，形成真正的生产力。因此，农业技术的巩固、扩散、推广、应用在农业技术进步过程中占有极其重要的地位。各区县应结合自身农业特点，从农业技推广体制、管理机制、资金投入、服务手段等多方位探索一条适合自身发展的农业技术推广体系，使农业技术研发、推广、应用紧密结合在一起。

参考文献

[1] 邓宗兵.农业全要素生产率增长及影响因素研究[M].辽宁：中国农业出版社，2000.

[2] 祝志勇，罗刚平.重庆市农业全要素生产率分析——基于 Malmquist 指数方法[C].走进新农村——西南大学研究生含弘论丛，2010：237-241.

[3] 边丽洁，商淑东.统计学原理与工业统计学[M].上海：立信会计出版社，1999.

[4] 顾海，孟令杰.中国农业 TFP 增长及其构成[J].数量经济技术经济研究，2002（10）：15-18.

[5] 陈卫平.中国农业生产率增长、技术进步与效率变化：1990-2003 年[J].中国农村观察，2006（1）：18-23.

[6] 江激宇，李静，孟令杰.中国农业生产率的增长趋势：1978-2002[J].南京农业大学学报，2005（3）：113-118.

[7] Chen P C，Yu M M，Chang C C，et al. Total factor productivity growth in China's agricultural sector[J]. China Economic Review，2008，19（4）：580-593.

[8] 李谷成.技术效率、技术进步与中国农业生产率增长[J].经济评论，2009（1）：60-68.

[9] 朱喜，史清华，盖庆恩.要素配置扭曲与农业全要素生产率[J].经济研究，2011（5）：86-98.

[10] 潘丹，应瑞瑶.资源环境约束下的中国农业全要素生产率增长研究[J].资源科学，2013，35（7）：1329-1338.

[11] Charnes A，Cooper W W，Rhodes E. Measuring the efficiency of decision making units[J].European Journal of Operational Research，1978，2（6）：429-444.

[12] Caves D W，Christensen L R，Diewert W E. The economic theory of index numbers and the measurement of input, output, and productivity[J]. Econometrica，1982，50（6）：1393-1414.

[13] Fare R，Grosskopf S，Norris M. Productivity growth，technical progress，and efficiency change in industrialized countries：Reply[J].American Economic Review，1994，84(5)：1040-1044.

[14] 袁晓玲，张宝山，杨万平.基于环境污染的中国全要素能源效率研究[J].中国工业经济，2009（2）：76-86.

[15] 肖新成.重庆三峡库区农业面源污染防治研究[D].重庆：西南大学博士学位论文，2015.

[16] 杨万平，袁晓玲.对外贸易、FDI 对环境污染的影响分析——基于中国时间序列的脉冲响应函数分析：1982～2006[J].世界经济研究，2008（12）：62-68.

[17] Coelli T J. A guide to DEAP Version 2.1：A data envelopment analysis（computer）[J]. CEPA Working Paper，1998.

[18] 李谷成，陈宁陆，闵锐.环境规制条件下中国农业全要素生产率增长与分解[J].中国人口：资源与环境，2011，21（11）：153-160.

基于 SSM 模型的重庆乌江流域产业竞争力比较分析[*]

邸苗苗

（重庆工商大学长江上游经济研究中心，重庆 400067）

摘 要：本文基于 SSM 模型对重庆市乌江流域范围内的酉阳、黔江、彭水、南川、武隆、涪陵 6 个县区在"十二五"规划期间的三次产业竞争力进行研究，并将其与重庆市经济发展水平进行比较，测度乌江流域六区县产业竞争力对区域经济增长的贡献。结合"十三五"规划绿色发展提出相关建议，有助于它们在绿色发展的背景下调整自身的产业结构，提升产业竞争力，缩小区域间的经济差异，促进流域经济走上可持续发展的道路。

关键字：SSM 模型；产业竞争力；乌江流域

一、引 言

2016 年 1 月 5 日，习近平总书记在重庆召开推动长江经济带发展座谈会，

---

[*] 作者简介：邸苗苗（1992— ），女，河北石家庄人，重庆工商大学长江上游经济研究中心硕士研究生，研究方向为国民经济学。

强调当前和今后相当长一个时期，要把修复长江生态环境摆在压倒性位置，共抓大保护，不搞大开发。2016年9月，《长江经济带发展规划纲要》正式印发，其围绕"生态优先、绿色发展"的基本思路，确立了长江经济带"一轴、两翼、三极、多点"的发展新格局。乌江作为长江上游地区的最大支流，流域面积8.79万 km^2，流经56个县市，是云南、贵州、湖北和重庆融入长江经济带的主要载体之一，自然成为研究长江经济带经济发展的重点区域。乌江流域的绿色发展在长江上游流域绿色发展中具有至关重要的地位和作用。而在现实中，乌江流域集经济发展水平落后、生态环境脆弱、少数民族聚居、红色文化资源富集等特征于一身，绿色发展水平并未取得令人满意的成绩，深入探讨乌江流域地区产业竞争力问题具有重要的理论和现实意义。

二、文献回顾

（一）产业竞争力概念

从20世纪90年代开始，"竞争力"研究逐渐成为各国政府、产业界和学术界关注的对象。因竞争范围不同，产业竞争力有产业国际竞争力和国内区域产业竞争力之分，而本文的研究属于国内区域产业竞争力研究。蔡昉[1]认为，产业竞争力是个动态的概念，产业竞争力为一个国家产业对于该国资源禀赋结构表现出的比较优势和市场环境的反应和调整能力，主要体现为一个国家或地区某个产业的总体资源配置状况及其效果。所以，科学评价产业竞争力对明确地区未来产业调整的内容和方向都具有重要的指导价值。

（二）产业竞争力研究

目前，产业竞争力评价方法主要有数据包络分析（DEA）法、"钻石模型"、层次分析法、模糊综合评价法、偏离-份额分析法（shift-share method，SSM）等。其中，偏离-份额分析法被许多学者广泛运用于区域经济、产业部门结构和竞争力分析。偏离-份额分析法是把区域经济的变化看作一个动态的过程，以其所在或整个国家的经济发展为参照系，将区域自身经济总量在某一时期的变动分解为三个分量，即份额分量、结构偏离分量和竞争力偏离分量，以此说明区域经济发展和衰退的原因，评价区域经济结构优劣和自身竞争力的强弱，找出区域具有相对竞争优势的产业部门，进而可以确定区域未来经济发展的合理方向和产业结构调整的原则。段国树[2]运用偏离-份额分析法对2002~2006年和2006~2010年两个时段新疆资源型产业竞争力进行研究，结果表明，2002年以来，新疆资源型产业总体上有一定竞争力，产业结构较好，但产业规模偏小，竞争力呈下降趋势。黄庆华等[3]用偏离-份额分析法对长江经济带三次产业结构的演变进行了研究，结果表明，长江经济带三次产业产值稳定增长，份额有所提高，结构演变过程中第二、第三产业交替主导，且在长三角地区第三产业凭借其较强的竞争力成为地区经济主导产业，长江中上游地区第一产业和第二产业竞争力强。杨梅和郝华勇[4]基于SSM模型对"十一五"规划时期中部六省（山西、河南、安徽、江西、湖北、湖南）产业结构演变进行了分析，结果表明，中部六省产业增长率最快的为山西，部门结构对经济增量贡献程度最大的为河南，湖南和湖北第一产业和第二产业部门竞争力相对较强，而第三产业整体缺乏。时保国和周民良[5]基于SSM模型对贵州省的三次产业发展状况进行了分析。孙佳斌和王利[6]以2005~2008年作为考察期，利用偏离-份额分析法分析了环渤海经济区中的6个沿海城市在产业结构与区位竞争力方面的优势与劣势。但是，国内区域竞争力研究大部分是在省份和城市层面，鲜有在区县层面分析产业结构和产业竞争力的文献。如果能在区县层面具体分析产业竞争力，或许可以对未来区域的产业发展方向提出更加有价值的参考。因此，本文在已有研究的基础上，以SSM模型为主要分析方法，以重庆市产业结构为背景，具体分析流域各县产业部门的增长趋势，有助于流域内各个区县明晰各自产业部门的优势和劣势，把握发展机遇，推动未来经济朝向可持续演进。

三、研究方法和数据来源

（一）研究方法

SSM 模型源自偏离－份额分析法，是一种被国内外广泛用于分析产业结构变化和区域经济差距的数学方法。最初该方法由美国经济学家 Daniel 和 Creamer 相继提出，后经 Dunn[7] 等学者总结并初步完善，成为研究区域增长有效的统计方法之一。SSM 模型将研究区域的经济增长与参照区域的经济增长通过将它们分解来具体反映区域相对于参照区域自身产业结构的优势和竞争力水平，由此明确未来区域发展的产业方向。该方法的基本原理是在一定周期内（通常为 5 年）和参照区域将子区域的经济变化视为一个动态的过程，并以子区域所处的母区域作为参照系，将子区域自身经济总量的增长分解为份额分量、结构偏离分量和竞争力偏离分量。具体计算过程如下。

首先假设研究区域在初期的经济规模为 $b_{i,0}$，末期的经济规模为 $b_{i,t}$。对于研究区域内三个产业部门的初期和末期的经济规模，则用 $b_{ij,0}$ 和 $b_{ij,t}$ 来表示 i（i=1,2,3,4,5,6）区域第 j（j=1,2,3）部门初期和末期的经济规模。以 B_0 和 B_t 分别表示参照区域的初期和末期的经济规模，$B_{j,0}$ 和 $B_{j,t}$ 分别表示参照区域内第 j 产业部门的初期和末期的经济规模。则计算公式如下。

（1）区域 i 的第 j 产业在 [0，t] 时间段内的变化率为 $r_{ij}=(b_{ij,t}-b_{ij,0})/b_{ij,0}$。

（2）参照区域第 j 产业在 [0，t] 时间段内的变化率为 $R_j=(B_{j,t}-B_{j,0})/B_{j,0}$。

（3）用参照区域 j 产业部门的份额比将区域 i 内 j 产业部门规模标准化，即 $b'_{ij}=b_{i,0}\times B_{j,0}/B_0$。

（4）区域 i 的第 j 产业部门在 [0，t] 的时间段内的增长量为 G_{ij}，可将 G_{ij} 分解为份额分量 N_{ij}、结构偏离分量 P_{ij}、竞争力偏离分量 D_{ij}。即 $G_{ij}=N_{ij}+P_{ij}+D_{ij}$，其中，$G_{ij}=b_{ij,t}-b_{ij,0}$，$N_{ij}=b'_{ij}\times R_j$，$P_{ij}=(b_{ij,0}-b'_{ij})\times R_j$，

$D_{ij} = b_{ij,0} \times (r_{ij} - R_{ij})$。

（5）区域 i 的总增长量可通过部门加总实现，即 $G_i = N_i + P_i + D_i$，其中 $N_i = \sum_{j=1}^{n} b'_{ij} \times R_j$，$P_i = \sum_{j=1}^{n} (b_{ij,0} - b'_{ij}) \times R_{ij}$，$D_i = \sum_{j=1}^{n} b_{ij,0} \times (r_{ij} - R_{ij})$。

（6）区域 i 总的增长优势记为 S_i，则 S_{ij} 反映区域 i 内第 j 产业部门的总体偏离量，反映了区域 i 第 j 产业的增长优势，即 $S_{ij} = P_{ij} + D_{ij}$，$S_i = \sum_{j=1}^{n} S_{ij} = P_i + D_i = \sum_{j=1}^{n} P_{ij} + \sum_{j=1}^{n} D_{ij}$。

（7）假设 $K_{j,0} = \dfrac{b_{ij,0}}{B_{j,0}}, K_{j,t} = \dfrac{b_{ij,t}}{B_{j,t}}$ 分别为区域 i 内 j 部门在初期与末期占同期所在参照区域相应部门的比重，令区域 i 相对于参照区域的相对增长率为 L，则

$$L_i = \dfrac{\dfrac{b_t}{b_0}}{\dfrac{B_t}{B_0}} = \dfrac{\dfrac{\sum_{j=1}^{n} K_{j,t} \times B_{j,t}}{\sum_{j=1}^{n} K_{j,0} \times B_{j,0}}}{\dfrac{\sum_{j=1}^{n} B_{j,t}}{\sum_{j=1}^{n} B_{j,0}}} = \dfrac{\sum_{j=1}^{n} K_{j,0} \times B_{j,t}}{\sum_{j=1}^{n} K_{j,0} \times B_{j,0}} \times \dfrac{\dfrac{\sum_{j=1}^{n} B_{j,t}}{\sum_{j=1}^{n} B_{j,0}}}{\dfrac{\sum_{j=1}^{n} B_{j,t}}{\sum_{j=1}^{n} B_{j,0}}} \times \dfrac{\sum_{j=1}^{n} K_{j,t} \times B_{j,t}}{\sum_{j=1}^{n} K_{j,0} \times B_{j,t}} = w_i \times u_i$$

其中，

$$w_i = \dfrac{\dfrac{\sum_{j=1}^{n} K_{j,0} \times B_{j,t}}{\sum_{j=1}^{n} K_{j,0} \times B_{j,0}}}{\dfrac{\sum_{j=1}^{n} B_{j,t}}{\sum_{j=1}^{n} B_{j,0}}}, \quad u_i = \dfrac{\sum_{j=1}^{n} K_{j,t} \times B_{j,t}}{\sum_{j=1}^{n} K_{j,0} \times B_{j,t}}$$

式中，w_i 为结构效果指数，反映了从整体上看第 i 区域产业结构优化程度。w_i 值越高，则 i 区域产业结构越好。u_i 为区域竞争效果系数，反映了从整体上来讲 i 区域产业的增长力，u_i 值越高，则 i 区域产业增长力越强。

（二）数据来源

本文选取重庆市乌江流域范围内的黔江、涪陵、南川、武隆、酉阳、彭水6个区县2011~2015年的地区生产总值及三次产业的增加值进行分析。本文所选取的数据均来自2012~2016年的《重庆统计年鉴》，为消除通货膨胀因素的影响，以2011年为基期，采用GDP指数对数据进行处理。

由表1数据可以得出，地区生产总值平均值为173.96亿元，标准差为164.10亿元，说明地区之间经济发展水平差异较大且发展水平较低。同时可以看出，三次产业增加值在区域之间也存在着低水平和较大差异的问题，特别是第二产业，其平均值为93.27亿元，标准差是平均值的1.15倍，最大值是平均值的3.71倍。因此，为深入探讨乌江流域产业研究，对乌江流域产业竞争力的研究具有重要意义。

表1　统计量分析　　　　　　　（单位：亿元）

统计量	地区生产总值	第一产业增加值	第二产业增加值	第三产业增加值
平均值	173.96	19.90	93.27	60.78
最大值	557.34	37.29	346.09	174.61
最小值	76.19	11.78	30.67	26.14
标准差	164.10	8.37	107.53	49.97

注：所有数据均由作者计算得出，地区生产总值根据GDP指数计算得出，并用GDP平减指数对三次产业数据进行了平减，基期为2011年

四、乌江流域六区县产业结构演变的特征分析

本文以重庆市为参照区域，将乌江流域六区县2011~2015年的产业结构演变的总体效果的SSM分解结果列于表2。

表2 乌江流域六区县产业结构演变总体效果分析 （单位：亿元）

地区	总经济增量（G_i）	份额分量（N_i）	结构偏离分量（P_i）	增量偏离分量（D_i）	总增长优势（S_i）	相对增长率（L_i）	结构效果指数（w_i）	区域竞争效果系数（u_i）
黔江区	73.47	73.69	-2.06	1.83	-0.22	0.999	0.990	1.009
涪陵区	354.31	317.91	-22.90	59.30	36.40	1.042	0.974	1.070
南川区	80.24	96.32	-1.92	-14.15	-16.07	0.939	0.993	0.946
武隆区	50.58	49.39	8.48	-7.29	1.19	1.009	1.062	0.950
酉阳县	35.26	43.90	-0.42	-8.22	-8.64	0.929	0.997	0.932
彭水县	39.93	43.63	2.49	-6.19	-3.70	0.969	1.021	0.950

注：L_i、w_i、u_i没有单位

（一）乌江流域六区县产业竞争力总体状况

从实际经济增长总量来看，涪陵区经济增长总量最大，达到354.31亿元，其他5个区县总经济增量比较相近，经济增长总量主要依靠份额规模，结构效应和竞争力普遍较弱，显然长江上游地区产业结构和产业基础有很大关系。涪陵区最具有竞争力，其增量偏离分量达到59.3亿元，而南川区、武隆区、酉阳县、彭水县的增量偏离分量均小于0，说明这4个区县整体缺乏竞争力。武隆区主要依靠其产业结构效应，结构偏离分量最大的为8.48亿元，远高于其他区县，说明武隆区产业结构要优于其他区县，而涪陵区最低为-22.9亿元，说明涪陵区产业结构存在不合理。

从总的增长优势方面来看，乌江流域六区县增长优势不明显，未来还有很大的发展空间。涪陵区和武隆区的总增长优势为正值，表明这两个区县的实际增长额大于按重庆市份额的增长，其他4个区县的总增长优势均为负值，说明它们的实际增长量要小于按重庆市份额的增长。其中，涪陵区总偏离分量最大，为36.4亿元，说明其综合竞争力最强，而酉阳县经济增长优势相对于其他区县更处于劣势地位。

从相对增长率来看，乌江流域六区县经济增长速度普遍较弱。仅有涪陵区和武隆区经济增长速度略高于重庆市，其他区县均低于重庆市水平，南川区相

对增长率最低为 0.929。从相对增长率的分解结果来看，武隆区和彭水县的结构效果指数较高于 1，说明这两个区县产业结构要优于重庆市水平，其他区县的结构效果指数均低于 1 且接近于 1。黔江区和涪陵区的竞争效果指数高于 1，说明它们在乌江流域的经济增长力最强，其他区县均低于 1，且酉阳县最低为 0.932。

所以，在 2011～2015 年乌江流域内涪陵区总经济增量最大，相对增长率大于 1，说明涪陵区经济增长要快于重庆市水平。且其增量偏离分量较大，增长率效果指数大于 1，说明了涪陵区产业部门总增长势头大，有很强的竞争力。武隆区结构偏离分量大于 0，结构效果指数大于 1，说明武隆区朝阳产业部门比重较大，区域总体经济结构较好，未来有很大的发展空间。

将乌江流域地区六区县的竞争力偏离分量（增量偏离分量）进行简单加总，可以得到乌江流域总体竞争力偏离为 25.28 亿元，说明乌江流域总体具有一定的竞争力。乌江流域总体份额偏离分量，对总经济增量的贡献率为 98.59%，说明乌江流域地区的经济增长主要依靠份额规模。产业结构分量总值为 -16.33 亿元，说明产业结构效应较差，不利于总体经济增长，流域产业结构仍需要加强优化。另外，六区县总经济增量为 633.22 亿元，占重庆总经济增量的 11.09%，说明乌江流域经济规模较小，扩大流域经济规模和提高乌江流域产业竞争力是未来乌江流域地区需要重点发展的内容。

（二）偏离-份额分类

将结构偏离分量和增量偏离分量进行组合，对乌江流域六区县进行分类，结果见表 3。

表3 偏离-份额分类

特征	分类
$P_j>0$、$D_j>0$	
$P_j>0$、$D_j<0$	武隆区、彭水县
$P_j<0$、$D_j>0$	黔江区、涪陵区
$P_j<0$、$D_j<0$	南川区、酉阳县

第一类为产业结构和区域竞争力两类因素都较好的区县,即产业结构偏离分量和增量偏离分量均大于0,但是六区县中没有区县属于这一类。

第二类为产业结构较好,而区域竞争力较差的区县,即产业结构偏离分量大于0,增量偏离分量小于0。属于这类区县的有武隆区、彭水县,而武隆区的总增长优势为正,彭水县的总增长优势为负,武隆区的经济增长要优于彭水县。

第三类为产业结构较差,而区域竞争力较好的区县,即产业结构偏离分量小于0,增量偏离分量大于0。属于这类的区县有黔江区、涪陵区,而黔江区的总增长优势为负,涪陵区的总增长优势为正,且涪陵区的增量偏离值很大,涪陵区的经济增长要远远优于黔江区。

第四类为产业结构和区域竞争力均较差的区县,即产业结构偏离分量和增量偏离分量均小于0。属于这类的区县有南川区和酉阳县,这可能与这两个区县产业结构单一、过分依赖第一产业和第二产业,第三产业发展相对薄弱有关,说明这两区今后要加快优化产业结构。

(三)乌江流域六区县产业竞争力具体分析

乌江流域六区县产业竞争力具体分析见表4。

表4　乌江流域六区县三次产业结构的SSM分析　　(单位:亿元)

区域	产业部门	r_{ij}	R_{ij}	$r_{ij}-R_{ij}$	G_j	N_j	P_j	D_j	S_j
黔江区	第一产业	0.38	0.36	0.02	5.26	3.95	1.04	0.27	1.32
	第二产业	0.563	0.28	0.29	40.28	19.72	0.005	20.55	20.56
	第三产业	0.64	1.07	-0.43	27.92	50.02	-3.11	-18.99	-22.10
涪陵区	第一产业	0.56	0.36	0.19	20.75	17.03	-3.52	7.24	3.71
	第二产业	0.60	0.28	0.32	206.92	85.09	10.34	111.49	121.84
	第三产业	0.73	1.07	-0.34	126.64	215.79	-29.72	-59.43	-89.15
南川区	第一产业	0.83	0.36	0.47	23.36	5.16	5.03	13.17	18.20
	第二产业	0.02	0.28	-0.25	1.86	25.78	-2.74	-21.17	-23.91
	第三产业	0.96	1.07	-0.11	55.02	65.38	-4.21	-6.14	-10.36

续表

区域	产业部门	r_{ij}	R_{ij}	$r_{ij}-R_{ij}$	G_j	N_j	P_j	D_j	S_j
武隆区	第一产业	0.45	0.36	0.08	6.02	2.65	2.23	1.14	3.37
	第二产业	0.73	0.28	0.46	23.22	13.22	−4.46	14.46	10.00
	第三产业	0.52	1.07	−0.55	21.34	33.52	10.71	−22.89	−12.18
酉阳县	第一产业	0.32	0.36	−0.04	5.61	2.35	3.95	−0.68	3.26
	第二产业	0.47	0.28	0.20	15.84	11.75	−2.53	6.62	4.09
	第三产业	0.53	1.07	−0.54	13.81	29.80	−1.84	−14.16	−15.99
彭水县	第一产业	0.38	0.36	0.02	6.14	2.34	3.47	0.33	3.81
	第二产业	0.60	0.28	0.32	18.39	11.68	−3.22	9.94	6.72
	第三产业	0.52	1.07	−0.55	15.39	29.62	2.24	−16.46	−14.22

竞争力偏离分量中，三次产业竞争力对重庆市经济增长的贡献由大到小依次如下。第一产业：南川区＞涪陵区＞武隆区＞彭水县＞黔江区＞酉阳县。其中，只有酉阳县的竞争力偏离分量为负值，表明该县的第一产业竞争力相对于其他区县较弱，处于劣势地位。第二产业：涪陵区＞黔江区＞武隆区＞彭水县＞酉阳县＞南川区。其中，只有南川区的竞争力偏离分量为负值，说明南川区第二产业竞争力相对于其他区县较弱。第三产业竞争力偏离分量均为负值，说明乌江流域六区县相对于重庆市水平处于弱势地位，竞争力不足，内部排序为：南川区＞酉阳县＞彭水县＞黔江区＞武隆区＞涪陵区。涪陵区第三产业劣势最明显，说明涪陵区经济增长主要依靠工业，导致在转型中未能形成新的具有竞争力优势的产业。相对于重庆市来讲，乌江流域六区县第三产业不具备竞争力优势，第一产业和第二产业具备较强的竞争力优势，除了酉阳县第一产业和南川区第二产业竞争力较弱之外。

从产业增长速度上看，"十二五"规划期间乌江流域六区县第一产业增长速度最快的是南川区，高出重庆市水平47%；第二产业增长率最快的是武隆区，高出重庆市水平46%；第三产业增长率虽最快的是南川区，但仍要比重庆市水平低11%。从整体上来讲，乌江流域六区县的产业增长速度普遍处于低水平，但其在第一、第二产业部门的整体增长速度要好于重庆市总体水平（仅酉阳县的第一产业、南川区的第二产业落后于重庆市水平），而其第三产业则远远低于重庆市水平，差距最大的为武隆区，比重庆市落后55%。

从产业增长量上来看，乌江流域六区县的三次产业规模有明显扩大。第一产业中，6个区县均有不同程度的增长。其中，产业增量最大的为南川区，增加了23.36亿元。第二产业中，涪陵区产业增长最明显，高达206.92亿元。其他区县增量较小。第三产业中，6个区县的增长幅度均超过了50%，而增长量最大的为涪陵区，达到126.64亿元。

份额－偏离增量中，乌江流域六区县的三次产业份额均为正值，其中，第二产业和第三产业份额要优于第一产业，表明产业结构动力较强。而涪陵区的三次产业份额要明显高于其他区县，表明其经济基础较好。此外，三次产业按照重庆市增长效应实现的份额分量从大到小依次为涪陵区＞南川区＞黔江区＞武隆区＞酉阳县＞彭水县。

结构－偏离分量中，排除各区县增长率与重庆市增长率的差异，单独考虑各区县部门结构对重庆市经济增长的贡献程度，三次产业部门排序依次如下。第一产业：南川区＞酉阳县＞彭水县＞武隆区＞黔江区＞涪陵区。第二产业：涪陵区＞黔江区＞酉阳县＞南川区＞彭水县＞武隆区。第三产业：武隆区＞彭水县＞酉阳县＞黔江区＞南川区＞涪陵区。说明南川区第一产业部门对其经济增长贡献较大；涪陵区第二产业部门对其经济增长贡献较大；武隆区第三产业部门对其经济增长贡献较大。

综上所述，从对"十二五"规划期间重庆市内乌江流域产业竞争力分析来看，主要有以下几个特征：①乌江流域产业基础差，产业结构效应较弱，总体缺乏竞争力，区县自身也较为缺乏竞争力。②乌江流域地区第一产业最具竞争力的是南川区，第二产业竞争力最强的是涪陵区，而第三产业竞争力较强的是南川区。③乌江流域地区武隆区经济中朝阳产业部门比重较大，区域总体经济结构较好，未来竞争力产业提升空间很大。④乌江流域地区第三产业优势尚未明显，严重缺乏竞争力，说明"十二五"规划期间发展欠缺，由第二产业未能成功向第三产业转型，但是仍具有很好的发展空间。

五、结论和建议

本文从静态和动态两个方面考察重庆市内乌江流域六区县"十二五"规划期间产业竞争力研究,从静态层面看,"十二五"规划期间乌江流域地区第一产业比例高于重庆市水平,第二产业比例高于重庆市水平,第三产业比例低于重庆市水平。运用份额－偏离法对"十二五"规划时期乌江流域六区县三次产业部门做增量偏离分析后发现,只有酉阳县的竞争力偏离分量为负值,表明该县的第一产业竞争力相对于其他区县较弱,处于劣势地位;只有南川区的第二产业竞争力偏离分量为负值,说明南川区第二产业竞争力相对于其他区县较弱。涪陵区第三产业劣势最明显,说明涪陵区经济增长主要依靠工业,导致在转型中未能形成新的具有竞争力优势的产业。相对于重庆市来讲,乌江流域六区县第三产业不具备竞争力优势,第一产业和第二产业具备较强的竞争力优势,除了酉阳县第一产业和南川区第二产业竞争力较弱之外。

基于上述分析,在"十三五"规划的绿色发展大背景下对乌江流域产业竞争力优化升级提出以下建议。

(一)做好政策性引导

长江经济带的发展逐渐上升为国家战略,并依托有利的国家政策统筹规划发展。乌江流域作为长江经济带的重要组成部分,其竞争力优化升级首先要做好产业结构优化,而产业结构的升级除了自身产业发展战略,还需要国家和政府的政策性指导。当前的乌江流域地区产业结构为"二、三、一",处于工业化中期阶段,第三产业相对比较薄弱。如果要实现由第二产业向第三产业顺利转型,就需要政府制定合理规划和优化布局。如此,才能进一步加强乌江流域地区产业竞争力。

（二）积极发展第三产业

乌江流域地区核心资源优势为良好的生态环境特别是水资源，因此在乌江流域发展的同时必须要注意做好生态资源的保护，即我们不仅要利用资源环境，还要保护资源环境，这符合"十三五"规划可持续发展的要求。当前的乌江流域优势产业为第二产业，第三产业尚未成为主导产业，而第二产业"高污染、高消耗、高排放"的特征，无疑将加剧对资源环境的破坏，这就决定了产业必须由"二、三、一"结构向"三、二、一"结构转变。由于第三产业主要以服务业为中心，相比于工业制造业，第三产业是产业结构优化的方向，也是提升产业竞争力的重点发展方向，由于乌江流域各区县第三产业发展水平低于重庆市水平，需要通过政府的政策性引导加强对流域第三产业的扶持，提升第三产业部门竞争力。

（三）鼓励区县发展自身不足

乌江流域产业竞争力是六区县竞争力的综合效果，其中不乏有竞争力发展势头很足的部门，也存在严重缺乏竞争力的部门。而区县往往侧重于发展自身优势的产业部门，对于萎靡的产业置之不理。但是，只发展单一产业的经济是不可持续的，经济健康发展和竞争力的提升还需要各生产部门相互协调与合作，优先发展优势产业，再带动其他产业，达到共同发展，提升区域整体竞争力水平。

（四）构建合理的竞争力评价体系

鉴于当前很多国家和众多区域纷纷采用评价指标体系来判断其自身的发展水平，鉴于研究方法有时会出现各种不足，在乌江流域的竞争力分析中，我们也可以尝试建立一套合理的竞争力评价指标体系来反映乌江流域地区的竞争力，这将会对提升区域的竞争力起到积极的促进作用。另外，合理的评价体系能够准确地反映出产业发展的优势与不足，这可对今后每阶段的产业结构发展方向和改进提供有利的参考依据。

参考文献

[1] 蔡昉.工业竞争力与比较优势——WTO框架下提高工业竞争力的方向[J].北京：管理世界，2003（2）：58-63.

[2] 段树国.基于偏离－份额分析法的新疆资源型产业竞争力评价[J].干旱区资源与环境，2013，27（11）：9-14.

[3] 黄庆华，周志波，刘晗.长江经济带产业结构演变及政策取向[J].经济理论与经济管理，2014（6）：92-101.

[4] 杨梅，郝华勇.基于SSM的中部六省产业结构演进分析[J].湖北农业科学，2013，52（23）：5925-5929.

[5] 时保国，周民良.贵州产业结构演进实证研究——基于SSM模型分析[J].产业经济，2011（4）：1-3.

[6] 孙佳斌，王利.基于SSM的区域产业结构分析——以环渤海6市为例[J].国土与自然资源研究，2011（5）：9-10.

[7] Dunn E S.A statistical and analytical technique far regional analysis[J].Papers of Regional Science Association，1960（6）：97-112.

重庆市县域经济产业结构与竞争力时空变迁研究*

张渝珩

（重庆邮电大学软件工程学院，重庆 400065）

摘 要：基于1997～2015年重庆市38个县域的经济数据，采用偏离－份额分析法与空间聚类分析法，对重庆市县域经济产业结构变迁与产业竞争力变化的时空分异进行研究。结果显示：重庆市县域经济产业结构整体较为均衡，但传统"主城六区"产业结构显著优于其他区县；重庆市县域经济产业竞争力整体较为温和，但渝西地区产业竞争力两极分异巨大；重庆市县域经济产业结构具有较强的黏性与扩张性，变动幅度较小；重庆市县域经济产业竞争力变动与主体功能区格局趋同，优化开发区与重点开发区呈现出较强的上升态势。进一步优化并提升重庆市新县域经济产业结构和竞争力，必须加快发展渝东北、渝东南生态产业步伐，发展壮大渝西地区高技术产业和战略性新兴产业，构建重庆市畅通发达的综合交通运输体系，建立健全对欠发达县域经济的生态补偿机制。

关键词：重庆市；县域经济；偏离－份额分析法；产业结构；产业竞争力

---

* 作者简介：张渝珩（1997— ），女，重庆南岸人，重庆邮电大学本科生，研究方向为技术经济与产业发展。

一、引　言

重庆市作为西部唯一的直辖市，是我国当前"两大支撑带"（长江经济带与"一带一路"）的交汇处与衔接点，西部开发开放的重要战略支撑，我国经济增长的重要引擎，其战略格局与经济地位极为重要。2016年重庆市前三季度经济增速高达10.7%，连续11个季度领先全国，然而重庆市又是一个相对复杂的独特经济单元，其行政区域之广，人口规模之大，发展之复杂，远甚于大多数城市。县域经济是构成重庆市宏观经济最基本单元，重庆市所辖的38个区县是维系重庆经济高速增长的不竭动力，破解重庆市区域发展不平衡的突破口在于加速实现重庆市县域经济的均衡协调发展。合理化、现代化、高级化的产业结构与强劲的产业竞争力可充分释放县域经济发展动力，保证县域经济发展的持久活力，反之则会抑制县域经济发展。重庆市县域经济产业结构与产业竞争力如何？其时空变迁轨迹怎样？应从哪些方面重点推进其优化与提升？以下本文侧重探讨这三大问题。

学术界关于县域经济研究成果主要集中在以下四大方面。一是比较县域经济发展路径，系统从产业、资源与政策维度梳理县域经济的发展模式。赵伟[1]基于产业驱动视角将县域经济发展路径归纳为四种模式：工业驱动型、农业驱动型、服务业驱动型及资源禀赋驱动型。宋效中等[2]将中国发达县域经济发展模式分为三大类：资源主导型、产业主导型和综合发展型。卢飞等[3]将新疆县域经济的发展历程划分为三种模式：增长率驱动型、政策冲击型和多元化驱动型。二是通过构建评价指标体系，研究某一地理单元（国家、经济地带、省、地级市）内县域经济发展的空间差异。杜挺等[4]从经济实力、投资消费和人民富裕三个维度评价重庆市各区县经济发展水平，发现渝西地区县域经济水平显著高于两翼地区。杜霞等[5]探究山东省十年县域经济差异的空间格局，结果显示县域经济发展呈现明显趋向济南、青岛等大城市的极化效应。冯兴华等[6]分析长江经济带县域经济空间格局演化规律，研究发现县域经济发展呈现上下游地区与中游地区两极分化特征。三是通过构建投入产出指标体系，研究特定地理单元内县域经济的发展效率。袁立科[7]对江苏省县域经济发展效率进行测定分析,研究发现县域经济发展效率分布与经济发展格局趋同,呈现南高北低的特点。黄海峰和王晰宇[8]基于DEA模型对四川省部分县域经济发展效率进行测定,结果显示各县域经济体发展效率极不均衡。蔡轶和夏春萍[9]基于超效率DEA模型测度分析湖北省县域经济体城乡一体化发展效率,研究表明湖北省城乡一体化发展整体效率不高,达到有效状态的区县仅占极小部分。四是通过建立回归模型,实证研究县域经济发展的核心影响因素,总体围绕着地区发展的微观环境与宏观环境展开,侧重探究人力资本、物质资本、技术进步、城镇化、产业结构、财政投入、金融发展等对县域经济发展作用分析[10-12]。总体而言,学术界现有研究成果更多集聚在对县域经济发展的外部综合评价,包括发展评价、发展效率评价及发展模式梳理,对县域经济的内部发展动力分析不足,特别是对县域经济发展差距显著的经济区域研究不够。本文尝试将二者结合起来,基于产业视角研究重庆市各区县产业结构变动及其释放的产业竞争力强度,揭示县域经济发展的内生规律,提出相应促进县域经济协调发展的政策建议。

本文余下内容的结构安排如下:第二部分阐述重庆市县域经济发展的主要研究方法;第三部分分析重庆市县域经济产业结构与竞争力的基本态势;第四部分探究重庆市县域经济产业结构与竞争力的时空演变趋势;第五部分提炼主要研究结论与对应政策启示。

二、研究方法及数据来源

(一)偏离-份额分析法

本文选用偏离-份额分析法(shift-share method,SSM)研究重庆市县域经济产业结构变动与产业竞争力差异。该方法最初由美国经济学家Creamer于

20世纪40年代提出[13]，后经Dunn[14]进一步总结完善，已成为分析区域产业结构与竞争力的有效工具。偏离-份额分析法的基本思想是将研究区域的增长总额分成三个分量，即份额分量（N）、产业结构偏离分量（P）与产业竞争力偏离分量（D）。根据后两种偏离分量的增长变动情况，评价研究区域内部产业结构优劣与产业竞争力强弱，预测研究区域未来经济发展的基本态势。具体模型构建如下：

$$G_j = N_j + P_j + D_j = \sum_{i=1}^{n} b_{i,j,0} \times \overline{R} + \sum_{i=1}^{n} b_{i,j,0} \times (R_i - \overline{R}) + \sum_{i=1}^{n} b_{i,j,0} \times (r_{i,j} - R_i), j=1,2,L,\cdots,m$$

（1）

式中，G_j 为研究子区域 j 各产业增加值（GDP）的增长总量，N_j 为研究子区域 j 的份额分量，P_j 为研究子区域 j 的产业结构偏离分量，D_j 为研究子区域 j 的产业竞争力偏离分量。$b_{i,j,0}$ 为研究子区域 j 的第 i 类产业基期规模，$\overline{R}$ 为区域各类产业基期至报告期平均增长速度，R_i 为区域第 i 类产业基期至报告期平均增长速度，$r_{i,j}$ 为研究子区域 j 的第 i 类产业基期至报告期平均增长速度。n 为产业种类数，m 为区域所含研究子区域个数，本文 n 为3，表示第一、第二、第三产业；m 为38，表示本文的研究对象，即重庆市38个区县经济体（以下将作进一步阐述）。三大份额分量具体经济含义如下。

（1）份额分量：$N_j = \sum_{i=1}^{n} b_{i,j,0} \times \overline{R}$，表示研究子区域 j 各类产业按照所在区域整体平均增长速度 $\overline{R}$ 所应达到的增长规模。由于 $\overline{R}$ 对所有研究子区域而言是固定不变的，所以份额分量 N_j 取决于研究子区域基期产业规模，表示研究子区域各类产业的发展基础，N_j 越大，表示子区域 j 的产业根基越强。

（2）产业结构偏离分量：$P_j = \sum_{i=1}^{n} b_{i,j,0} \times (R_i - \overline{R})$，表示研究子区域 j 各类产业按照区域对应产业增长速度所达到的增长规模对与按照区域全体产业整体平均增长速度所应达到的增长规模的偏离幅度。同样 $(R_i - \overline{R})$ 对所有研究子区域是恒定不变的，表示区域各类产业增长率与区域整体产业增长率的差异，仅取决于研究子区域 j 的产业结构所对应的各类产业基期规模 $b_{i,j,0}$，所以 P_j 反映研究子区域 j 相对于所在区域整体产业结构的协调程度。若 P_j 大于零，则表示

研究子区域 j 产业结构较为协调，可促进子区域经济增长；若 P_j 小于零，则表示研究子区域 j 产业结构较为落后，会抑制子区域经济增长。

（3）产业竞争力偏离分量：$D_j = \sum_{i=1}^{n} b_{i,j,0} \times (r_{i,j} - R_i)$，表示研究子区域 j 各类产业按照自身实际增长速度所达到的增长规模对与按照区域各类产业增长速度所达到的增长规模的偏离程度。由于 $(r_{i,j} - R_i)$ 表示研究子区域 j 各类产业与区域各类产业增长速度的差异，反映研究子区域产业发展速度较区域的竞争力水平。若 D_j 大于零，则表示研究子区域 j 各类产业整体增长速度快于区域增长速度，子区域 j 产业竞争力较区域其他子区域强，产业发展可加速经济增长步伐，追赶其他发达子区域；相反若 D_j 小于零，则反映子区域 j 产业竞争力较弱，产业发展缺乏活力，在区域县域经济竞争格局中处于相对不利状态。

（二）数据来源及处理

本文以重庆市县域经济体为研究的基本空间单元。由于重庆市自1997年成为直辖市以来，内部县域行政区划经过多次调整（表1），主要包括合并区县、县改区和市改区三大类别，截至2016年6月，重庆市共计有38个县域经济体，其中市辖区24个、市辖县14个，所以本文以2016年6月设立开州区后的38个区县为最终研究对象。

由于重庆市在1997年和2007年发生了两次大型的政治格局调整，必然对重庆市经济产生较大影响，区县产业结构与产业竞争力可能变动较大，为研究其时空分异格局，所以本文以1997年和2007年为研究分界点。本文所有指标基础数据来自《重庆统计年鉴》（1998）、《重庆统计年鉴》（2008）和《重庆统计年鉴》（2016），为消除物价变动影响，重庆市全市、各区县生产总值与第一、第二、第三产业增加值均为以1997年为基期的重庆市定基GDP平减指数折算后所得的实际值。

表1 1997～2016年重庆市县域行政区划调整变更汇总

时间	调整类型	调整前区县	调整后区县	县域总数/个
1997年12月	合并区县	枝城区、李渡区	涪陵区	40
		龙宝区、天城区、五桥区	万县区	
1998年5月	县改区	万县区	万州区	40
2000年6月	县改区	黔江县	黔江区	40
2001年12月	县改区	长寿县	长寿区	40
2006年10月	市改区	江津市	江津区	40
		合川市	合川区	
		永川市	永川区	
		南川市	南川区	
2011年10月	合并区县	万盛区、綦江县	綦江区	38
		双桥区、大足县	大足区	
2014年6月	县改区	璧山县	璧山区	38
		铜梁县	铜梁区	
2015年5月	县改区	潼南县	潼南区	38
		荣昌县	荣昌区	
2016年6月	县改区	开县	开州区	38

注：根据国务院批复关于重庆市区县区划调整相关文件及各区县政府官网资料整理编制

三、重庆市县域经济产业结构与竞争力分析

根据以上介绍的偏离－份额模型测度重庆市38个县域经济体在1997～2014年平均增长幅度、份额分量、产业结构偏离分量与产业竞争力偏离分量，结果见表2。本文主要探讨涉及重庆市县域经济增长的关键因素——产业结构与产业竞争力，基于自然断裂点法利用ArcGIS 10.3.1软件将重庆市县域经济产业结构偏离分量划分为三大类，即协调区、平衡区和滞

后区（图1）；将产业竞争力同样划分为三大类，即强势区、温和区和衰退区（图2）。

表2　1997~2015年重庆市县域GDP增长的偏离分量分析结果

（单位：万元）

区县	N	P	D	G	区县	N	P	D	G
渝中区	118 617	14 506	-40 448	92 675	涪陵区	66 245	-973	8 130	73 402
大渡口区	43 263	2 501	-27 593	18 171	长寿区	53 167	-4 030	-2 165	46 972
江北区	60 939	4046	-8 386	56 600	万州区	70 958	-3 932	8 211	75 238
沙坪坝区	85 034	4 535	-13 033	76 536	梁平县	24 866	-3 263	2 344	23 947
九龙坡区	90 817	2 310	-8 450	84 677	城口县	4 820	-1 030	314	4 103
南岸区	54 897	2 893	3 152	60 941	丰都县	22 218	-3 325	-1 108	17 786
北碚区	65 501	1 560	-13 812	53 249	垫江县	21 596	-3 660	3 692	21 628
渝北区	41 216	-4 652	16 847	53 411	忠县	27 380	-4 240	299	23 439
巴南区	49 855	-7 719	4 528	46 664	开州区	45 996	-5 927	-1 833	38 236
江津区	103 023	-10 708	-17 151	75 164	云阳县	24 995	-5 683	1 097	20 409
合川区	90 150	-5 450	-21 847	62 853	奉节县	29 281	-4 676	-1 308	23 296
永川区	50 256	-5 189	4 949	50 016	巫山县	13 863	-2 357	-604	10 902
南川区	36 851	-4 005	-7 800	250 47	巫溪县	8 567	-2 186	803	7 184
綦江区	66 507	-8 340	-10 804	47 364	黔江区	17 661	-2 668	2290	17 283
潼南区	29 840	-6 439	2 418	25 819	石柱县	13 998	-2 219	1 370	13 149
铜梁区	38 802	-4 702	-1 728	32 371	秀山县	14 996	-3 246	941	12 691
大足区	50 243	-4 746	-4 775	40 722	酉阳县	12 334	-3 295	1 515	10 554
荣昌区	36 542	-5 118	1 824	33 248	彭水县	14 125	-3 987	793	10 931
璧山区	29 739	-2 785	3 683	30 637	武隆县*	13 209	-2 683	1 398	11 924

注：根据Excel 2010软件处理结果编制。

＊武隆县已于2016年11月24日改为武隆区

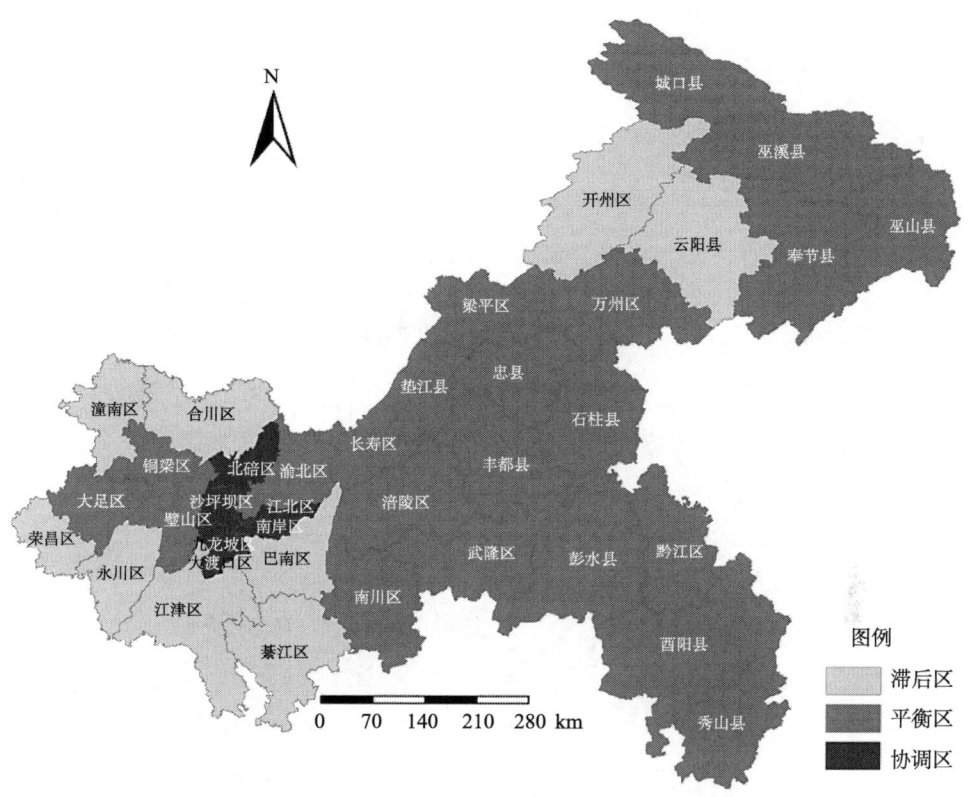

图1　1997～2015年重庆市县域经济产业结构偏离分量分类
根据ArcGIS 10.3.1软件输出结果绘制

（一）重庆市县域经济份额分量

分析表2可知：重庆市县域经济增长与经济基础强弱呈正相关关系，总体呈现出渝西地区"一小时经济圈"（包括都市功能核心区、都市功能区拓展区、城市发展新区）、渝东北生态涵养发展区与渝东南生态保护发展区渐次递减格局，渝西地区分享了重庆市经济增长的主要成果。份额分量最高的3个县域经济体，即渝中区、江津区、沙坪坝区均属渝西地区，份额分量分别为118 617万元、103 023万元和90 817万元，而最低的3个县域经济体，即城口县、巫溪县、酉阳县均属渝东北和渝东南地区，份额分量分别仅为4820万元、8567

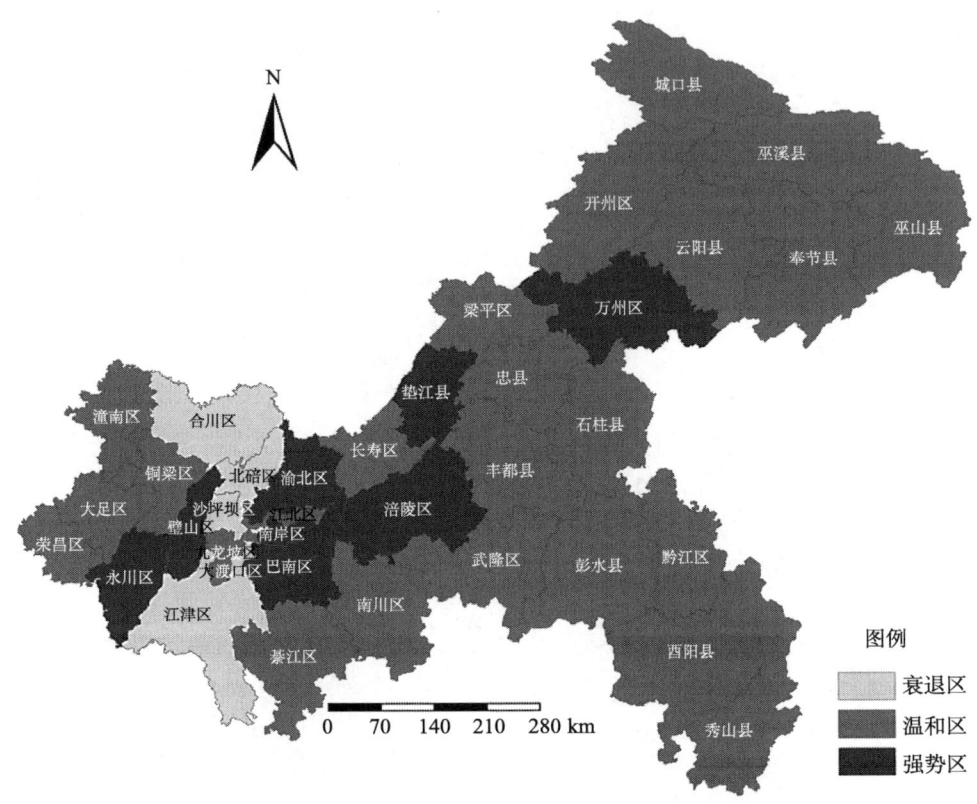

图2　1997～2015年重庆市县域经济产业竞争力偏离分量分类
根据ArcGIS 10.3.1软件输出结果绘制

万元和12 334万元,二者相差近十倍。同时渝东北地区内部县域经济份额分量差距最大,万州区高达70 958万元,为城口县的近15倍;渝东南地区内部县域经济份额分量最为均衡,但为一种低水平相对均衡状态,最高的黔江区仅为17 661万元,各县域份额分量均低于2亿元。

（二）重庆市县域经济产业结构偏离分量

分析表2和图1可知：重庆市县域经济产业结构协调区主要分布在传统的"主城六区"（渝中区、大渡口区、江北区、沙坪坝区、九龙坡区和大渡口区），产业结构滞后区则主要集聚在渝西地区的边缘区县（荣昌区、永川区、江津区、綦江区、潼南区和合川区），而产业结构平衡区则覆盖广阔的渝东南地区和除去云阳县、开州区的渝东北地区。传统的"主城六区"是重庆主城的主城，产业结构高度现代化，是重庆市率先完成工业化的县域经济集群，农业在产业在产业结构中仅占极小份额，工业与服务业特别是服务业在产业结构中占据支配地位，使传统的"主城六区"产业结构整体素质较高，引领重庆市县域经济产业结构转变导向。而重庆市"一小时经济圈"边缘区县在重庆市直辖之前大都为传统的农业大县，农业产值大、比重高，农业在县域经济内部产业结构比重近 1/3，增加值大都在 10 亿元以上，如永川区三次产业增加值分别为 12.4 亿元、12.8 亿元、13.7 亿元，渝西边缘区县整体产业结构较为落后，严重制约了县域经济增长。需要注意的是，虽然渝东南地区与渝东北地区县域经济体大都属产业结构均衡区，这种均衡实则为一种低水平均衡，因为从表1可看出渝东北地区和渝东南地区区县产业结构份额均为负，已经表明这类区县的产业结构素质较差，农业比重较高，只是由于渝东南、渝东北地区区县经济基础较为薄弱，经济体量较小，其产业结构失衡问题未能如渝西地区凸显出来，这是尤为需要警惕的"产业结构陷阱"，如彭水县农业比重近 60%，但其增加值仅为 6.5 亿元。

（三）重庆市县域经济产业竞争力偏离分量

分析表2和图2可知：与产业结构协调程度相反，重庆市县域经济产业竞争力强势区主要集中在紧邻"主城六区"县域经济体及若干个基础较强的区域性经济中心，如渝北区、巴南区、璧山区、永川区、涪陵区、万州区，产业竞争力衰退区则集聚在合川区、北碚区、沙坪坝区、大渡口区、江津区等主要承担传统制造业功能的主城区和城市发展新区，而渝东南地区与渝东北大部分区域则为产业竞争力温和区。为适应经济发展的需求，提升主城区主体功能，2002年重庆市"主城六区"扩展至"主城九区"，将渝北区、巴南区、北碚区纳入主城区范围[①]，北碚区定位为"生态宜居城区"，作为主城的后花园，其产

---

① 重庆市人民政府.重庆市人民政府关于重庆特大城市、都市发达经济圈、城市规划区、主城等名称及相关范围界定的通知 [EB/OL].http: //china.findlaw.cn/fagui/p_1/61458.html，2002-06-02。

业发展速度较渝北区和巴南区滞后很多，而渝北区、巴南区则成为重庆市主城区高技术制造业和现代服务业的核心基地，产业发展异常迅猛，万州区、涪陵区、永川区作为重庆市重点扶持的主要区域性经济中心，产业发展迅速，表现出强势的产业竞争力。江津区、合川区产业基础较强，但较渝北区、巴南区其未能成为重庆市核心功能区的拓展区，尚未成为重庆市高附加值制造业和服务业的主战场，大渡口区则正处于消化钢铁、化工等过剩产能产业的阵痛期，成为主城区产业竞争力最为薄弱的一环。其他区县因产业根基较弱，产业发展速度较快，产业综合竞争力较为温和。

四、重庆市县域经济产业产业结构与竞争力的时空分异

以上基于产业结构视角对重庆市县域经济增长源泉进行内生分解，分别从份额分量、产业结构偏离分量和产业竞争力偏离分量分析重庆市1997～2007年县域经济增长模式。为进一步厘清重庆市县域经济产业结构变迁与产业竞争力变化，下面依据三大分量对经济增长的贡献程度对二者的时空变迁进行研究，选择1997～2007年、2007～2015年两个典型时期作为研究时段。正如在数据说明中所阐述的一样，1997年是重庆市开启直辖时代的元年，而在2007年重庆市发展正式上升为国家战略，重庆市县域经济发展必然受到这两次大型的行政调格局整影响，故选择1997～2007年、2007～2015年两个比较研究时期。

（一）重庆市县域经济产业结构的时间变动

根据三大分量在县域经济增长中的贡献程度，理论上县域经济产业结构类型应有六大类。然而对1997～2007年与2007～2015年重庆市县域经济产业偏离-份额测度结果表明实际重庆市县域经济产业结构类型只存在两大类，即

N>P>D 与 N>D>P。原因可能是重庆市各区县经济增长并未产生悬殊的速度差距，使份额分量在重庆市县域经济增长过程中起到相对较大的作用。选用马尔科夫转移概率矩阵表征重庆市县域经济的时间变动，矩阵计算结果见表3。

表3　1997～2007年与2007～2015年重庆市县域经济增长类型及其变化

时期		2007～2015年	
1997～2007年	类型	N>P>D（11）	N>D>P（27）
	N>P>D（11）	54.5%（6）	45.5%（5）
	N>D>P（27）	18.5%（5）	81.5%（22）

注：①根据Excel 2010软件处理结果编制；②45.5%（5）表示在1997～2007年县域经济增长类型为N>P>D的区县有11个，这11个区县有45.5%（5个）在2007～2015年转化为N>D>P类型

分析表3可知：重庆市县域经济产业结构整体较为稳定，但内部产业结构变动差异较大，区域产业结构主导型的县域经济产业结构稳定性相对脆弱，存在着较强的产业竞争力主导型偏向趋势，符合自身产业发展特点特别是具备较强产业竞争力的产业结构具有较强黏性和扩张性，重庆市县域经济产业结构具备较强竞争力。1997～2007年重庆市县域经济产业结构初始状态为N>P>D型有11个区县，其中一半以上（54.5%）区县产业结构在2007～2015年保持不变；初始状态为N>D>P型有27个，同样绝大部分（81.5%）区县产业结构保持不变，重庆市县域经济产业结构较为稳定。另外，初始状态为N>P>D型县域经济体有45.5%转移为N>D>P型，远高于初始状态为N>D>P转移至N>P>D型18.5%的比率，重庆市县域经济竞争力主导型产业结构的稳定性要大于区域产业结构主导型的产业结构。

（二）重庆市县域经济产业竞争力的空间分异

根据1997～2007年和2007～2015年前后两个增长时期重庆市县域经济产业竞争力偏离份额对经济增长的贡献度变化，将重庆市38个县域经济体划分为产业竞争力上升型、下降型和不变型三大类，并利用ArcGIS地图绘制软件表征重庆市县域经济产业竞争力空间转移流动情况（图3）。

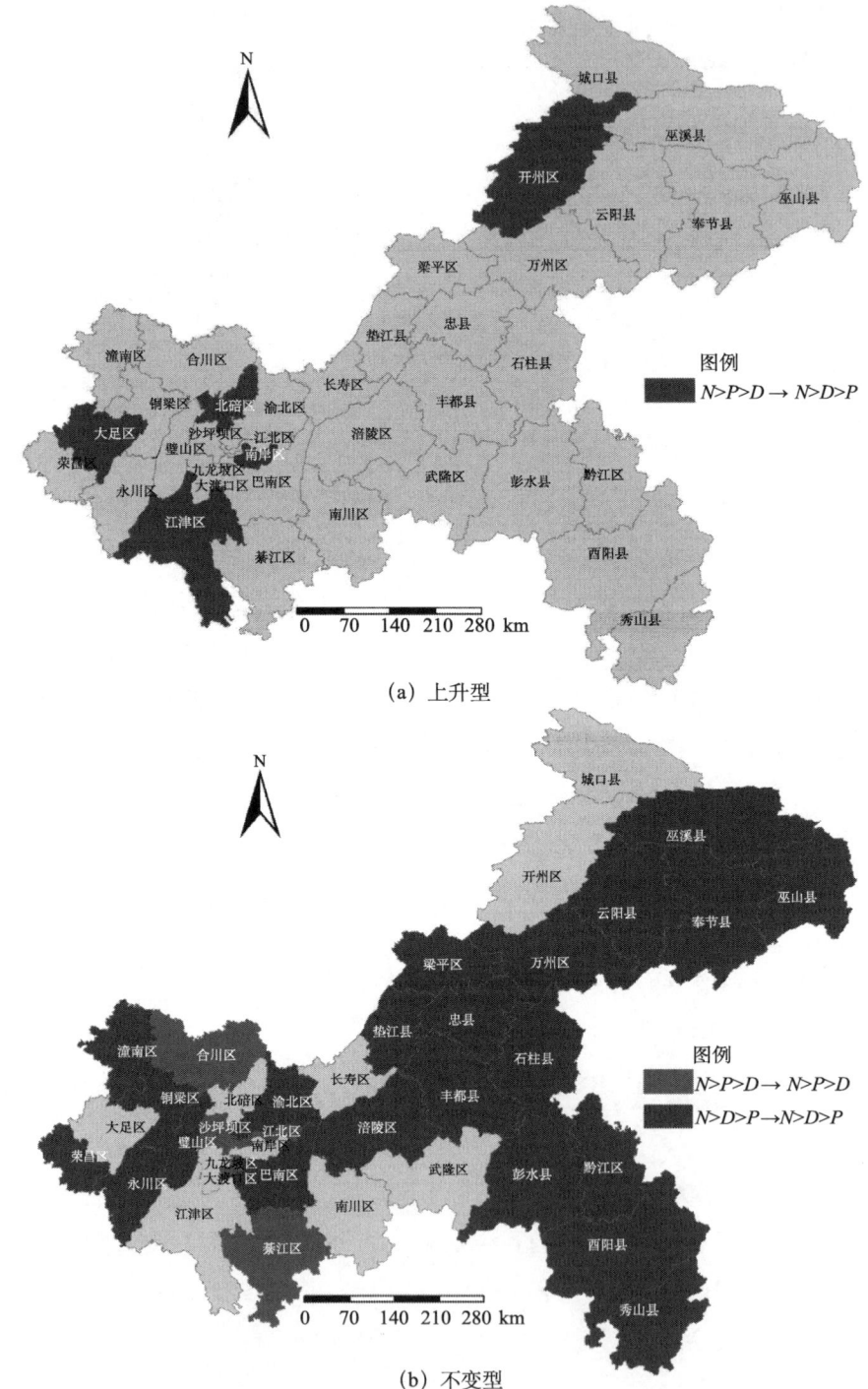

(a) 上升型

(b) 不变型

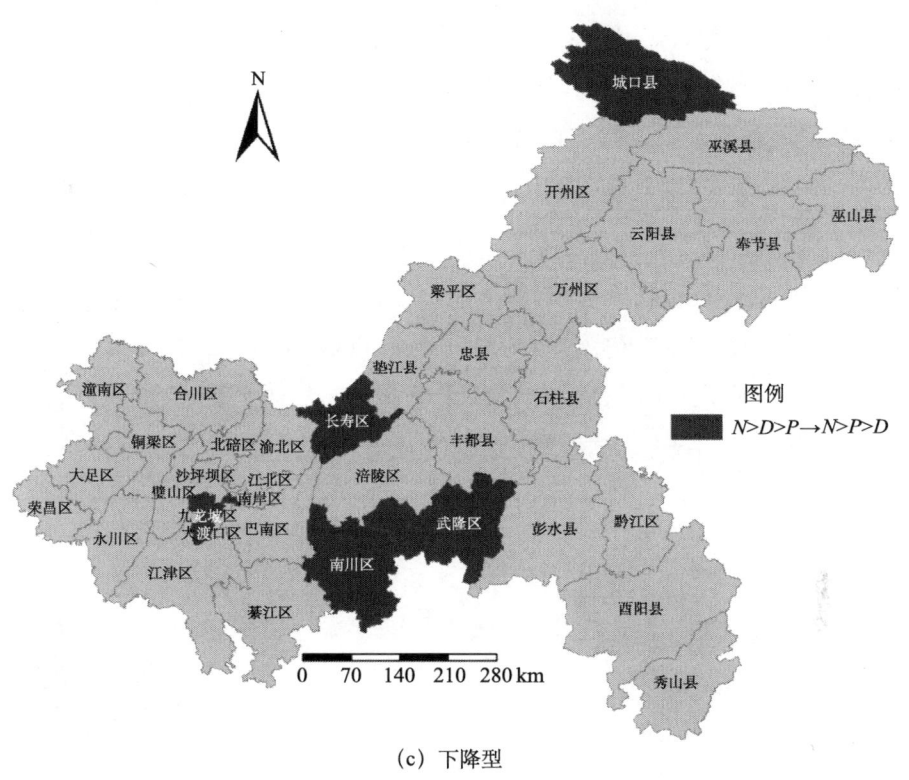

(c) 下降型

图3　1997~2007年与2007~2015年重庆市县域经济产业竞争力变动趋向
根据ArcGIS 10.3.1软件输出结果绘制

分析图3可知：重庆市产业竞争力上升型县域经济体有5个，占县域经济体总数的13.2%，整体规模相对较小，但其空间分布却呈现显著的"中心外围集聚"格局，上升型县域经济体紧密环附于都市功能核心区与渝东北经济中心万州区；产业竞争力下降型县域经济体同样为5个，占县域经济体总数的13.2%，与上升型县域经济分布规律存在较大差异，呈现出典型的"边缘交叉集聚"格局，下降型县域经济体主要分布于渝西重点开发区与渝东北、渝东南生态功能区的交接区，已经远离经济中心的边缘地带；产业竞争力不变型县域经济体有28个，占县域经济总数的73.7%，处于绝对支配地位，以产业竞争力主导型为主，集中分布于渝东北、渝东南两翼地区与主城外围区。

南岸区、江津区、北碚区和大足区抢抓战略布局机遇，积极承接发展大数据、云计算、电子信息、新材料、生物医药、高端装备制造等高技术产业和战略性新兴产业与汽车、摩托车、笔记本电脑等传统优势制造业，产业发展迅猛，产业结构不断调整优化升级，释放出强劲的产业竞争力，开州区受益于长期推进的"万开云协同发展战略"，共享"万开云"协同发展红利，汽车、摩托车、新材料等产业发展较快。垫江县、南川区、武隆区处于渝西重点开发区和渝东南、渝东南重点生态功能区交接区，区位优势并不突出，产业根基较为薄弱，发展相对较为缓慢，城口县则囿于人口、交通、地理条件，产业发展极为艰难。广阔的渝东北、渝东南地区大力发展生态农业、生态旅游和绿色加工等环境友好型产业，但产业发展速度较渝西地区略显滞后。

五、结论与启示

（一）主要结论

（1）重庆市整体县域经济产业结构较为均衡，但内部差异显著，先发地区特别是传统"主城六区"产业结构明显优于后发地区。"主城六区"作为重庆主城的主城，承担重庆市作为直辖市的核心都市功能，是重庆市现代服务业和战略性新兴产业的重要集聚区，产业结构高度现代化。其他县域经济体虽经过高速增长阶段产业结构明显优化，但依旧保留着初始的滞后产业结构痕迹，产业结构有待进一步调整优化升级。

（2）重庆市整体县域经济产业竞争力较为温和，但内部实力差距悬殊，临近"主城六区"的县域经济产业竞争力强劲，成为重庆市发展成果的主要分享区。"主城六区"经济发展已步入后工业化时期，产业结构逐渐趋向高附加值的现代服务业，而制造业（包括传统制造业和高技术制造业）则向外围地区扩散，渝北区、巴南区、璧山区等邻近县域经济体成为重庆市经济最大受益区，工业特别是制造业是决定县域经济产业竞争力的关键因素。

（3）重庆市县域经济产业结构存在较强的黏性和扩张性，产业竞争力对产业结构稳定性具有凝聚与扩散双重效应。在本文的两个特殊研究期内，71.1%的县域经济增长分解中产业竞争力偏离分量大于产业结构偏离分量。此类县域经济体产业结构稳定性要明显强于产业结构偏离分量贡献较大县域经济体，产业结构变迁更多表现为产业竞争力导向型产业结构，产业竞争力对稳定县域经济增长起到较大的作用，起到优化县域经济产业结构效应。

（4）重庆市县域经济产业竞争力发展态势与重庆市整体产业布局和主体功能区格局具有高度一致性，渝西地区产业竞争力呈上升态势，而边缘县域经济产业竞争力则有衰退趋势。重庆市重点功能区布局对重庆市县域经济产业竞争力有极强的导向作用，重点功能区享有优先发展高技术产业和战略性新兴产业的经济基础与发展机遇，产业竞争力不断增强；而处于相对边缘化的渝东南、渝东北特别是各功能区间的交接地带则可能会错失一定的产业发展机遇，面临产业竞争力弱化的风险。

（二）政策启示

（1）加快发展渝东北、渝东南地区绿色生态产业，协调重庆市县域经济产业布局与产业竞争力格局。没有强大的产业根基尤其是制造业发展基础，单纯依靠生态农业与生态旅游产业尚不足以维持渝东南、渝东北县域经济产业竞争力，保障渝东南、渝东北县域经济持续快速增长。对于生态承载力脆弱的渝东南、渝东北地区，发展传统污染型制造业、走传统工业化道路难以为继，必须加快发展生态工业，增强生态制造业发展能力，提升绿色生产工艺技术，发展循环经济，延伸创新链、产业链、价值链，实现工业废弃物零排放，通过生态工业健全渝东北、渝东南县域经济的产业体系。

（2）发展壮大渝西地区高技术产业与战略性新兴产业，持续增强产业竞争力并优化产业结构。渝西地区作为优化开发区和重点开发区，是重庆市建设长江上游经济中心，发挥大都市辐射带动作用，推进其工业化、城镇化进程的主战场，要立足自身的产业、人才、资金、科技、交通优势，将禀赋软优势转化为产业硬实力，发展壮大高技术产业和战略性新兴产业，特别是节能环保、大数据、云计算、物联网、生物医药、高端装备制造、新能源、新材料、新能源汽车等高新技术产业。

（3）加强重庆市立体交通网络体系建设，特别是加快高速公路与城际铁路建设进程，增强县域经济要素间的流动性。重庆市渝西、渝东北、渝东南地区受制于自然地理条件的约束，经济联系强度有待进一步加强，渝东南、渝东北与渝西地区联系的交通干线较少，一定程度上阻碍了渝西地区经济发展红利扩散效应释放。必须加强渝东南、渝东北地区内部及渝西主城间的交通干线建设，形成高速公路与城际铁路快速交通网络系统，实现重庆市各县域经济的无缝衔接，增长要素的充分流动，释放渝西主城区的发展红利。

（4）建立健全重庆市县域经济横向生态补偿机制，特别是生态财政补偿机制和生态产业补偿机制，促进重庆市县域经济共享重庆市发展成果。依据当前重庆市县域经济发展的梯度差，县域经济间作用关系表现出强烈的回波效应，扩散效应相对较弱，依靠单一的要素流动尚不足以实现重庆市县域经济的全面协调发展。必须通过健全而有效的补偿机制协同推进渝东南、渝东北欠发达县域经济发展，加强对渝东北、渝东南欠发达的边缘县域经济体横向生态补偿。除财政生态补偿外，产业生态补偿更为重要，应鼓励渝东北、渝东南地区通过在渝西地区发展"飞地经济"，弥补产业发展短板，实现重庆市县域经济的创新、协调、绿色、共享发展。

参考文献

[1] 赵伟.县域经济发展模式：基于产业驱动的视角[J].武汉大学学报（哲学社会科学版），2007，60（4）：26-31.
[2] 宋效中，贾谋，骆宏伟.中国县域经济发展的三大模式[J].河北学刊，2010，30（3）：136-139.
[3] 卢飞，刘明辉，蒙永胜.新疆县域经济的增长模式[J].经济地理，2016，36（3）：25-31.
[4] 杜挺，谢贤健，梁海艳，等.基于熵权TOPSIS和GIS的重庆市县域经济综合评价及空间分析[J].经济地理，2014，34（6）：40-47.
[5] 杜霞，钱宏胜，吴殿廷.山东省县域经济的空间分异及其成因[J].城市问题，2015（8）：97-103.
[6] 冯兴华，钟业喜，陈琳，等.长江经济带县域经济空间格局演变分析[J].经济地理，2016，36（6）：

18-25.

[7] 袁立科. 县域经济发展效率及其影响因素研究——以江苏省为例[J]. 审计与经济研究, 2010, 25（5）: 84-89.

[8] 黄海峰, 王昕宇. 基于 DEA 的县域经济发展效率研究: 以四川省为例[J]. 农村经济, 2015（10）: 57-61.

[9] 蔡铁, 夏春萍. 县域城乡经济一体化发展效率比较研究——基于湖北省 80 个县域统计数据[J]. 农业技术经济, 2016（1）: 15-25.

[10] 张改素, 丁志伟, 赵萌, 等. 中原经济区县域经济密度的空间分异及影响因素[J]. 经济地理, 2014, 34（9）: 19-26.

[11] 王振华, 李旭. 技术进步、产业结构升级与县域经济增长——以辽宁省为例[J]. 农业技术经济, 2015（2）: 68-75.

[12] 王智勇. 西部地区县域城镇化对经济增长的影响分析——基于云南省 2005 ～ 2012 年面板数据的研究[J]. 金融评论, 2016（4）: 64-78.

[13] Creamer D.Shifts of Manufacturing Industries, Industrial Location and National Resources [M]. Washington, D.C.: Government Printing Office, 1943.

[14] Dunn E S. A statistical and analytical technique for regional analysis [J].Papers in Regional Science, 1960, 6（1）: 97-112.

基于乌江流域水资源开发实践分析的水生态文明建设思考[*]

罗用能

（贵州省水库和生态移民局，贵阳 550004）

摘 要：本文通过对乌江流域水资源开发情况和开发实践的分析，充分肯定了乌江流域水利水电开发对区域社会经济发展的重要拉动作用，同时指出这个结果某种程度上是以牺牲流域一定的生态效益来实现的，这种发展的不平衡性将阻碍流域经济和水利水电的可持续发展。结合生态文明建设的大背景，提出推进乌江水生态文明建设，破解乌江流域社会经济发展和生态破坏不平衡性难题，保护和改善乌江流域良好但脆弱的生态环境。

关键词：乌江；水资源；生态文明

一、乌江流域水资源开发基本情况

乌江位于我国云贵高原东部，属长江上游支流，发源于贵州省威宁彝族回

---

[*] 作者简介：罗用能（1957— ），男，布依族，中共党员，武汉理工大学博士。曾任贵州省水库和生态移民局党组副书记、副局长，第十一届贵州省政协委员。

族苗族自治县（以下简称咸宁县）。乌江干流河段75%以上在贵州，表明乌江流域大部分位于贵州省境内。地势由西南向东北倾斜，东西向高差大，流域内年均径流总量534亿m³，天然落差2124m，平均比降2.05‰。河口年平均流量1609m³/s，为中国第二大河黄河河口年平均流量1820m³/s的92%。乌江水源丰富，径流稳定，河道天然落差大，蕴藏着丰富的水力资源，水力资源理论蕴藏量1022.56万kW，可开发的水力资源有259处，为我国十三大水电基地之一，被称为中国"水电富矿"（表1）。根据乌江流域水利和水电开发规划，可兴建洪家渡、普定、引子渡、索风营、东风、乌江渡、构皮滩、思林、沙沱、彭水、大溪口11座梯级大型水电站（其中贵州境内9座梯级电站）[1]。2013年6月以前已建成投产10座。因三峡工程水库蓄水，取消大溪口水电站规划项目。乌江上游贵州境内可兴建56座大中型水利枢纽工程，目前已开工建设黔中、夹岩2座大型水库工程和37座中型水利工程，"十三五"规划期间拟建16座[2]。

表1　乌江水系水力资源总体情况

理论蕴藏量	年电量/亿kW·h	895.76
	平均功率/MW	10 225.6
技术可开发量	电站座数	312
	装机容量/MW	13 994.1
	年发电量/亿kW·h	539.28
经济可开发量	电站座数	259
	装机容量/MW	13 747.6
	年发电量/亿kW·h	528.35

数据来源：笔者根据中国产业研究相关网站整理

（一）资源特点

（1）电能质量高：乌江年径流比较稳定，上游有兴建洪家渡水电站龙头水库的条件，可进行多年调节，中游有乌江渡水电站可进行年调节，构皮滩水电站可进行多年调节,各梯级联运后保证出力还可提高,因此,电能质量高,全年能均衡发电。

(2)经济效益高:流域地形、地质条件较好,属峡谷型水库、电站,淹地、移民少,工程量相对较少,工期较短,投资较省。

(3)地理位置好:乌江流域地理位置适中,距用电负荷中心较近,是"西电东送"的良好电源点,构皮滩水电站还能在全国联网中起到支撑性电源的作用,加上思林、沙沱水电站的建成,已形成贵州东部"西电东送"的水电项目群。

(二)开发情况

据贵州省移民管理部门不完全统计,截至2013年,乌江水系(含干流、支流)共规划建设大、中、小型电站33座,其中大型水电站9座,中型水电站11座,小型水电站13座;规划建设大、中型水利工程55座,其中大型水利工程2座,中型水利工程53座。已建水利水电工程占全部规划建设的87.88%,水电工程总装机1194万kW,占技术可开发量的85.32%,占经济可开发量的86.85%[3]。说明乌江流域水资源开发利用前景比较理想,有一定继续开发的空间,集中在各支流上。

二、乌江流域水资源开发的实践

从统计数据来看,乌江水系水利工程在数量上大于水电工程,但从比重上看,干流开发以水电为主,支流开发水利水电均衡发展;从规模上看,水电开发的规模远大于水利工程。且贵州省在"西电东送"水电大开发中积累了很多实践经验,为后续的水利大发展提供了指导和借鉴,因此本处的实践主要围绕水电开发进行阐述,更有代表性。

（一）开发历程

1. 规划轨迹

从1933年开始，相关专家对乌江流域的水力资源进行调查和规划；在其后的60年时间里，分别形成《乌江干流规划报告》《乌江流域经济综合开发战略研究报告》《乌江流域综合利用规划》和《乌江干流沿岸地区国土规划综合报告》等成果，最终经国务院批准，同意乌江干流水能资源开发以发电为主，其次为航运，兼顾防洪、灌溉等任务，按普定、引子渡、洪家渡、东风、索风营、乌江渡、构皮滩、思林、沙沱、彭水和大溪口11座梯级电站开发[4]。

2. 历史进程

1980~1988年，相继建成乌江渡、东风、普定水电站。

2000~2005年，"西电东送"工程拉开序幕，洪家渡、引子渡、索风营水电站相继建成投产；2003年，"西电东送"标志性工程——构皮滩水电站正式开工建设，2009年12月电厂实现"一年五投"。

2006~2013年，属于第二批"西电东送"工程"四水六火"项目的思林水电站、沙沱水电站相继开工建设，2009年12月思林水电站实现"一年四投"，2013年6月沙沱水电站实现"一年四投"，至此，乌江干流水电开发画上一个圆满的句号[5]。

（二）开发特征

国务院在对《乌江干流沿岸经济综合开发战略研究报告》的批示中，要求借鉴国际水电开发成功经验，推行水电"流域、梯级、滚动、综合"开发。这八个字高度概括了乌江流域水资源开发的显著特征。

（1）流域开发。流域开发是以流域为单元，以水资源充分合理利用为中心，以发展流域经济为主要目标的自然、经济、社会多方面综合性区域开发。水电按流域开发，在规划、资源利用、工程建设等方面可以统筹考虑，是一个科学、典型的系统工程。乌江干流77%的河段在贵州，主要由单一公司开发和运营，有利于对整个流域通盘考虑，能够最大限度地筹划有效利用水资源，最大限度地提高装机容量和发电量，并节约投资和降低成本，统筹考虑发电与防洪及环境保护等问题。

（2）梯级开发。乌江干流贵州境内水电开发规划包括9座水电站，均属于中国华电集团公司的产业，其中7座由华电贵州乌江水电开发有限责任公司建设、管理、运营，2座由华电贵州黔源电力股份有限责任公司管理、运营。梯级水电站依次为普定（1145m）+洪家渡（1140m）+引子渡（1086m）+东风（970m）+索风营（837m）+乌江渡（760m）+构皮滩（630m）+思林（440m）+沙沱（365m），总装机容量8740MW，年发电量302.6亿kW·h。其中，多年调节水库和年调节水库各1座，季调节水库4座，日调节水库3座（表2）。

表2 乌江干流贵州境内梯级水电站主要技术参数

水电站名称	装机容量/MW	年发电量/亿kW·h	调节库容/亿m³	正常蓄水位/m	相应库容/亿m³	死水位/m	相应库容/亿m³	调节性能
普定	75	3.16	2.48	1145	4.21	1126	1.73	季调节
洪家渡	600	15.59	33.61	1140	44.97	1076	11.36	多年调节
引子渡	360	9.78	3.23	1086	4.55	1052	1.32	季调节
东风	695	29.58	4.9	970	8.64	936	3.74	季调节
索风营	600	20.11	0.668	837	1.68	822	1.012	日调节
乌江渡	1250	41.4	13.6	760	21.4	720	7.8	季调节
构皮滩	3000	96.82	29.02	630	55.64	590	24.1	年调节
思林	1040	40.64	3.17	440	12.05	431	8.88	日调节
沙沱	1120	45.52	2.87	365	7.7	353.5	4.83	日调节

从运行来看，梯级水库联合调度优势明显，可实现调度时的全流域整体规划、统一计算、统筹安排，同时在充分利用水能资源、错峰、削峰、少弃水、适应汇流时间缩短等变化、减少开闸次数，满足梯级优化运行的需要等方面具有明显优势。同时还可更好地保障防洪、航运、灌溉等社会公益，以及改善水

质、植被，防止泥沙淤积等生态功能。

（3）滚动开发。在乌江水电开发过程中，由统一的流域开发公司进行流域的梯级滚动开发，开发一个项目投产后的收益，直接用于下一个项目的开发，依此类推，能有效实现梯级水电持续有效发展的良性循环，同时，能够综合利用各种有利因素合理规划和建设，树立流域水量、水质、水能统一管理的观念，注重对水资源管理的统一性和综合性，强调从流域甚至更大范围对水资源的统一管理，强调水资源的综合利用，不仅重视水资源开发利用对经济发展的影响，而且重视水资源开发利用对其他资源和生态环境的影响。

（4）综合开发。根据中国水利水电科学研究院、国家水电可持续发展研究中心《乌江流域水电可持续发展综合评价专题报告》研究结果，乌江流域水电开发始于20世纪80年代，主要目的是开发流域丰富的水力资源、满足区域和国家电力需求、带动地区经济发展，实践证明对当地经济也起了明显的促进和拉动作用，但当时囿于开发理念和实际因素，对当地生态环境保护和社会问题重视不足，导致水库移民未能及时得到妥善安置，造成历史性移民遗留问题，导致早期全流域统一保护规划措施等的缺失。直到进入21世纪后，以人为本、统筹兼顾、综合开发的理念逐渐深入人心，在移民问题、环保问题得到普遍重视的大背景下，乌江流域水电开发通过有计划、有步骤的妥善安置移民、开始设立鱼类增殖站、开展全流域尺度的环境影响后评价，以及评价设置最小生态需求水流量等保护措施，该流域移民环保工作成绩高于我国同期其他流域电站建设，尤其是环保方面，成为我国水电建设综合开发的标杆。另外，还积极发展航运等非电业务，谋求流域发展效益的多元化格局。

（三）开发成效及社会影响

1. 开发成效

乌江流经贵州境内47个县（市、区），流域面积66 849km²，土地面积占全省的 38.3%，流域内耕地面积 12 667km^2，其中水田 4773km^2，人口超过 2000 万，占全省总人口的一半以上。乌江干流贵州境内 9 座电站，装机 874 万 kW，累计搬迁安置移民近 13 万人。在开发过程中，项目业主中国华电集团公司坚持工程建设与移民安置并重、经济效益与社会效益并重，不仅自身得到发展壮大，而且对区域经济的发展起到了积极的促进作用，移民基本得到稳妥安置，生产生活条件明显改善，开创了多方共赢、流域滚动开发、联合开发机制、移民安置创新和生态环境保护的"五个典范"。

2. 社会影响

乌江流域开发时间跨度 40 余年、集中开发 10 余年，并在同一地域持续大规模投资，对流域地区的社会、经济和生态都产生了巨大的影响。

（1）区域经济影响。乌江流域水电开发，对乌江沿岸地区促进就业、提高农民收入、反贫困等均产生了有益的作用，一是拉动国民经济发展。水电资源开发，即水电站建设，不仅在建设期间，而且在投产运行后，都能对当地的经济发展起到拉动作用，投资兴建水电站，投资增长能够带动经济增长；水电站的建设和投产，对相关产业起推动和促进作用。二是优化产业结构。梯级电站建设为相关区域提供了充足的清洁电能，推动了农产品加工业的快速发展，同时，水电站的建设还促进了城镇化进程的加快，服务业、信息业等第三产业也迅速发展，从而促进整个乌江流域产业结构的优化和升级。三是增加当地财政收入。梯级电站建设投产后，发电收益的税收直接进入当地财政，直接促进和保证了当地财政收入稳步增长。四是带动城镇化进程。兴建水电站的过程中，要在建设当地投入大量的资金以改善交通运输条件、提供廉价电力，这就极易在水电站周围形成新的城镇及工业区，从而促进当地工业经济发展，甚至有些县市会迁往电站所在地。例如，乌江流域的构皮滩电站所在地余庆县构皮滩镇，因电站建设和移民搬迁形成了新的人口聚集中心；而铜仁市沿河土家族自治县因为思林、沙沱和彭水水电站的移民安置等专项建设，使县城面貌焕然一新。

（2）区域社会影响。一是防洪灌溉效益。乌江干流上的几座水电站均具有调节水库，它们的存在对防止和减轻洪水灾害方面发挥了巨大的作用，在遭遇较大洪水时，这些水库能显著地消减洪峰流量，保护下游城市、工矿企业及大片村镇、农田和交通设施免受淹没，大大减少了洪灾可能造成的损失。同时，水库调节不但能增加枯水流量而且能控制放水量，从而提高了农田灌溉的保证率。二是航运效益。贵州山多坡陡，乌江干流有许多河道滩多流急，导致通航吨位受到限制，特别是在较大灌水或枯水期均需停航。然而随着水电站的建设，库区水位抬高，淹没了滩险，加大了航深，加宽了水面，库区航运条件大为改善，依托长江黄金水道，流域沿岸产量巨大的氧化铝、电解铝、磷矿石加工磷酸二铵，以及重型机械设备制造企业的超大型产品，都能通过乌江水运运送出去，水运的效益发挥到最大。三是养殖效益。水电站建成后，坝前形成较天然情况大得多的水面，加大了水体，提供水产养殖的条件。乌江流域已建成的水电站库区大多养殖发展迅速，水面得到了很好的利用。

（3）区域生态影响。一是对生物的影响。梯级水电开发对乌江流域浮游植物的群落结构有一定的影响，库区河段浮游植物种类将增加，特别是绿藻门、蓝藻门种类增加较多，其他门种类增加相对较少，库区浮游植物种类仍以硅藻门为主。库区浮游植物数量的增加幅度与水库调节能力、水体营养负荷及库区周边环境等因素有关。坝下尾水与水库来水浮游植物的差异主要受水库调节能力和库区浮游植物变化幅度的影响。而乌江流域鱼类资源则呈现物种数量趋于减少、鱼类小型化和外来物种入侵的特点。三是对景观生态的影响。乌江流域水电梯级开发对缓冲区 0~500m 范围的景观结构影响较大，其中影响较大的为灌丛、农田等景观类型。在缓冲区 500~2000m 范围是各景观指数变化的转折点。

从社会、经济和生态影响三个维度，可以看出乌江流域水电开发对区域社会经济发展的拉动作用是有目共睹的，但某种程度上这个结果是以牺牲一定的生态效益来实现的，这种发展的不平衡性将阻碍流域经济和水利水电的可持续发展，亟待解决。

三、乌江水生态文明建设的战略意义和实现路径

生态文明是人类为保护和建设美好物质成果、精神成果和制度成果的总和，是贯穿于经济建设、政治建设、文化建设、社会建设全过程和各方面的系统工程，反映了一个社会的文明进步状态。建设生态文明，是党的十七大提出的国家重大发展战略，党的十八大赋予其更深层的时代意义并将其放在突出地位融入国家"五位一体"发展战略。党的十八届五中全会提出了五大新发展理念。而推进乌江水生态文明建设，将更好地破解乌江流域社会经济发展和生态破坏不平衡性的难题，保护和改善乌江流域良好但脆弱的生态环境。

（一）战略意义

在生态文明建设的大背景下，大力推进乌江水生态文明建设有很重要的意义，是乌江主要开发企业和各级地方政府不可推卸的使命和责任。

（1）大力推进乌江水生态文明建设是落实科学发展观的必然结果。党的十七大报告中将生态文明作为全面建设小康社会的奋斗目标写入报告，这是中国共产党对具有中国特色社会主义现代化建设规律认识的新发展。胡锦涛把生态文明建设提升到与经济建设、政治建设、文化建设、社会建设并列的战略高度，作为建设中国特色社会主义伟大事业总体布局的有机组成部分。而党的十八大则将其发扬光大，把生态文明建设放在突出地位，这些顶层设计为水电开发及乌江水生态文明建设指明了方向，是"保住青山绿水，造福子孙后代"，实现百姓富、生态美的迫切要求，是科学发展观和五大新发展理念的基本精神。

（2）大力推进乌江水生态文明建设是适应全球环境变化的必由之路。生态文明是人类对传统文明形态特别是工业文明进行深刻反思的重要成果，是人类物质文明、精神文明、政治文明发展理念的重大进步。生态文明建设是应对全

球经济危机的一个大阶梯，只有立志提高生态自然环境保护标准，借助生态文明建设这把梯子，把生态文明作为政府和企业的责任和使命，才能应对全球环境危机和经济危机的影响。

（3）大力推进乌江水生态文明建设是践行企业社会责任的必然选择。观察发现，项目业主中国华电集团公司贵州公司在流域开发中一直秉承"水电开发与生态保护并重"的理念，致力于陆生生物和水生生物的保护，如水库蓄水到正常水位后，在猕猴、藏酋猴经常活动的区域定点定时投放食物，采取人工补充的方式对它们进行保护；在索风营水电站开工建设鱼类增殖放养站，对岩原鲤、白甲鱼等珍稀鱼类集中进行繁殖放流，并长期监测鱼类增殖放流效果等，为流域水电的可持续发展做出了贡献。

（4）大力推进乌江水生态文明建设是推动地方经济发展的必要条件。实践证明，乌江干流水利水电开发，为库区各区县的发展带来了历史性的机遇，对地方经济社会发展起到了极大的推动作用，不仅在很大程度上改善了当地的交通运输状况、电力水力供应状况、社会经济状况，也为改善城乡经济发展创造了很好的条件，提高了当地人民的生活水平。另外，库区蓄水形成的平湖峡谷，大坝、厂房形成的建筑景观，生态保护措施形成的生态景观，都为开发山水旅游奠定了基础，必将为地方经济和社会发展产生巨大推动作用。

（二）实现路径

乌江水生态文明建设是新时期伟大的建设工程，其挑战与机遇并存，既是一个不断演进、不断提高，从单一到多元递进、从单项到系统的深化过程，也是乌江流域各地各级政府和乌江水利水电开发企业深化总结、积累、实践、探索生态文化及生态文明建设成功经验的过程，需要通过以下四方面的努力来实现。

（1）树立环保理念。习近平在党的十八届五中全会上关于五大新发展理念的提法特别是坚持生态优先、绿色发展的一系列重要讲话论述，是推进乌江水生态文明建设的指导思想。乌江流域水电开发的主力军中国华电集团公司贵州公司在这方面应该是积极的践行者,其开发投产的索风营水电站,在工程建设初期就提出了"不破坏就是最好的环保"的朴素环保理念。2005年2月10日,胡锦涛到索风营水电站建设工地视察,对该项目的环保工作给予了高度评价:"索风营电站建设绿化搞得好,从一开始就把工程和环保结合起来,以后的电站都要这样"。该电厂成立后又明确了"培育绿色文化,建设生态文明"的发展理念,2009年5月12日环境保护部副部长吴晓青到索风营发电厂视察评价道:"索风营电站生态自然环境扰动小、恢复快,鱼类增殖站建得好"。充分彰显出"绿色环保"在水电站工程建设及其可持续发展中顺应时代发展的指导作用。

(2)树立创新精神。党的十七大提出,生态文明建设是在保护自然生态环境的基础上理智地改善好自身的生存生活环境的实践活动。党的十八大指出,必须树立尊重自然、顺应自然、保护自然的生态文明理念,融入经济建设、政治建设、文化建设、社会建设各方面和全过程,努力建设美丽中国。因此,提出乌江水资源生态文明建设,就是把"生态优先,绿色发展"要求和党的十八届五中全会明确的五大新发展理念自觉应用到乌江流域水资源开发中,实现从概念变成实践、从抽象变成现实的过程。

(3)找准功能定位。建设乌江水生态文明只有定位准确、把握住其普遍性和特殊性,才能取得好的成效。生态文明建设的"自然生态环境保护"是其普遍性,而"合理地去开发生存生活环境,用自然作为衡量开发的唯一标准"是其特殊性。原贵州省委书记陈敏尔在调研乌江流域时指出,经过这些年的努力,乌江流域治理成效明显。要把乌江流域污染治理作为守住发展和生态两条底线的重大任务,在治理上剑指乌江,在改革上聚焦乌江,加强综合治理、重点治理、精准治理,真正把乌江流域打造成为生态优先、绿色发展的示范区域。这一要求很好地明确了乌江水生态文明建设的功能定位。

(4)超前制定规划。乌江水资源生态文明建设,要在制度设计和具体措施上体现人与自然、企业与社会的良性互动,既要实现环境空间的人、自然、企业、社会4个子系统的有机整合,又要体现外部空间在功能上的有机整合。陈敏尔在调研乌江流域开发时还明确指出,要建立流域内地方政府、企业防治污染的分工和联动机制,开展现场观摩、推进工作、集中部署,形成保护贵州母亲河乌江的工作合力。要加快乌江通航基础设施建设，明确时间表，制定路线图，强化责任分工、督查落实，尽快形成北上长江、南下珠江的黄金水道。要把旅游业作为乌江流域发展的基本业态，编制全域旅游规划，注重分段实施，打造绿色旅游带，让乌江焕发青春，为国为民创造更多绿色福利。

（5）全力实践落实。乌江水资源生态文明建设是一项艰巨、持久、具挑战性的系统工程。该建设工程要落实到制度设计、方法措施、组织保障各个环节上，要落实到流域地方政府、企业和社会各界的每一项活动中、每一个细节中，才能见成效。具体来说，一要按照统一规划、综合施策、治理点源、强化监管、严格执法的要求，把保护乌江水质作为第一生态环保工程，全面推进流域生态红线保护、环境污染第三方治理、环境保护河长制、生态补偿、环境执法监管等生态文明制度改革。二要突出改革的重点，着力抓好流域环境保护规划、环境治污工程建设、工业固废处置和综合利用、流域水污染防治生态补偿、流域湖库水产养殖管理、城镇污水垃圾处理设施建设、流域石漠化治理、环境监管和基础设施建设，加强环境司法执法保障，从严查处流域各类环境违法行为。通过全领域意志保持一致，上下同心，左右协力，认真践行，全面落实，标本兼治，实现全流域水清地洁。

参考文献

[1] 王应政. 中国水利水电工程移民问题研究 [M]. 北京：中国水利水电出版社，2010.

[2] 全国水利资源复查工作领导小组. 中华人民共和国水力资源复查成果（2003年）[M]. 北京：中国电力出版社，2004.

[3] 贵州省水利厅，贵州省统计局. 贵州省第一次水利普查公报 [EB/OL]. http：//slpc.mwr.gov.cn/gbzq/ [2013-06-03].

[4]《大跨越：贵州电力崛起》编委会. 大跨越：贵州电力崛起·报告文学集（上、下）[R]. 贵阳：贵州人民出版社，2007.

[5] 贵州乌江水电开发有限责任公司编委会. 贵州乌江水电开发有限责任公司志（1992.10-2012.10）[G]. 2012.

乌江流域生态屏障建设的现状、制约因素及对策研究*

李 伟 杜 乐 黎洪洲

（长江师范学院财经学院，重庆 408100）

摘 要：乌江流域的生态环境保护在长江大保护战略中占有重要地位。本文首先从森林覆盖率、水土流失治理和生态安全度三个方面讨论了乌江流域生态屏障建设的现状，然后分析乌江流域生态屏障建设的制约因素，最后提出了促进乌江流域生态屏障建设的对策建议。

关键词：乌江流域；生态屏障；现状；制约因素；对策

一、引 言

2016年1月，习近平在推动长江经济带发展座谈会上强调，当前和今后相当长一个时期，要把修复长江生态环境摆在压倒性的位置，共抓大保护，不搞大开发。乌江是长江上游的一条重要支流，发源于贵州省威宁县，在重庆涪

---

* 作者简介：李伟（1982— ），男，重庆酉阳人，长江师范学院，教授，研究方向为民族文化。

陵注入长江。乌江流域横跨贵州、云南、重庆和湖北四省市,共 56 个县区,流域面积达 8.79 万 km²。近年来,尽管流域范围内的区县都试图通过建设生态产业、生态工业园区等途径协调产业发展及生态环境保护的关系,但受到资金投入、思想观念和利益驱动等因素的影响,乌江流域生态屏障的构建仍面临着巨大的压力。如何通过区域统筹,建立适宜的激励约束机制及协调机制,推进乌江全流域生态环境的共建共管,培育绿色经济带,构建绿色生态屏障,不仅事关乌江流域的可持续发展,更事关长江生态环境保护目标的实现。

乌江流域的生态环境保护在长江大保护战略中占有重要地位,因此国内许多学者对该课题进行了大量研究。其研究视角主要包括以下几个方面:第一,乌江流域生态环境保护现状的评价[1-7];第二,乌江流域产业发展与生态环境保护的关系[8-10]。第三,乌江流域生态环境的治理机制[11-15]。上述文献对研究乌江流域的生态环境保护提供了重要的基础,本文将进一步对乌江流域的生态屏障建设现状、制约因素及对策进行较为系统的研究。

二、乌江流域生态屏障建设现状

近年来,随着人们生态环保意识的不断增强,乌江流域各行政区域建设生态屏障的积极性也在不断增加。以森林覆盖率为例,到 2013 年为止,贵州的森林覆盖面积为 653.35 万 hm²,森林覆盖率为 37.09%;云南的森林覆盖面积为 1914.19 万 hm²,森林覆盖率为 50.03%;重庆的森林覆盖面积为 316.44 万 hm²,森林覆盖率为 38.33%;湖北的森林覆盖面积为 713.86 万 hm²,森林覆盖率为 38.40%。而在 2003 年,贵州的森林覆盖面积只有 420.47 万 hm²,森林覆盖率为 23.83%;云南的森林覆盖面积为 1560.03 万 hm²,森林覆盖率为 40.77%;重庆的森林覆盖面积为 183.18 万 hm²,森林覆盖率为 22.25%;湖北的森林覆盖面积为 497.55 万 hm²,森林覆盖率为 26.77%。2003~2013

年，贵州、云南、重庆、湖北四省市的森林覆盖面积分别增加了 232.88 万 hm^2、354.16 万 hm^2、133.26 万 hm^2、216.31 万 hm^2，森林覆盖率分别增加了 13.26%、9.26%、16.08%、11.63%（表1）。

表1　乌江流域四省市2003～2013年的森林覆盖面积及覆盖率增长情况

地区	2003年		2013年		森林覆盖面积增加值/万hm^2	森林覆盖率增加值/%
	森林覆盖面积/万hm^2	森林覆盖率/%	森林覆盖面积/万hm^2	森林覆盖率/%		
贵州	420.47	23.83	653.35	37.09	232.88	13.26
云南	1560.03	40.77	1914.19	50.03	354.16	9.26
重庆	183.18	22.25	316.44	38.33	133.26	16.08
湖北	497.55	26.77	713.86	38.40	216.31	11.63

数据来源：《中国环境统计年鉴》（2004～2014）

此外，乌江流域的四省市也加大了水土流失治理的力度。截止到2014年，贵州累计水土流失治理面积为 602.13 万 hm^2，云南为 773.45 万 hm^2，重庆为 290.87 万 hm^2，湖北为 541.44 万 hm^2。而在2004年，贵州累计水土流失治理面积为 253.53 万 hm^2，云南为 398.32 万 hm^2，重庆为 180.56 万 hm^2，湖北为 403.36 万 hm^2。贵州、云南、重庆、湖北四省市水土流失治理面积在2004～2014年分别增长了 137.50%、94.12%、61.09%、34.23%，年均增长率分别为 9.04%、6.86%、4.88%、2.30%（表2）。

表2　乌江流域四省市2004～2014年累计水土流失治理面积变动情况

地区	2004年累计水土流失治理面积/万hm^2	2014年累计水土流失治理面积/万hm^2	水土流失治理面积增长的绝对数/万hm^2	累计增长率/%	年均增长率/%
贵州	253.53	602.13	348.60	137.50	9.04
云南	398.32	773.45	375.13	94.12	6.86
重庆	180.56	290.87	110.31	61.09	4.88
湖北	403.36	541.44	138.08	34.23	2.30

数据来源：《中国环境统计年鉴》（2004～2014）

虽然乌江流域的相应地区比较重视生态屏障的建设，但是乌江流域社会经济发展还比较滞后，农业从业人员的比重还比较大，而工业的发展主要集中在水电资源开发和矿产资源开发，对生态环境的负面作用比较大。另外由于乌江流域岩溶地貌发育，石漠化问题比较突出，生态环境本身比较脆弱，乌江流域的生态环境保护还面临着极大的困难。易武英和苏维词[16]利用遥感（RS）和地理信息系统（GIS）技术，将生态安全度设为差、较差、中等、较好、好5个等级，综合自然环境、社会经济和景观生态3个方面的多个指标，对乌江流域涉及的贵州41个县区生态安全度进行了评价，其结果表明，2000年生态安全度属于差、较差、中等、较好、好的面积所占比重分别为1.13%、23.05%、61.63%、14.19%、0%；2010年这一比重分别为6.58%、18.57%、64.86%、9.99%、0%。可以看出，在2000年，贵州41个县区，没有一个区县的生态安全度达到好这一等级，到了2010年，仍然没有一个区县达到好这一等级，即2000~2010年贵州省乌江流域的生态环境并没有得到显著改善。

三、制约乌江流域生态屏障建设的因素

乌江流域生态屏障建设面临较多困难，本文认为其根本原因主要包括以下几点。

（1）经济发展水平低。由于自然条件、区位因素及历史因素，乌江流域的许多区县经济发展还处于较低水平，甚至有很多区县属于国家级贫困县或特困县。以位于乌江流域的重庆市的秀山土家族苗族自治县（以下简称秀山县）、酉阳县、彭水县和涪陵区为例，2014年秀山县的全体居民人均可支配收入、城镇常住居民人均可支配收入、农村常住居民人均可支配收入分别为12 794元、22 901元、7431元，酉阳县的全体居民人均可支配收入、城镇常住居民人均可支配收入、农村常住居民人均可支配收入分别为9919元、18 607元、6479元，彭水县的全体居民人均可支配收入、城镇常住居民人

均可支配收入、农村常住居民人均可支配收入分别为 11 317 元、20 363 元、7469 元，涪陵区的全体居民人均可支配收入、城镇常住居民人均可支配收入、农村常住居民人均可支配收入分别为 19 785 元、26 149 元、9963 元。而 2014 年全国居民人均可支配收入为 20 167 元，城镇居民人均可支配收入为 28 844 元，农村居民人均可支配收入 10 489 元。无论是从全体居民人均可支配收入来看，还是从城镇常住居民人均可支配收入和农村常住居民人均可支配收入来看，秀山县、酉阳县、彭水县和涪陵区均低于全国平均水平（表3）。位于乌江流域的许多区县经济发展水平还比较低，具有快速提高经济发展水平的愿望，因而环境保护意识并不是太强烈。如果面临生态环境保护和发展经济的两难选择，人们可能会更倾向于发展经济。

表3　全国及乌江流域重庆市4个县区2014年的人均收入状况 （单位：元）

地区	全体居民人均可支配收入	城镇常住居民人均可支配收入	农村常住居民人均可支配收入
全国	20 167	28 844	10 489
秀山县	12 794	22 901	7 431
酉阳县	9 919	18 607	6 479
彭水县	11 317	20 363	7 469
涪陵区	19 785	26 149	9 963

（2）道路等基础设施建设滞后，通达性差。乌江流域山势险峻、怪石嶙峋，乌江两岸风景如画。乌江流域具有丰富的自然旅游资源，本可以为乌江发展生态旅游提供良好的基础。但是由于经济发展落后，道路建设的工程成本高，乌江流域的道路建设还比较滞后。例如，截至2014年，秀山县的公路里程只有2405.42km，酉阳县为3018.22km，彭水县为4150.83km。由于通达性差，乌江流域许多优质的旅游资源被闲置。如果这些旅游资源能够被合理开发，当地的居民将会进一步认识到保护绿水青山的重要性，从而提高生态环境保护意识。

（3）工业基础薄弱，工业发展主要依靠矿产资源开发。位于乌江流域的县区往往距离其所属省市的中心城市比较远，并且交通不发达，发展工业的资本稀缺，因此乌江流域的工业基础比较薄弱。乌江流域具有丰富的煤、硅石、铁、磷、铝、锰、铅、锌和锑等矿产资源，因此工业发展主要依靠矿产资源的开发。此外，乌江流域水能蕴藏量十分丰富，全流域水能储量达到1042.59万kW，乌江流域已开发建设了水力发电企业。廉价的水电资源和丰富的矿产资源结合在一起，使乌江流域更加依赖矿产资源的开发，这对生态环境建设造成了很大的负面作用。

（4）土地贫瘠，农业生产仍大量依赖化肥的投入。乌江流域的许多区域属于岩溶地貌，土地比较贫瘠，粮食作物的产量不高。但是由于乌江流域经济发展水平比较低，第二、第三产业不发达，城镇化发展滞后，农村劳动力转移压力大，农村居民的收入来源仍主要依靠农业的收入。为了提高产量，农业生产仍大量依赖化肥的投入。化肥投入过多，石漠化问题更加严重，从而造成了农业生态的恶性循环。

（5）生态环境保护的正外部性不能得到合理的补偿。根据经济学的外部性理论，当一项经济活动具有正的外部性时，单个生产者会按照私人边际收益等于私人边际成本的均衡点进行生产，这时私人提供的产量就会小于整个社会的最优需求量。乌江流域涉及4个省市56个区县，每个地区进行生态环境保护的收益并不是仅仅由该地区获得，而是具有很大的正外部性，其他相邻地区或下游地区都将从该地区的生态环境保护中获益。但是由于目前乌江流域还未建立起有效的协调机制，从其他地区的生态环境保护中获益的地区并没有给予相应的补偿，从而乌江流域生态环境低于社会的最优需求水平。

四、促进乌江流域生态环境保护的对策建议

本文针对制约乌江流域生态环境保护的主要问题，提出如下促进乌江流域生态环境保护的对策建议。

（1）加快道路等基础设施建设，为加快乌江流域的经济发展提供良好的条

件。道路建设滞后，导致乌江流域的特色资源不能得到合理开发，特色农产品、名贵中药材等产品知晓度低、成本高，不利于乌江流域的经济发展。因此必须进一步加快乌江流域的道路建设力度。由于乌江流域的许多区县经济发展水平不高，财政实力薄弱，依靠其自身财力去完善道路等基础设施建设，所需要的时间可能比较长，其所在的省市应进一步提高财政支持的力度，以加快乌江流域的基础设施建设。

（2）积极调整农业生产结构，发展生态农业产业。乌江流域具有比较特殊的自然地理和气候条件，适合发展特色农业产业。因此，乌江流域应主动适应农业生产供给侧改革的要求，积极调整农业生产结构，切实将特色农业产业做大做强。乌江流域盛产烤烟、茶叶、生漆、油桐、乌柏，以及天麻、党参、杜仲等药材，可通过积极推动土地流转，实施规模化种植。通过发展农民专业合作社，注册地理标志，提高这些特色农产品的品牌价值。引进农业龙头化企业，提高对特色农产品的加工程度，延长这些特色农产品的价值链。乌江流域的工业发展必须要主动减少对矿产资源开发的过度依赖，一是因为矿产资源的过度开发会破坏生态屏障，二是矿产资源终会耗尽。乌江流域工业转型的关键就是充分利用其优势农业资源，发展农产品深加工。

（3）积极发展生态旅游，进一步提高人们对建设生态屏障重要性的认识。乌江流域应充分发挥其丰富的自然旅游资源和人文资源，加快发展旅游产业。乌江流域虽然旅游资源丰富，但是开发程度不够，其关键是各个地方在制定其旅游发展政策时，各自为政，恶性竞争，缺少对全流域旅游资源的整合。因此乌江流域应成立统一的旅游开发公司，对旅游产业的发展进行统一规划，有效整合流域内的旅游资源，这样才会将乌江流域旅游产业做大做强。当然，对旅游资源进行整合时，要综合考虑各区域的利益分配问题。在发展旅游产业时，要充分将生态农业资源进行整合。只有旅游产业发展了，当地居民才会真正认识到绿水青山的重要价值，才会真正理解"绿水青山就是金山银山"的道理，才会有自觉保护乌江流域生态屏障的自觉性。

（4）加强区域统筹，构建全流域生态屏障共建机制。由于乌江流域横跨4个省市，涉及多个县级行政单元，乌江流域生态屏障的构建需要全流域各行政单元的共同努力。生态环境保护具有极强的外部性,如果某个地方在生态屏障建设方面投入太多,就必然会牺牲一定的经济发展速度,生态屏障建设的好处并不是仅仅由当地获得,而其他受益的地方往往并不会主动给予该地方相应的补偿。因此解决因为生态环境保护的外部性导致流域内各区域建设生态屏障的积极性不高的问题,乌江流域应建立生态屏障建设的协调机制,加强区域统筹,建立适当的补偿机制、激励与约束机制,促进乌江全流域生态屏障建设的共建共管。

参考文献

[1] 易武英,苏维词. 基于RS和GIS的乌江流域生态安全度变化评价 [J]. 中国岩溶,2014(3):309-318.

[2] 吴迪,陈浒,李存雄,等. 乌江流域沉积物重金属污染特征及生态危害评价 [J]. 土壤通报,2010(5):1180-1183.

[3] 马文斌,文传浩. 乌江流域产业发展与生态环境耦合关系研究 [J]. 重庆师范大学学报(哲学社会科学版),2010(3):119-123.

[4] 杨承佳,祁丽霞. 贵州省乌江流域水资源与经济发展的匹配关系 [J]. 中国集体经济,2016(4):68-70.

[5] 文静华,文传浩. 乌江流域生态农业体系的构建——以贵州省沿河县为例 [J]. 安徽农业科学.2010(9):4767-4768.

[6] 王殿颖,文传浩,马文斌. 乌江中下游典型县城的可持续发展能力研究——基于生态足迹法 [J]. 财经理论研究,2009(5):40-44.

[7] 唐玉芝,邵全琴. 乌江上游地区森林生态系统水源涵养功能评估及其空间差异探究 [J]. 地球信息科学学报,2016(7):987-999.

[8] 胡建华. 论生态文明视野下乌江流域环境保护的法制保障 [J]. 前沿,2010(15):172-176.

[9] 张权. 思南县乌江流域农-林(果)复合经营模式的构建与生态经济评价 [J]. 农技服务,2010(3):408-410.

[10] 杨莉华,马文斌. 乌江流域生态产业体系构建与发展对策研究 [J]. 中共郑州市委党校学报,2013(4):93-96.

[11] 余庆,梁虹,刘昆. 枯季乌江河流"呼吸"作用及其性质探讨 [J]. 长江流域资源与环境,2008(1):157-162.

[12] 陈登,晏世强,蔡晓玲. 乌江下游德江县石漠化治理障碍因子分析及生态修复对策 [J]. 内蒙古林业调查设计,2008(3):11-14,16.

[13] 胡建华. 论生态文明视野下乌江流域环境保护的法制保障 [J]. 前沿,2010(15):172-176.

[14] 刘莉茗，刘超，袁荃，等．建设地质公园以提升区域生态保护能力——以思南乌江喀斯特国家地质公园为例［J］．国土与自然资源研究，2012（5）：57-58.

[15] 吴大旬．试论乌江流域的综合治理——以贵州普定县猴场乡为例[J]．新西部（理论版），2015（18）：7，36.

[16] 易武英，苏维词．基于RS和GIS的乌江流域生态安全度变化评价[J]．中国岩溶，2014，33（3）：308-318.

以民族文化立体引领乌江流域生态旅游转型升级*

罗丽莎

(重庆市石柱县委党校,石柱 409100)

摘 要:乌江流域作为长江上游地区的最大支流,是云南、贵州、湖北和重庆融入长江经济带的主要载体之一,自然景观和生态景观绝美而多样,拥有厚重的历史文物、悠久的历史建筑和人类文化遗址等物质文化遗产,以及一大批优秀的非物质形态的历史和民族文化资源。目前,随着人们生活水平的提高,人们对精神文化的需求越来越旺盛,但乌江流域民族特色文化面临缺乏文化因子的深度介入,人力资源匮乏,对民族文化的认同感降低以及各地各自为政,难以形成独具魅力与特色的震撼品牌等问题。本文建议从以下几个方面去努力:一是体验原有农耕生活,增强民族文化认同。二是人才引用注重引进领军人才,发挥人才引领作用。三是整合文化资源,打破行政壁垒。四是提炼核心文化内涵,形成特色民族品牌。

关键词:乌江流域;文化;生态旅游;转型升级

---

* 作者简介:罗丽莎(1986—),女,土家族,重庆市石柱县委党校,讲师,研究方向为政治经济学。

"十三五"规划纲要提出,"十三五"期间要实现"公共文化服务体系基本建成,文化产业成为国民经济支柱性产业"的目标。随着市场经济的发展,文化产业发展迅猛。2014 年实现增加值 2.4 万亿元,占 GDP 的 3.77%,北京、上海、江苏、广东等省市文化产业增加值占 GDP 的比重已超过 5%,成为新常态下经济稳定增长和结构优化升级的重要推动力。乌江流域各族人民在长期的生产生活实践中,留下了丰富多彩的文化资源,各民族在这里共生共存、相互交融、共同发展,各民族文化相互包容,相互学习,不断传承与创新,形成了今天乌江流域异彩纷呈的多民族文化共同繁荣的总体格局。以独具特色与魅力的民俗风情和民族文化引领乌江流域生态旅游,对于促进该区域经济发展大飞跃,助推该区域全面建成小康社会具有重要的现实意义。

一、乌江流域六大文化元素

(1)舞蹈和戏剧,团结向上的文化。乌江流域民族民间舞蹈起源于原始崇拜、民族信仰、节日庆祝和娱乐休闲,它以民族性和地域性为主要特征。乌江流域民族民间舞蹈种类繁多,大类上可分为巫傩舞、芦笙舞、灯舞、鼓舞等类型,其中又分为很多小类。例如,巫傩舞类型中又有巫师舞、傩戏舞、傩仪舞、地戏舞、傩面舞等多个小类,小类中又有不同舞目,如巫师舞就包含《皮鼓舞》《追魂舞》《巫舞》《女巫舞》《师刀舞》《跳吉安舞》《打八卦》《跳米花神》《打绕棺》《道师舞》《踩铧口》《上刀山》《下火海》《破地狱》等舞目。芦笙是乌江中上游地区少数民族特别喜爱的一种乐器,特别是苗族、侗族等民族,芦笙已经成为他们生产、生活中不可缺少的伙伴,而芦笙舞蹈则以苗族芦笙舞最具特色。此外,地戏舞、傩戏舞也各有特色。乌江流域民族民间戏剧是各民族人民长期以来生产生活习俗的缩影,它源于民风民俗、婚姻爱情、宗教信仰等。它通过夸张、动态、载歌载舞的形式反映乌江流域各民族特有的风土人情和文化现象。该流域不同民族、不同地区有着不同的戏剧形式和表现方式,汉族地区流行花灯剧、黔戏、地戏、黔剧等剧种，少数民族集聚地区流行布依戏、侗戏等。其中最具代表性的戏剧有以下几种：一是地戏。地戏主要在安顺、黔西南及贵阳花溪一带流行，每年春节至元宵节期间，安顺农村随处可见地戏表演。人们跳地戏主要是为了驱邪禳灾，也是为了娱乐。地戏的主要剧目有《三国》《隋唐演义》《封神榜》《杨家将》等。二是傩戏。傩戏是历史、民俗、民间宗教和原始戏剧的综合体，蕴藏着丰富的文化基因。乌江流域少数民族的傩戏源自中原，是历史变迁的产物，目前，乌江流域各地的傩戏主要流传于乡间，随着社会的发展，娱乐活动不断丰富，愿意观看傩戏演出的人日益减少，傩戏传承面临着困难。三是布依戏。主要分布于乌江流域贵州南部的安龙、兴义等地区。它起初源自祭祀仪式活动，后经过艺人改造、融合之后逐步成为布依族的舞台综合艺术。四是黔戏，又称为贵州梆子，唱腔丰富，富有浓郁的地方色彩。黔剧是由贵州弹词发展而成的，主要剧目有《秦娘美》《张秀眉》等[1]。

（2）民歌和乐器，愉悦身心的文化。乌江流域地区被誉为"歌的海洋"，亘古悠远的苗族飞歌、天籁般的侗族大歌、特色浓郁的彝族山歌，一声声美妙嗓音，以特有的泥土气息和民族风情震撼观众，一场场精彩演出，令世人叹服神往。长期以来，乌江流域地区各少数民族民间音乐各具特色，丰富多彩。其中石柱土家啰儿调、侗族大歌、黔江南溪号子等属于国家非物质文化遗产。但在现代化、工业化和城市化的冲击下，一些民族民间音乐正在面临着传承断代、后继乏人等问题。摆手歌、哭嫁歌、薅草锣鼓歌、织锦歌、情歌、号子等民间歌曲均体现了少数民族积极乐观的生活态度[2]。

（3）工艺和美术，勤劳智慧的文化。乌江流域民族民间工艺美术内容丰富，表现形式多样。从石雕陶器到漆器木器，从纺织印染到挑花刺绣，从藤编竹编到银饰首饰，从生产器具到生活用品，可谓种类繁多，无所不包。乌江流域各族人民创造的民间工艺美术品，不仅作为生活装饰之需，同时也体现了各民族的造型能力和审美情趣。归纳起来，乌江流域民间工艺美术可以分为静态和活态两种类型，静态艺术包括民族民间剪纸、绘画、织锦、刺绣、蜡染、扎染、印染、银饰、木雕、服饰等平面艺术，以及民族民间的器皿彩绘、陶瓷、玩具、吊脚楼、墓碑等立体艺术等。活态艺术包括龙灯、秀山花灯、黔剧、花灯剧、思南土家族台戏、开阳阳戏、安顺地戏、屯堡军傩戏、威宁撮泰吉、巫舞、祭祀习俗等[3]。

（4）礼俗和节日，内涵深邃的文化。主要包括节日习俗、民族风俗、传统礼仪等。自然崇拜、图腾崇拜、祖先崇拜等民间信仰，坐夜闹丧、诵读祭文、唱孝歌、打绕棺等丧葬习俗，体现出少数民族善恶报应的信仰观，而最为突出的善则在于是否行孝。乌江流域的民族节日，概括来说，主要包括三类。一是季节性节日。这种节日具有很强的季节性，它或组织春耕，或欢庆丰收等，如布依族"了年节"及苗族、侗族、壮族、土家族等少数民族的"三月三""芦笙会""赶年节"等类同于此。二是纪念性节日，如苗族的"四月八"，与汉族的"端午节"类似。三是祭祀性节日。主要是跟祭祀、宗教信仰有关。此外，乌江流域的民族风俗和传统礼仪文化也比较丰富，它是该地区各民族长期相处、交流和相互融合的产物，如彝族和苗族有"跳月"的习俗，苗族和侗族都过"春社节"和"吃新节"的习俗等。

（5）古代遗址，极厚重的历史文化。乌江流域有国家考古遗址公园1处，即可乐考古遗址公园。有中国历史文化名城、名镇、名村、共计12处，其中，历史文化名城3处，分别是遵义市、镇远县、酉阳县。历史文化名镇4处，分别是花溪区青岩镇、安顺区旧州镇、平坝县天龙镇、石柱县西沱镇。历史文化名村5处，分别是安顺市西秀区七眼桥镇云山屯村、开阳县禾丰布依族苗族乡马头村、石阡县国荣乡楼上村、安顺市西秀区大西桥镇鲍屯村、务川仡佬族苗族自治县大坪镇龙潭村。据本文统计整理，乌江流域地区拥有省级以上（包括国家级）的历史文物遗址、遗存200余项，国家重点文物保护单位40项；地市级以上文物保护单位和历史文化遗迹400余项。空间分布上，主要分布在流域上游地区的大方、毕节和中游地区贵阳、遵义等地区，下游地区分布较少[4]。

（6）语言和服饰，特色突出的文化。据贵州省民族宗教事务委员会和省教育厅的一项调查显示，贵州境内约有800多万人次的本土居民以本民族语言为第一交际用语，一些地区的少数民族能说两种或两种以上的语言。目前，在乌江流域地区有土家族、仡佬族、仫佬族、彝族、蒙古族、布依族、苗族、侗族等少数民族有自己的语言,在使用中,大多数城镇地区的少数民族居民以使用汉语为主,这种趋势逐步开始向农村地区蔓延。随着乌江流域对外交流的增加,以及现代化冲击的加深,该流域民族语言资源有濒临断层的危险。土家族语、苗语,侗语等语言的使用范围正在进一步缩小,目前只有边远山区和农村地区有少量老人能流畅地讲这些语言,年轻一代虽然识得只言片语,但生活中已经不经常使用了。仡佬族、仫佬族、布依族等少数民族语言也存在同样的情况。在乌江流域地区中能熟练使用本民族语言的人数最多的少数民族是彝族,但相对成千上万的宝贵的彝文文献典籍和资料而言,能熟练掌握彝文的年轻人仍然微不足道。乌江流域地区是民族民间服饰的"天然实验室",服饰文化构成了该流域非物质文化遗产的重要构成部分。其服饰花样、种类繁多、内容丰富多彩,表现形式变化万千。从乌江流域各民族的服饰穿戴文化上来看,苗族妇女穿戴文化注重朴素之中追求华丽重彩,佩戴贵重银饰后显得富丽堂皇,以刺绣、挑花、蜡染为主要工艺。苗族男子身穿无领、大袖、宽裤脚服装,腰带束身,冬天缠裹,蓄发包头巾。布依族女性喜欢穿短襟长裤,配有栏杆花纹装饰,尤其喜欢蜡染,领、肩、襟、袖、衣摆镶有花边。布依族男性式样简单,与汉族大致相同。彝族服饰文化和云南彝族的服饰近似,与四川凉山彝族的服饰不同,他们缠包头、着长袍、颜色重青黑,有绣花装饰。仡佬族、回族服饰与汉族的服饰近似,但回族做礼拜时,男子要戴小白帽,女子则用毛巾盖头。水族妇女着长襟衣,包头帕,系长围腰。土家族妇女挽髻包头、穿左襟大褂。瑶族妇女束髻系裙,在荔波一带,男子上穿青衣,下穿及膝白短裤,别有情致。

二、乌江流域特色民族文化面临的问题

(1)对民族文化的认同感降低,传承后继乏人。乌江流域少数民族地区长期贫穷落后的现状使不少少数民族成员对自身文化缺乏认同感,不会说本民族语言的现状比较普遍,对传统文艺鲜有兴趣,对本民族传统婚嫁、年节等重大

日子的传统习俗基本上淡忘。传统技艺、习俗、礼仪很少有人去研习,传承后继乏人,身怀绝技的演艺人才和研究人才奇缺。

(2)人力资源匮乏,文化产业发展缺乏有力支撑。人力资源在文化产业发展过程中具有特殊地位和重要作用。乌江流域地处偏僻,经济发展基础薄弱,信息闭塞,观念落后,文化产业人力资源极为匮乏。一是在引进文化产业领军人物和拔尖人才方面面临很大困难,"人往高处走,水往低处流",拔尖人才往往首选北京、上海等大城市,因为那里有更好的待遇和团队。其次会选择杭州、南京、长沙等文化产业发达地区,因为那里有很好的发展机会。再次会选择昆明、成都、重庆等西部发达城市,因为那里有更好的集聚优势和物质条件。最后才可能选择贵阳及乌江流域其他地区城市。二是在培养、留住本土精英人才方面面临很大挑战,民族文化产业的发展离不开本土精英人才的支撑,他们了解这里的民族文化特色,熟悉这里的发展现状,他们的智慧和才华能与本地文化产业的发展紧密结合。但是本土精英人才也是人,他们有自己的追求和梦想,"孔雀北上广""孔雀东南飞"是乌江流域人才净流失的主要特征。三是在激励、提拔文化产业经营管理人才方面难以做到"不拘一格降人才"。乌江流域地区的文化产业企事业单位在激励和提拔人才方面没有摆脱"中庸"之道,在人才选拔方面论资排辈思想严重,导致真正有思想、有创意的文化产业人才还没有等到提拔就已经跳槽或者选择到其他大城市发展。多年以来,该流域文化产业人才储备有数量的增加,但质量上没有实质性的提高。文化产业很大程度上属于人才密集型产业,没有人才资源的智力支持,文化产业就失去了活力,文化产品就缺乏竞争力,这是当前乌江流域文化产业发展的最大软肋。

(3)缺乏文化因子的深度介入,旅游产品缺乏内涵。旅游产品中缺少"文化因子"的广泛介入,品味不高,吸引力不够,社会教育功能未能充分发挥。许多民间歌舞、习俗被庸俗化、简单化、奇观化。例如,众多旅游景点设计雷同、缺乏创意;旅游商品形式单一,千篇一律;民族歌舞表演内容单调、缺乏深层次开发等。毋庸置疑,乌江流域旅游产业已经或者正在对地区经济产生强烈的、积极的影响。但是相比其他地方而言,乌江流域在旅游开发过程中创意不足,民族文化元素的开发乏力,自然资源与人文资源的融合不深入。好的旅游资源往往是自然与人文的深度融合，这样才能使游客在视觉和情感上受到双重冲击，游客的潜在消费需求才能得到最大限度的挖掘。云南丽江将"印象丽江"实景演出设计在玉龙雪山脚下，将纳西族的民族服饰、民族舞蹈及云南的茶马文化与具有"圣山、神山、情山"之称的玉龙雪山交相辉映，产生了很好的效果。广西桂林山水实景演出的《印象·刘三姐》，集漓江山水、广西少数民族文化及艺术创意于一体，打造了一个文化创意产业项目的传奇。湘西凤凰古城在沈从文、熊希龄故居等旅游景点处销售相关书籍和纪念品，生意也异常火热。庐山很多景区有即兴作诗、即兴作画，消费者络绎不绝。乌江流域不乏文化特色，彝族文化、布依族文化、苗族文化、土家族文化等在这里汇集，土司文化、盐油文化特色鲜明，但乌江流域的旅游产业与文化产业没有深度融合，旅游产品的文化内涵挖掘不够。当然，乌江流域地区也创作了一些优秀的文化作品，如民族歌舞《多彩贵州风》于2005年创作，经过几年的打磨，2008年成功注册"多彩贵州"的商标，现已成立省级企业"多彩贵州文化产业发展中心"，目前，已经获得45个类别、460个商品（服务）的商标注册证，在20多个大中城市建立了"多彩贵州"产品的网络销售店，但也有消费者表示《多彩贵州风》过于固化，缺乏动感，难以像《印象·刘三姐》《印象丽江》那样将民族歌舞、自然风光、艺术创意、风情民俗融为一体，让消费者随心所欲地从多角度做解读。

（4）各自为政，形不成独具魅力与特色的震撼品牌。在现有的行政体制和官员政绩考核机制下，区域间经济发展的竞争、同级官员政绩考核的竞争，以及上下级官员功过得失的博弈是在所难免的。文化产业作为一个朝阳产业，它对区域经济发展的重要性不言而喻，与此同时，作为一项国家战略性产业及未来的地区支柱产业，它在政府官员政绩考核中的分量也相当重。乌江流域各地区都高度重视发展文化产业，建立文化产业项目、打造民族文化品牌都无可厚非，但地区间尤其是相邻地区文化同源，资源同质，基础条件相似，这就导致在文化产业发展思路、发展战略上雷同；在招商过程中难免出现竞争；在旅游演艺、节庆会展、产业园区建设等方面上出现同质现象，甚至重复，由此导致文化资源浪费等现象。基于这些原因，地区之间往往出现激烈竞争，甚至是恶性竞争。湖南新晃与贵州桐梓的"夜郎文化"之争就是很典型的例子,至今,两地的"夜郎之争"还未平息。类似的现象在乌江流域地区还有很多,尤其是在文化产业招商项目方面,地区之间的竞争更是呈现白热化,一些地区突破国家优惠政策的底线,一些地区甚至打起了"间谍战"。适度的竞争有利于激发市场活力,但恶性的竞争只会导致资源浪费,伤害地区之间的情感。乌江流域作为一个跨省界的流域区,文化资源的整合是个难题,尤其是跨行政区域的资源整合就更为困难。

三、以文化立体引领乌江流域生态旅游转型升级

(1) 体验原有农耕生活,增强民族文化认同。一是合理利用木礴子、石碾、风车、竹筛等渝东南农耕文化物态资源,体验原有农耕生活方式,满足游客求新求奇的心态。二是在固定的时间、固定的地点举行情歌对唱、摆手舞等活动,增加游客的参与性与娱乐性,深度感悟民俗风情。

(2) 注重引进领军人才,发挥人才引领作用。在文化产业发展中,人才的辐射和扩散效应有时会超出我们的想象,一个人、一个创意、一个团队有时候会带动整个文化产业甚至整个产业链。张艺谋以"印象系列"创造了中国文化产业新的业态;孟飞以《非诚勿扰》节目创造了江苏卫视收视率历史新高,这类现象还有很多。这充分说明领军人物在文化产业发展中的核心作用。乌江流域民族地区不缺"好酒",但缺"卖酒"之人,尤其是缺卖"好酒"之人。近年来,乌江流域地区涌现出一批具有较大影响力文化产业品牌,如"多彩贵州""贵州电视剧""贵州动漫""黔版图书"等。事实上,成功的背后是一大批领军人物在支撑和奉献,如"多彩贵州"的成功源自著名文艺家崔文玉推出的原生态唱法。

(3) 提炼核心文化内涵,形成特色民族品牌。一是提炼诠释在丰富多彩的民族服饰、建筑、节日庆典、风俗习惯、文学艺术中蕴涵着的德育资源、久负

盛名的民间工艺美术中蕴涵着的启蒙益智价值、构思巧妙的土家族吊脚楼蕴涵着的审美创造价值，可以让"世界上有两个桃花源，一个在您心中，一个在重庆酉阳"享誉海内外。二是可以把极具传奇经历的巾帼英雄秦良玉，打造成类似于花木兰、大长今的文化品牌。

（4）整合文化资源，打破行政壁垒。一是建议政府加强对少数民族文化资源的统筹协调和指导，打破行政壁垒，整体布局、系统开发、差异发展。二是加强对濒临灭绝文化资源的规划和拯救。三是防止过度商业化和伪民俗的出现。

参考文献

[1] 邓宏碧，黄荣清. 中国少数民族人口政策研究 [M]. 重庆：重庆出版社，1998.
[2] 王雅荣，张璞. 少数民族地区文化产业特色推进发展 [J]. 技术经济与管理研究，2011（9）：106-109.
[3] 刘冰清. 论黔东南民族文化产业发展——基于文化创新视角 [J]. 南华大学学报（社会科学版），2013，14（4）：34-38.
[4] 张遵东，张文平. 贵州省旅游业与民族文化产业融合的对策探讨 [J]. 中共贵州省委党校学报，2013（1）：71-74.

保护生态环境，建设绿色乌江*

吴友鹏

（湖北省咸丰县坪坝营镇政府，恩施　445605）

摘　要：国家对长江经济带建设和长江流域发展的战略定位是"生态优先、绿色发展"。乌江流域是长江流域不可或缺的重要组成部分，区位优势、地位和作用明显，保护生态环境，建设绿色乌江任重道远，分析研究和总结流域发展面临的新问题和新形势十分必要。流域经济社会发展水平极不平衡，为切实保护好乌江，为子孙后代留下一条健康优美的河流，必须保护生态环境，建设绿色乌江。

关键词：生态环境；污染防治；绿色乌江；流域合作

乌江起源于贵州西北部乌蒙山东麓，是长江上游南岸最大的支流，干流长1037km，流经贵州、重庆、湖北3省市56个区县，流域面积87 920km²（贵州省境内47个县，66 830km²，占全流域面积的76.03%，乌江流域在贵州境内的面积占贵州省总面积的37.9%）[1]。

流域经济社会发展水平极不平衡，为切实保护好乌江，为子孙后代留下一条健康优美的河流，必须保护生态环境，建设绿色乌江。随着经济社会快速发

---

* 作者简介：吴友鹏（1965—　），男，湖北咸丰人。

展和人口迅速增长,作为国家重点流域三峡库区上游的乌江流域水污染问题日渐凸显,需高度重视[2]。

一、污染防治

积极推进乌江流域水污染治理,实施全流域的监控、防治,确保乌江水系安全,流域内人民群众生活、生命安全。淘汰落后产能,推进清洁生产,加强流域工业企业污染治理,调动排污单位的内部积极性,完善政策,形成激励和约束机制,使污染物达标排放和综合治理,成为企业主动、自发、自愿的行为。加强污水和垃圾处理设施建设。加大流域环境监管。对集中式饮用水水源保护区进行环境综合整治,加强饮用水水源地污染治理。

(1)乡(镇)污水。水资源是人类社会赖以生存的前提,直接关系到社会的可持续发展。由于经济实力较弱,乡(镇)污水处理厂建设缓慢,多数乡(镇)没有污水处理厂,大部分生活污水未能有效处理就直接排入河流。污水直排现象在农村较普遍。直排污水混入水体,造成水体黑臭,成为影响流域环境治理效果的一个重要因素。水污染不仅造成了数额巨大的经济损失,更直接危害老百姓的饮用水安全,必须设立饮用水保护区,严格项目规划选址和用地审批,对乌江流域重点河流两岸划定环境保护范围,堵塞污水源头,让天更蓝、水更清、地更绿。在规定范围内禁批农民建房用地、畜牧养殖场用地及砂石开采,无重点工业污染企业。因此,乡(镇)建立完善的污水收集与输送系统,是污水处理系统的关键。

(2)农村污染。乌江流域地质条件十分特殊,属喀斯特地貌,山体滑坡、泥石流等自然灾害多发易发。通过生态修复和退耕还林还草,加大流域主干流和各支流两岸生态建设,提高流域森林覆盖率。疏导减少流域沿岸人民群众伐木取火、乱砍滥伐,有效解决群众生产生活对植被造成的破坏。积极开展流域水土流失和水土保持综合治理,提高流域的生态保护能力。真正做到"既要金山银山,也要绿水青山"。

农村环境是全面建成小康社会的突出短板。这个短板,集中表现在农村的环境基础设施差。如果能够通过一段时间的集中投入和集中整治,这样对从根本上改变农村环境落后这个突出短板的现状,是很有必要的。

农业生产化肥使用量较大,农药利用率低,一些地方的地下水严重超采,部分地区地表水和耕作层土壤污染严重,导致农村资源环境透支严重。为了给调结构、转方式、保生态留出空间,必须严格保护耕地,努力提升耕地质量,必须加大农业基础设施建设投资,提高农业科技创新水平。

现代农业过量地使用农药和化肥,导致农业产品、食品质量的下降,进而导致土壤退化。过度地利用土地,违背了老前辈用养结合的思路,导致土地生产力下降,自从大量使用化肥后,传统的施肥方法慢慢被抛弃了,地力也得不到恢复。但是,值得研究探讨的是,今后一旦不使用农药和化肥了,一段时期内肯定会出现产量难以提高的现象。

加强污水和垃圾处理设施建设。农村环境的改善,需要集中整治,也需要持续保护。农村环境整治是一项长久战略,需要打持久战。随着时间的推移,农村的各种环境设施因种种原因将出现运行不灵、设施遭受损坏等问题。同时,农村环境整治还需要体制机制的保障,加强后续的正常运行管理。

二、绿色乌江

绿水青山就是金山银山,保护环境就是保护生产力,改善环境就是发展生产力。

绿色乌江建设要结合生态红线,尽量保留每条溪流自然脉络。以水系和水库为节点、绿色河道为纽带、特色产业为依托,形成山、水、田、林、城有序的城乡空间格局。

倡导绿色生态规划设计理念,开展河道生态管护修复,两岸绿化。绿色植物具有多方面净化的作用，特别是森林，净化作用更加明显，是保护生态环境的绿色屏障，将从单纯的水质保护，走向恢复和保护生物生息、生长环境的生态治理阶段。激发每个社会主体参与绿色建设的积极性，形成全民共建的大环境。建设一批生态休闲旅游项目。鼓励发展休闲观光农业，结合"一村一品"富民强村工程，推动农业生产向休闲观光、农事体验、生态保护、文化传承等多功能拓展。

乌江流域旅游业已经走上快车道，大众旅游的趋势已成雏形。在这种背景下，游客的需求也从单一化向多元化发展，同时旅游又是一个涉及面很广的行业，包括交通、住宿、娱乐等众多环节的配合。因此，流域在现阶段大旅游的格局下，可以利用区域的品牌效应带动流域内部其他景点和乡村旅游的发展，实行旅游景区互动，旅游资源互补等，能否在现行旅游景点景区格局上，再来一次飞跃，做大做强乌江流域精品旅游品牌，值得思考。

乡村旅游扶贫是推动美丽乡村建设助推器。乌江流域地区乡村旅游资源十分丰富，既有神奇的自然风光，又有浓郁的民族风情和厚重的历史文化。乡村旅游资源的开发，是乌江流域得天独厚的资源优势。如何把资源优势转化为经济优势，要在其原有的自然风景的基础上进行加工改造，要使自然美和人工美有机地结合起来，使得山更青、水更秀，留得住乡愁。设置吃、住、行、游、购、娱等旅游接待服务设施，游览标志标牌等，既要服务功能的完善配套，更要与乡村景观协调，把乡村建设得更像乡村。

加强"河长制"建设，形成每条河、每个河段、每米河道都有人管理、有人负责的"市（州）、县、乡、村"四级河长齐抓共管、全流域管理体系。详细了解掌握河道生态建设、沿岸产业布局及污染物治理等情况。

农村实行污水处理统一规划、统一建设、统一管理，组建农村保洁员队伍，建立垃圾处理长效机制。

乌江流域山川秀美、生态环境优越，孕育了源远流长的少数民族文化。加快流域产业结构调整，在把流域建设成生态流域、景观流域、富民流域的同时，努力为流域或各支流打造出更多的国家级风景名胜区。

三、生态环境

"生态优先、绿色发展"已成国家战略。生态环境是人类生存和发展的基本条件，是经济、社会发展的基础。保护和建设好生态环境，实现可持续发展。大力开展植树种草，治理水土流失，防治荒漠化，建设生态农业。乌江民族风情及文化特色鲜明，文化多样性丰富，自然景观及名胜古迹多样。旅游资源丰富。需要经过一代又一代人长期地、持续地奋斗，建设好乌江流域的秀美山川。

通过实施易地扶贫搬迁，将居住在深山、荒漠化、地方病多发等生存环境差、不具备基本发展条件，以及生态环境脆弱、限制或禁止开发地区等这些"一方水土养不好一方人"的地方的农村贫困人口搬迁至条件较好的地方居住，并帮助其解决就业、产业发展、生活所需等各种困难，让其在新的居住地实现脱贫致富。同时，实施退耕还林还草工程，将这些地方生态环境进行保护。

通过实施产业扶贫，选定好的产业项目，选定落户贫困地区范围，选定产业发展方式，实现"对症下药""按需选项"，坚持因地制宜、科学设计、项目精准、保护生态、绿色发展、帮贫脱贫、受益精准。深入挖掘当地特色自然资源、旅游资源、文化资源等，制定切合当地实际的产业发展模式，充分利用贫困地区优势资源。

水是流域系统存在和发展的基础，水资源的可持续利用是流域资源、环境、经济、社会可持续发展的关键。水生态文明建设是流域治理开发与保护的主题。要把生态文明理念融入流域水资源开发、利用、配置、节约、保护的各方面和水利规划、建设、管理的各环节。强化水生态环境保护，统筹协调好上下游、左右岸、干支流的开发与保护、建设与管理的关系。小流域综合治理与生态修复相结合，生态修复和小流域综合治理都是水土保持工作的重大举措，在水土流失重点区，除了实施综合治理外，在地广人稀、降水条件适宜、水土流失轻微的地区，应实施以封育保护为主的生态自我修复工程。

乌江流域是喀斯特岩溶地区，也是石漠化最为集中分布的区域。石漠化是严重土壤侵蚀导致基岩大面积裸露，土壤生产力严重下降的现象，其形成和发展是一种危害极大的生态环境问题，带来植被破坏、耕地面积减少、水源枯竭等问题。优先开展生态脆弱区水环境治理和生态修复。加快水土保持生态建设，加强敏感区生态保护，保护源区生态环境。提高林草植被覆盖率，提高水源涵养能力。植物能防止水土流失，能忍耐土壤中高浓度的污染物。植物的这种抗毒性作用，为植物对土壤和水体中的污染物吸收和降解奠定了基础。

水土流失造成的土地石漠化导致了宝贵的耕地资源丧失，严重破坏了河源区陆地生态系统。要改善生态系统，就要以小流域治理为单元，以抢救土地资源为目标，既要改造坡耕地，兴建基本农田，满足农民的生产、生活需求，又要封山育林，发挥大自然的自我修复能力。这样才能改善当地的农业生产条件、提高农民收入水平，又能防治水土流失，改善生态环境。只要水土流失和石漠化得到有效治理，生态系统显著改善，就为流域水生态的改善和修复创造了条件。为林草提供生长环境，达到以工程保生物、以生物护工程，通过工程措施与生物措施相结合，实现退耕还林和生态环境的改善。

四、流域合作

乌江区域位置重要，文化实力雄厚，社会影响广泛，在区域经济社会发展中具有重要的战略地位。促进全流域互惠发展，协同推进各领域务实合作。充分发挥流域内各地区自身优势，加强区域协作，共同推进乌江流域综合开发，促进流域经济社会又好又快发展，既是保护乌江流域生态环境、加强水资源综合利用的必然选择，也是转变经济发展方式、推动区域协调发展的战略需要。

乌江是我们共同的家园。要巩固扩大水污染治理效果，支持建立自然生态环境保护体系。要将水资源、水环境的承载能力放在更加突出的位置，加快建立跨省域环境保护生态补偿机制，保护好生命之源。积极探索流域基础设施互通、市场共享、生态共保、要素资源互动等机制，逐步打破行政壁垒，加强全流域合作。对全流域生态保护、污染防治、生态产业发展、水质监测，以及预警预报、生态相关法规的实施、重大环境事件的防范与应急处置等问题进行科学谋划，加强联系协调，形成共谋、共担、共享的全流域生态建设新局面。

参考文献

[1] 杜耘. 保护长江生态环境，统筹流域绿色发展 [J]. 长江流域资源与环境，2016，25（2）：171-179.
[2] 推动长江生态保护全流域合作 [N]. 经济日报，2016-04-27（第01版）.

乌江流域生态承载力分析研究初探——以涪陵区为例

谭红英

（重庆工商大学长江上游经济研究中心，重庆 400067）

摘　要：对乌江流域生态承载力进行分析，有利于乌江流域可持续发展。本文根据已有研究，结合涪陵区位置的特殊性，建立了一个包含社会、经济、环境、资源4个子系统的评价指标体系，采用主成分分析法对涪陵区2005～2015年的生态承载力进行分析研究。分析表明：涪陵区2005～2015年的生态承载力综合值由-4.12上升至4.41，表现为逐年上升，并从2011年转为正值，说明涪陵区生态承载力已达到可承载的状态。其中生态承载力上升的主要推动力量来源于经济承载力，表明涪陵区在促进社会经济快速发展的同时，也重视了环境保护，绿色发展能力持续上升，对生态系统有一定程度的积极影响，生态承载力不断增强。

关键词：乌江流域；主成分分析；生态承载力；涪陵区

---

* 作者简介：谭红英（1994— ），女，重庆忠县人，重庆工商大学硕士研究生，研究方向为区域经济学。

一、引 言

流域发展离不开生态环境，在经济快速发展、生态环境日益恶化的过程中，可持续发展的理念也逐步被人们所重视[1]。流域经济的可持续发展必须建立在生态系统承载力持续提升的前提之下，必须以保护自然资源和生态环境为基础，与资源、环境承载能力相协调。作为可持续发展研究的重要内容，生态承载力能够衡量人类活动是否处于生态系统的承受范围之内，生态环境与经济社会发展是否协调。流域生态系统是一个开放的自然、经济、资源和社会复合生态系统，其主要功能表现在物质、能量、信息和人口的流动过程中。流域生态承载力强调的是流域系统的承载能力，内容应该包括经济子系统、社会子系统、资源子系统和环境子系统的综合承载力[2]。

1921年，帕克和伯吉斯就在有关的人类生态学文章中，提出了承载力的概念，即"某一特定环境条件下（主要指生存空间、营养物质、阳光等生态因子的组合），某种个体存在数量的最高极限"[3]。赵先贵等[4]发展了生态承载力的概念，将生态承载力定义为生态系统的自我维持、自我调节能力，资源与环境的供容能力及其可维持的社会经济活动强度和具有一定生活水平的人口数量。对于生态承载力的量化，国内外提出了许多直观的、较易操作的定量评价方法及模式。目前主要分为以下几类：一是模型预估法，主要采用投入产出分析方法对生态承载力进行研究。二是自然植被净第一性生产力测算法，由于对各种调控因子的侧重及对第一生产力调控机理解释的不同，世界上产生了很多模拟第一生产力的模型，大致可分为三类，即气候统计模型、过程模型和光能利用率模型[5]。我国一般采用气候统计模型。三是生态足迹法，生态足迹法从一个全新的角度考虑人类及其发展与生态环境的关系，通过跟踪区域能源与资源消费，将它们转化为这种物质流所必需的各种生物生产土地的面积，即人类的生物生产面积需求。给出了一个核算全球、国家、地区，以及家庭和个人对自然资本利用的简明框架。四是资源与需求差量法，结合完整的指标体系，依据这种差量度量评价方法，王中根[6]对西北干旱区河流进行了生态承载力评价分析，证明此方法能够简单、可行地对区域生态承载力进行有效的分析和预测。五是状态空间法，状态空间是欧氏几何空间用于定量描述系统状态的一种有效方法。通常由表示系统各要素状态向量的三维状态空间轴组成。利用状态空间法中的承载状态点，可表示一定时间尺度内区域的不同承载状况。利用状态空间中的原点同系统状态点所构成的矢量模数表示区域承载力的大小[7-10]。

二、研究区概况

涪陵区位于106°56′～107°43′E、29°21′～30°01′N，居重庆市中部、三峡库区腹地，位于长江、乌江交汇处，有渝东门户之称；经济上处于长江经济带、乌江干流开发区、武陵山扶贫开发区的结合部，有承东启西和沿长江、乌江辐射的战略地位[10]。东邻丰都县，南接南川区、武隆区，西连巴南区，北靠长寿区、垫江县。东西宽74.5km，南北长70.8km，辖区面积2941.46km²。涪陵区地处四川盆地和山地过渡地带，地势以丘陵为主，横跨长江南北、纵贯乌江东西[10]。地势大致为东南高而西北低，西北－东南断面呈向中部长江河谷倾斜的对称马鞍状。涪陵区属于中亚热带湿润季风气候，常年平均气温为18.1℃，年均降水量为1072mm[11]。

三、指标体系构建与评价方法

指标体系构建是分析城市生态承载力的基础，也是综合反映城市生态承载力的依据。生态建设的目标是多元的，有人口、经济、环境目标，有增长、结构优化目标，还有公平、效率目标[12-13]。城市的可持续发展不是经济、社会、环境和生态某个单系统的可持续发展，也不是这几个方面简单的线性相加，而是这几方面的协调发展。如何实现城市的可持续发展，是当今世界研究的重要课题之一。设计生态城市承载力分析指标体系要体现生态城市发展的状态、过程和实力，反映经济、环境、生态和社会等各方面的承载情况。

1. 指标体系建立原则

本文建立指标体系的基本原则如下[14-17]：

（1）全面性和系统性。经济、社会、资源、环境等方面指标都应该得到体现，而且应得到同样的重视。

（2）科学性。指标体系应当客观体现城市生态建设的科学内涵。

（3）主成分性和独立性。筛选出的指标数目足够少，能表征系统最主要成分变量；各项指标意义上应互相独立，避免指标之间的包容和重叠。

（4）可操作性。指标获取容易，而且可以定量测度。

（5）动态性。指标体系中的指标应采用静态和动态性相结合，不仅有反映某一时间点上水平指标，还应包含反映生态县发展演变趋势的指标。

（6）相对稳定性。指标在相当长一个时段内具有引导和存在意义，短期问题不予考虑，应体现生态城市建设和规划的长期性。

随着社会经济的不断发展，指标体系将随着时间的推移和情况的改变有所变化，绝对不变的指标是不可能的。

2. 指标选取

本文结合涪陵区的社会、经济、环境发展现状，选取反映经济、社会、资源、环境的 21 个指标（表 1），建立包括经济承载力、社会承载力、资源承载力、环境承载力 4 个子系统的综合承载力指标体系，评价涪陵区生态承载力。

表1 涪陵区生态承载力指标体系

目标层	准则层	指标层
生态承载力A0	经济承载力B1	X_1：人均GDP收入/元
		X_2：GDP年均增长率/%
		X_3：农村常住居民人均可支配收入/元
		X_4：城镇常住居民人均可支配收入/元
		X_5：人均固定资产投资/元
		X_6：城乡居民储蓄/元
	社会承载力B2	X_7：农村恩格尔系数
		X_8：城市恩格尔系数
		X_9：人口密度/（人/km²）
		X_{10}：人均教育支出/（元/人）
		X_{11}：每千人拥有医疗机构床位数/个
	资源承载力B3	X_{12}：人均年供水量/t
		X_{13}：全区森林覆盖率/%
		X_{14}：人均耕地面积/m²
		X_{15}：建成区绿化覆盖率/%
		X_{16}：人均建设用地面积/m²
	环境承载力B4	X_{17}：人均环保投资/元
		X_{18}：污水集中处理率/%
		X_{19}：空气质量优良率/%
		X_{20}：规模以上工业企业万元产值能源消耗量/t
		X_{21}：工业废水排放达标率/%

3. 数据来源

主要选取了经济子系统、社会子系统、资源子系统和环境子系统4个承载力系统中的21个指标，选取了涪陵区2005~2015年的数据，主要以重庆统计信息网、中国统计信息网、涪陵区政府门户网站等官方网站数据和《涪陵年鉴》为参考。

4. 生态承载力评价方法

利用 SPSS 20.0 软件采用主成分分析法对涪陵区各项指标进行因子分析，参考主要因子分析的结果，分析涪陵区综合生态承载力值，从而对涪陵区生态承载力进行分析评价。

主成分分析法是在确保数据信息丢失最小的情况下，利用数学变换的方法将给定的多个指标因子转化为少数几个主成分，用少数的主成分因子代替原始多维相关变量的过程。采用 SPSS 统计分析软件对生态承载力的相关指标因子进行分析，主成分分析的步骤如下[18]。

（1）为排除量纲及数量级对分析结果产生的影响，分析前先对原始数据变量进行标准化处理：

$$Y = \frac{X_{ij} - X_j}{S_j} \ (i=1, 2, 3, \cdots, I; \ j=1, 2, 3, \cdots, J)$$

式中，X_{ij} 为初始数据，表示第 i 个数据的第 j 个指标的数值；X_j 为第 j 个指标的样本平均值；S_j 为第 j 个指标的样本标准差。

（2）计算标准化后的数据 Y 的相关系数矩阵 $\boldsymbol{R}$。

（3）计算相关矩阵 $\boldsymbol{R}$ 的特征值 $\mu_1, \mu_2, \cdots, \mu_j$。

（4）计算贡献率及累计贡献率，并通过累计贡献率 Z 来确定主成分：

$$Z = \sum_{k=1}^{m} \mu_k \bigg/ \sum_{j=1}^{j} \mu_j$$

一般选取累计贡献 $Z \geqslant 85\%$ 的最小 m 值作为主成分的个数，从而可以对选取的主成分进行综合分析。

（5）计算不同时段生态承载力的综合得分，主成分的综合得分值越大，说明水生态承载力状况越好，根据不同时段综合得分的波动情况可以对生态承载力的状况进行相应的评价研究。

四、评价结果

运用 SPSS 20.0 软件对涪陵区生态承载力指标进行标准化处理，结果见

表2。然后进行统计分析,得到驱动因子的相关系数矩阵、生态承载力评价指标的主成分的特征值和贡献率,详见表3。根据主成分累计贡献 $Z_1+Z_2 \geqslant 85\%$ 的原则,提取了4个主成分,详见表4。

表2　涪陵区生态承载力评价指标体系标准化结果

目标层	准则层	指标层	2005年	2006年	2007年	2008年	2009年	2010年	2011年	2012年	2013年	2014年	2015年
生态承载力	经济承载力	Z_{X_1}	-1.34	-1.26	-1.09	-0.84	-0.41	0.96	0.35	0.61	0.80	1.02	1.21
		Z_{X_2}	-0.66	-0.61	0.30	2.04	0.43	0.73	1.02	-0.22	-0.84	-1.09	-1.11
		Z_{X_3}	-1.17	-1.14	-0.92	-0.70	-0.53	-0.23	0.22	0.59	0.95	1.27	1.66
		Z_{X_4}	-1.35	-0.97	-0.97	-0.71	-0.48	-0.21	0.22	0.66	1.00	1.23	1.58
		Z_{X_5}	-1.15	-1.09	-0.98	-0.74	-0.49	-0.21	0.10	0.68	0.94	1.25	1.66
		Z_{X_6}	-1.16	-1.04	-0.97	-0.69	-0.47	-0.15	0.23	0.66	0.36	1.43	1.81
	社会承载力	Z_{X_7}	0.74	0.76	0.90	0.74	0.21	0.13	1.25	-0.84	-1.04	-1.28	-1.57
		Z_{X_8}	2.06	0.04	0.07	0.68	0.63	-0.48	0.12	-0.05	-0.05	-1.34	-1.68
		Z_{X_9}	-1.07	-1.07	-1.05	-0.83	-0.71	-0.01	0.32	0.61	1.00	1.36	1.45
		$Z_{X_{10}}$	-1.14	-1.01	-0.85	-0.83	-0.58	-0.36	-0.06	1.23	1.21	1.18	1.20
		$Z_{X_{11}}$	-1.47	-1.30	-1.08	-0.55	0.04	0.09	0.16	0.63	0.86	1.13	1.49
	资源承载力	$Z_{X_{12}}$	1.27	-0.22	-1.71	-0.02	0.48	-1.35	1.40	0.31	-0.85	-0.06	0.75
		$Z_{X_{13}}$	-1.69	-1.41	-1.13	-0.36	0.38	0.38	0.49	0.49	0.49	1.06	1.28
		$Z_{X_{14}}$	1.17	1.18	1.11	0.92	0.44	-0.14	-0.41	-0.72	-1.02	-1.25	-1.30
		$Z_{X_{15}}$	-0.81	-0.95	-1.10	-0.91	-0.24	-0.15	2.12	1.25	0.46	0.24	0.09
		$Z_{X_{16}}$	-1.35	-1.05	-0.85	-0.71	-0.56	-0.33	0.32	0.93	1.01	1.07	1.51
	环境承载力	$Z_{X_{17}}$	-0.67	-0.61	-0.54	-0.23	2.52	-0.38	-0.63	-0.29	-0.37	-0.11	1.31
		$Z_{X_{18}}$	-1.35	-1.20	-1.00	-0.73	-0.41	-0.11	0.59	0.76	0.96	1.17	1.34
		$Z_{X_{19}}$	-1.37	-1.14	-0.84	-0.55	0.32	-0.96	0.21	1.26	1.03	1.03	1.03
		$Z_{X_{20}}$	1.80	1.30	0.80	0.40	0.40	-0.30	-1.20	-0.80	-0.70	-0.90	-0.80
		$Z_{X_{21}}$	-1.31	-1.31	-1.18	-1.18	0.43	0.43	0.79	0.79	0.82	0.90	0.82

从表3可以看出,选取的21个生态承载力指标间具有一定的相关性,并且许多指标间都高度相关,这是进行主成分分析的基本条件,也表明了进行主成分分析非常必要。

表3　驱动因子的相关系数矩阵

矩阵	X_1	X_2	X_3	X_4	X_5	X_6	X_7	X_8	X_9	X_{10}	X_{11}	X_{12}	X_{13}	X_{14}	X_{15}	X_{16}	X_{17}	X_{18}	X_{19}	X_{20}	X_{21}
X_1	1.00																				
X_2	−0.28	1.00																			
X_3	0.91	−0.45	1.00																		
X_4	0.91	−0.45	1.00	1.00																	
X_5	0.91	−0.48	1.00	1.00	1.00																
X_6	0.90	−0.44	0.98	0.97	0.98	1.00															
X_7	−0.76	0.65	−0.87	−0.86	−0.89	−0.85	1.00														
X_8	−0.76	0.34	−0.78	−0.80	−0.78	−0.82	0.68	1.00													
X_9	0.93	−0.47	0.99	0.99	0.99	0.97	−0.85	−0.76	1.00												
X_{10}	0.87	−0.50	0.96	0.96	0.97	0.92	−0.89	−0.69	0.96	1.00											
X_{11}	0.94	−0.32	0.97	0.97	0.97	0.95	−0.84	−0.77	0.95	0.92	1.00										
X_{12}	−0.02	−0.07	0.13	0.10	0.13	0.19	0.04	0.24	0.12	0.05	0.09	1.00									
X_{13}	0.93	−0.12	0.89	0.90	0.89	0.90	−0.71	−0.74	0.88	0.82	0.97	0.11	1.00								
X_{14}	−0.96	0.42	−0.98	−0.98	−0.98	−0.95	0.83	0.74	−0.99	−0.95	−0.97	−0.11	−0.91	1.00							
X_{15}	0.64	−0.01	0.59	0.61	0.59	0.57	−0.24	−0.28	0.63	0.61	0.60	0.42	0.64	−0.69	1.00						
X_{16}	0.90	−0.42	0.99	0.99	0.99	0.96	−0.84	−0.76	0.98	0.98	0.96	0.11	0.88	−0.97	0.66	1.00					
X_{17}	0.18	−0.06	0.23	0.23	0.24	0.27	−0.32	−0.19	0.14	0.14	0.38	0.22	0.44	−0.19	−0.04	0.19	1.00				
X_{18}	0.94	−0.36	0.98	0.99	0.98	0.96	−0.80	−0.75	0.98	0.95	0.97	0.14	0.93	−0.99	0.72	0.99	0.20	1.00			
X_{19}	0.76	−0.35	0.89	0.90	0.89	0.85	−0.79	−0.58	0.86	0.93	0.90	0.19	0.84	−0.88	0.65	0.92	0.37	0.91	1.00		
X_{20}	−0.91	0.04	−0.86	−0.88	−0.85	−0.84	0.57	0.70	−0.87	−0.83	−0.90	−0.07	−0.92	0.91	−0.82	−0.89	−0.11	−0.93	−0.81	1.00	
X_{21}	0.93	−0.25	0.85	0.87	0.86	0.83	−0.67	−0.62	0.87	0.84	0.92	0.15	0.93	−0.93	0.79	0.86	0.34	0.92	0.84	−0.91	1.00

根据表 4 可知，根据累计贡献率达 85% 的原则，前 4 个主成分累计贡献率达 95.29%，超过了 85%，认为 4 个主成分可以较好地反映涪陵区生态承载力变化的驱动因子，基本可以代表全部因子对涪陵区生态承载力的影响，因此，选择前 4 个主成分进行分析。

表4　生态承载力评价指标的主成分的特征值和贡献率

主成分	特征值	贡献率/%	累计贡献率/%
1	15.932	75.86	75.86
2	1.657	7.89	83.75

续表

主成分	特征值	贡献率/%	累计贡献率/%
3	1.298	6.18	89.94
4	1.124	5.35	95.29

主成分成分矩阵表示了主成分与变量之间的相关系数，涪陵区生态承载力主成分成分矩阵见表5。第一主成分主要与人均GDP收入、农村常住居民人均可支配收入、城镇常住居民人均可支配收入、人均固定资产投资、城乡居民储蓄、人口密度、人均教育支出、每千人拥有医疗机构床位数、全区森林覆盖率、人均建设用地面积、污水集中处理率、空气质量优良率、工业废水排放达标率具有较强的正相关关系，与农村恩格尔系数、城市恩格尔系数、人均耕地面积、规模以上工业企业万元产值能源消耗量具有较强的负相关关系；第二主成分主要与GDP年均增长率、人均年供水量、建成区绿化覆盖率呈明显的正相关关系；第三成分主要与人均年供水量、人均环保投资具有正相关关系；第四主成分主要与人GDP年均增长率、人均环保投资具有正相关关系。4个主成分包含了21个指标中的大部分指标，能较好地代表涪陵区生态承载力驱动因子。

表5　主成分成分矩阵

成分	1	2	3	4
X_1	0.941	0.033	−0.187	0.084
X_2	−0.404	0.623	−0.37	0.47
X_3	0.987	−0.074	0.019	−0.056
X_4	0.992	−0.07	−0.002	−0.037
X_5	0.989	−0.092	0.039	−0.056
X_6	0.97	−0.059	0.069	−0.019
X_7	−0.846	0.442	−0.178	0.002
X_8	−0.776	0.32	0.236	−0.219
X_9	0.983	−0.057	−0.044	−0.127
X_{10}	0.96	−0.113	−0.017	−0.154
X_{11}	0.985	0.014	0.031	0.152

续表

成分	1	2	3	4
X_{12}	0.116	0.565	0.678	-0.353
X_{13}	0.933	0.173	-0.008	0.301
X_{14}	-0.992	-0.013	0.045	0.067
X_{15}	0.661	0.647	-0.108	-0.267
X_{16}	0.987	-0.027	-0.024	-0.079
X_{17}	0.264	0.011	0.67	0.68
X_{18}	0.994	0.072	-0.048	-0.042
X_{19}	0.911	0.079	0.167	0.018
X_{20}	-0.905	-0.309	0.276	-0.072
X_{21}	0.918	0.236	0.002	0.103

五、主成分综合得分分析

生态承载力是由经济承载力、社会承载力、资源承载力和环境承载力共同组成。根据各主成分贡献率对2005～2015年的生态承载力进行综合评价，计算可以得出各年生态承载力综合值，变化趋势如图1所示。

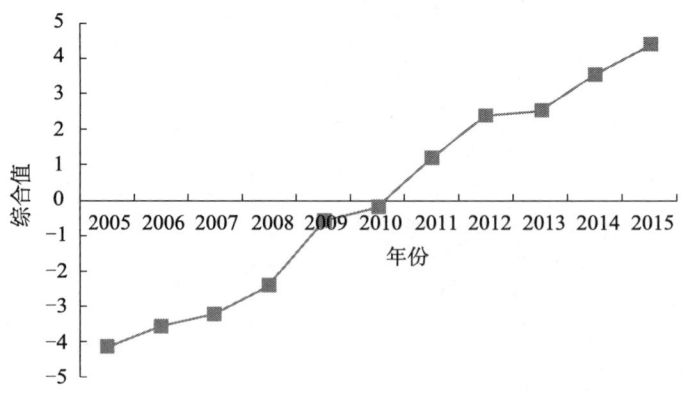

图1　生态承载力综合值

对于生态承载力的综合值而言，其综合值越大，说明水生态承载状况相对越好，反之承载状况越差，综合值出现波动状态可以展现生态承载力的动态变化情况。从图1可知，2005～2015年涪陵区生态承载力综合值是持续上升的，并从2011年转为正值，说明涪陵区生态承载力已达到可承载的状态。2005～2015年，涪陵区生态承载力持续上升，其中2008～2009年生态承载力是上升最快的一年，但到了2009～2010年，生态承载力上升速度又下降了。2005～2015年，涪陵区生态承载力上升可以分为三个阶段，分别是2005～2009年、2009～2012年、2012～2015年，其中2009年和2012年是涪陵区研究时间段的转折点。

六、结论与讨论

（1）本文研究结果与涪陵区实际情况基本符合，表明所建立的城市生态承载力评价指标体系具有合理性和有效性，为城市生态承载力评价指标体系的完善提供了依据。同时说明了涪陵区按照"五位一体"总体布局和"四个全面"战略布局，有效地推动了地区的发展。

（2）通过涪陵区2005～2015年的生态承载力变化分析得知，涪陵区生态承载能力逐步提高，由不可承载状态变为可承载状态，各承载子系统中经济承载力和资源承载力对生态综合承载能力的影响比较大，表明经济发展与资源状况和生态环境间的矛盾直接影响着城市的生态承载能力，这也充分说明，在过去几年的经济发展过程中，由于对资源循环再利用的重视不够存在资源短缺的问题，同时，因为产业发展造成的环境污染也较严重，由此形成的生态压力很大。生态承载能力处于不可承载状态。随着涪陵区开展生态工业、生态农业、生态林业、生态城市、生态旅游的建设，注重发展循环经济、注重循环产业链构建和产业集群布设，建设产业工业园区，提高资源使用效率，资源供给压力得到缓解。同时，通过治理水土流失、退耕还林，污染物排放总量和浓度得到控制，环境质量不断得到改善。

（3）根据基于主成分分析法得出的涪陵区生态承载力状况，涪陵区生态承载力影响因子众多，运用主成分分析得出影响涪陵区生态承载力的四大主成分，四大主成分主要与经济承载力指标有较为明显的正相关关系，说明了生态承载力上升的主要推动力量来源于经济承载力，促进社会经济快速发展的同时，也重视了环境保护，绿色发展能力持续上升，对生态系统有一定程度的积极影响，生态承载力不断增强。近年来，涪陵区也一直坚持创新、协调、绿色、开放、共享五大发展理念，促进涪陵区经济社会可持续发展，综合实力显著增强。同时产业结构明显优化，农业内部结构得到进一步优化调整，产业化发展步伐加快。以绿色农产品为特色产业加快发展，农民人均纯收入不断提高，人民生活水平显著上升，民众的环保意识也逐渐加强，环保工作越来越受到重视，社会经济发展对生态系统造成的负面影响得到改善，对生态环境的压力逐步缓解。

参考文献

[1] 杨成忠，李小玲. 城市生态承载力评价研究 [J]. 湖北农业科学，2016，55（15）：4058-4063.
[2] 来雪慧，黄鑫，李朝，等. 2012年山西省各地级市生态承载力分析研究 [J]. 环境科学与管理，2015，40（9）：157-160.
[3] 李爱梅，康蓉，杨海真. 城镇生态承载力评价方法构建与应用 [J]. 环境污染与防治，2013，35（3）：89-94.
[4] 赵先贵，肖玲，兰叶霞，等. 陕西省生态足迹和生态承载力动态研究 [J]. 中国农业科学，2005，38（4）：746-753.
[5] 许联芳，杨勋林，王克林，等. 生态承载力研究进展 [J]. 生态环境学报，2006，15（5）：1111-1116.
[6] 王中根. 西北地区生态环境质量评价及承载力分析研究 [D]. 武汉：武汉水利电力大学硕士学位论文.
[7] 蔡海生，朱德海，张学玲，等. 鄱阳湖自然保护区生态承载力 [J]. 生态学报，2007，27（11）：4751-4757.
[8] 张可云，傅帅雄，张文彬. 基于改进生态足迹模型的中国31个省级区域生态承载力实证研究 [J]. 地理科学，2011（9）：1084-1089.
[9] 高鹭，张宏业. 生态承载力的国内外研究进展 [J]. 中国人口：资源与环境，2007，17（2）：19-26.
[10] 王文国，何明雄，潘科，等. 四川省水资源生态足迹与生态承载力的时空分析 [J]. 自然资源学报，

2011，26（9）：1555-1565.

[11] 王小丽，杨华，简太敏.基于生态足迹的重庆市涪陵区生态适度人口研究[J].安徽农业科学，2012，40（1）：340-343.

[12] 丁馨怡.基于生态足迹模型的重庆市涪陵区可持续发展研究[D].重庆：西南大学硕士学位论文，2008.

[13] 邹思晓，向思洁.涪陵生态文明建设的路径思考[J].智富时代，2014（12X）：91-92.

[14] 孟伟.以流域生态承载力优化经济发展的原则与实践[J].环境保护，2012（22）：13-16.

[15] 刘保强，熊理然，蒋梅英，等.滇池流域生态承载力及系统耦合效应剖析[J].长江流域资源与环境，2015，24（5）：868-875.

[16] 李翠玲.基于能值-生态足迹的吉林省辽河流域生态承载力与可持续发展研究[D].长春：吉林大学硕士学位论文，2016.

[17] 岳东霞，杜军，刘俊艳，等.基于RS和转移矩阵的泾河流域生态承载力时空动态评价[J].生态学报，2011，31（9）：2550-2558.

[18] 杨俊峰，乔飞，韩雪梅，等.流域水生态承载力评价指标体系研究[C]// 2013中国环境科学学会学术年会论文集（第六卷）.2013.

长江经济带战略视域下的乌江流域发展研究*

彭福荣

(长江师范学院乌江流域社会经济文化研究中心,重庆 408100)

摘 要:乌江是长江上游右岸最大的支流,自古就是人口流动、物资流通和文化传播的通道,对渝东南和贵州等地的发展具有重要的战略影响。作为长江流域的组成部分,乌江流域自然是国家长江经济带战略的覆盖区域,在长江经济带建设战略背景下,山水景致、物产资源、便利交通和文化多元使之具备深度参与的条件和机遇。因此,乌江流域各地政府和各民族应抓住国家实施长江经济带建设的战略机遇,利用和创造条件,促成自身史无前例的更大发展。

关键词:乌江;长江经济带;战略;发展

---

* 作者简介:彭福荣(1974—),重庆涪陵人,长江师范学院乌江流域社会经济文化研究中心副主任,教授,硕士,主要从事西南历史文化与乌江流域研究。

一、引　言

长江是我国第一大河，横贯我国中部，战略地位重要，干支流形成面积广大的长江流域，经历史时期开发建设，成为我国农业、工业、商业、文化教育和科学技术等最发达地区之一。2014年，国家提出实施长江经济带国家战略。《国务院关于依托黄金水道推动长江经济带发展的指导意见》（国发〔2014〕39号）等文件指出，长江经济带横跨我国东中西三大区域，覆盖上海、江苏、浙江、安徽、江西、湖北、湖南、重庆、四川、云南、贵州等省市，面积约205万km^2，优势独特，发展潜力巨大，人口和生产总值超过全国的40%。自我国改革开放以来，长江经济带逐渐成为我国综合实力最强、战略支撑作用最大的区域之一。面对国际、国内形势的变化，党和国家审时度势地提出：依托便利的长江水道，挖掘长江中上游腹地的内需潜力，优化沿江产业结构和城镇化布局，实施长江经济带建设，建成陆海双向对外开放的新走廊，促成经济增长空间逐渐从沿海转向沿江内陆，形成上中下游优势互补、协作互动，推动我国经济提质增效升级，缩小东中西部地区发展差距，培育我国参与国际经济合作竞争的新优势。通过深化长江生态环境保护，长江经济带建设将引领全国生态文明建设，助推全面建成小康社会，实现中华民族伟大复兴，现实意义重大，战略意义深远，将会成为中国经济的新支撑带。在实施过程中，长江经济带建设的基本战略定位是成为具有全球影响力的内河经济带、东中西部互动合作的协调发展带、沿海沿江沿边的对内对外开放带和生态文明建设的先行示范带，主要任务是提升长江水道的航运功能，建设综合立体交通走廊，利用创新驱动，促进产业转型升级，全面推进新型城镇化，培育全方位对外开放新优势，建设绿色生态廊道，创新区域协调发展体制机制，是中国新一轮改革开放转型中实施的新区域开放开发战略。

乌江是长江上游右岸最大的支流，自贵州威宁石缸洞发源，沿途蜿蜒1050km，在重庆涪陵汇入长江，是历史物资流通、人口流动和文化传播的重要通道，对渝东南尤其贵州具有重要的战略地位，其沿途接纳庞大且密集的干支流形成面积达 8.8 万 km² 的乌江流域 [1]。乌江流域位于西南腹地，处于中东部发达地区与西部边疆地区的过渡地带，主要涵盖重庆渝东南，湖北鄂西，贵州黔东、黔东北、黔中、黔西、黔西北和云南滇东镇雄等地，具有地域较为广大而山水景致独特、物产资源富集而交通较为落后、民族构成复杂而人文底蕴深厚、经济发展滞后且社会演进迟缓、文化多元一体而遗产类型多样等特征。在长江经济带建设背景下，乌江流域是长江经济带不可分割的组成部分，乌江流域各地政府和各民族具备利用历史成就、参与和融入国家战略的条件，能实现其史无前例的更大发展。因此，本文拟在长江经济带国家战略视域下，就乌江流域发展问题略陈管见，以期引起社会各界关注此区域，推进相关研究。

二、自然山川和乌江流域的生态保护与旅游产业开发

我国自古是统一的多民族国家，除汉族以外的各少数民族主要聚居和杂居在我国的西部和北部地区，使民族地区形成资源富集区、水系源头区、生态屏障区、文化特色区、边疆地区、贫困地区叠加的优势和特色，但其发展复杂而艰巨 [2]。乌江作为长江上游右岸的重要支流，其流域在西南腹地，是联系东中部发达地区的过渡地带，是我国资源富集、水系复杂的地区，具有重要的生态屏障功能，也是多民族聚居杂居且贫困地区，地理位置重要，文化特色鲜明，自然山水雄奇秀美，在长江经济带建设中，对推进长江经济带生态文明建设和发展旅游产业具有重要的意义。

乌江发源于云贵高原，干支流水流湍急，峡谷深切，河道弯曲狭窄多险滩，山水风光雄奇秀美。乌江流域横跨滇、黔、渝、鄂等省市，处于我国地势自第二级阶梯向第三级阶梯的过渡地带，主要分布于云贵高原东北部和四川盆地，经历多次规模不等的褶皱和升降运动，形成区域性深断裂和大断

裂，是我国喀斯特地貌最集中区域之一，沉积盖层发育较好，露出地层较全，碳酸盐类岩石分布占总面积的70%，高原、山地、盆地、平坝、丘陵、河谷等地形地貌类型齐全，多有深邃峡谷、幽深圆形洼地、深陷漏斗、落水洞、天生桥、古河道和干悬河等，甚至出现洼地套漏斗、落水洞和峡谷、多套多层溶洞等叠置现象。

乌江流域作为长江经济带不可分割的部分，自然人文资源丰厚独特，山水景致是长江经济带生态保护的对象，对整合长江经济带的山水林田等生态要素、保障生态流量充足与流域水质优良和形成水土保持有效、生物种类多样生态安全格局具有重要的意义，是水清地绿天蓝生态廊道的组成部分[3]。根据《国务院关于依托黄金水道推动长江经济带发展的指导意见》（国发〔2014〕39号）的要求，乌江流域各地政府和各民族应把生态保护放在重要位置，推进贵州等地大中型骨干水源工程及配套工程建设，继续推进民族地区的生态保护工程，完善水库和骨干渠网建设，增强水源涵养和水土保持能力，强化国土空间合理开发与保护，加大生态功能区建设和保护力度，构建中上游生态屏障，推进草海等湿地生态保护与修复工程，加强水土流失治理和地质灾害防治，重点实施山地丘陵地区坡耕地治理、退耕还林还草和岩溶地区石漠化治理，深化清洁流域综合治理。

乌江流域雄奇秀美的自然山川与丰富的古代、近代、现代文物古迹及奇特的风土人情融为一体，自然人文资源积淀丰厚，鲜明的景观性特征使其可被感知和体验，是自然观光、民俗体验的良好场域，除"百里乌江画廊"外，威宁草海、贵阳黄果树、遵义娄山关等自然人文景观早已名声在外。乌江流域自古就是人类繁衍生息之地，世代各民族留下开发足迹，人文古迹十分丰富，旅游产业的开发价值突出。乌江流域古人类遗址主要有威宁草海遗址、赫章可乐遗址、毕节牛鼻子洞遗址、黔西观音洞旧石器时代遗址、安顺观音洞遗址、普定白岩脚洞遗址等，历代名人墓葬主要是大方奢香墓、贵阳周渔璜墓、贵阳任可澄墓、贵阳赵以炯墓、贵阳谢六逸墓、遵义杨粲墓、遵义青田山莫友芝墓、遵义鱼塘黎庶昌墓、武隆长孙无忌墓等，古代各民族起义遗址主要有思南鹦鹉溪汪家寨白号军起义遗址、思南岑头盖白号军起义遗址、荆竹园白号军起义遗址、老木林白号军战斗遗址、马家沟白号军战斗遗址、秦家寨白号军起义遗址、石阡县印把山白号军战斗遗址、梅林寺黄号军起义遗址等，红色革命遗址主要有威宁县麻乍坝海营红军标语、赫章县七星关红军战斗遗址、观音山红军战斗遗址、朵丁关红军战斗遗址、猴场会议遗址、江界河红军抢渡乌江遗址、珠藏桐梓坡红军司令部旧址、遵义会议会址、遵义会议期间毛泽东同志住处、红军总政治部旧址、娄山关红军战斗遗址、红二与红六军团南腰界会师大会遗址、沱田红军战斗遗址、武隆后坪坝苏维埃政府遗址、四川二路红军诞生地涪陵罗云坝等，名人故居主要有遵义黎庶昌故居、安顺王若飞故居、贵阳青岩赵以炯故居、贵阳王家烈故居、思南旷继勋将军故居、酉阳赵世炎故居等，历史文化名城名镇主要有遵义市、花溪青岩镇、织金城关镇、大方城关镇、石阡汤山镇、黄平旧州镇、湄潭湄江镇、六枝岩脚镇等。这些旅游资源，是长江经济带建设中开发旅游产业的重要基础。

三、物产资源与乌江流域特色经济发展

乌江蜿蜒千余公里，支流众多，水量充沛，落差巨大而水能资源丰富，中下游河道和部分支流航运条件较好，航运历史悠久，成为实现内外物资流通、促进区域经济发展的便捷通道。此外，乌江流域山水纵横，自然物产资源丰富，具备发展区域特色经济的物质条件，其开发利用的过程和成果是长江经济带建设的重要组成部分。在长江经济带建设中，乌江流域各地政府和各民族在加强生态环境保护的同时，推进集中连片特殊困难地区区域整体发展，深化农业现代化和民族地区城镇化进程，打造高原生态宜居城市群，建设特色资源深加工基地和民族文化旅游基地，利用富集的自然人文资源，逐步发展特色经济，提高区域持续发展的能力，完成扶贫攻坚等战略任务，深度融入长江经济带建设。

乌江中下游河道具有较好的航运条件，是渝东南和贵州等地的进出通道，

落差巨大，水能资源蕴藏丰富。据2003年全国水能资源普查，乌江流域水西地区可开发水电站300余座，装机容量近1400MW，年发电量近540亿kW·h。乌江流域已建和在建水电站达数十座，等到普定电站、引子渡电站、洪家渡电站、东风电站、索风营电站、乌江渡电站、构皮滩电站、思林电站、沙陀电站、彭水电站和大溪口电站等十余座梯级电站渐次建成，总装机容量将超过890万kW，年发电量超过400亿kW·h，是我国"西电东送"战略的组成部分和十大水电基地之一。乌江流域的矿产资源储量大，品种多，品质优良，分布相对集中，易于开采，是我国西南矿产资源集中分布地区之一，现已探明储量的铝、磷、煤、汞等矿种尤为丰富，是名副其实的"聚宝盆"。乌江流域贵州境内现已发现82个矿种2100个矿床矿点，已探明52种矿产，产地521个，有黑色金属2种，产地63个[4]。另外，乌江流域已探明的52种矿产中有26种储量名列全国前十名。乌江流域的煤炭资源富集，乌江中上游地区的煤炭保有储量300亿t，占贵州全省的65%，已探明远景储量可达1000亿t以上，素有"西南煤海"之称，主要集中在水城、六盘水、六枝、织金、纳雍、大方、遵义、金沙等地区，水城、六枝是动力用烟煤和炼焦用煤的产地，织金、纳雍、大方等地的煤田无烟煤储量超过200亿t，是我国第二大无烟煤产区。乌江流域重庆境内已探明的煤炭储量约5亿t，集中分布在南川、武隆、涪陵、黔江等地。另外，乌江流域的铝土矿已探明储量超过3亿t，贵州开阳、瓮安、福泉、织金的磷矿保有储量在25亿t以上，黔北、黔东和渝东南等地锰矿已探明保有储量超过9000万t，主要分布在贵州水城与赫章等地的铁矿保有储量超过3亿t，集中在贵州毕节、大方、遵义等地的硫铁矿预测储量在100亿t以上，乌江下游地区已探明储量的铁矿主要分布在重庆南川、武隆、酉阳等地。

乌江流域地形复杂、地貌多样、气候湿润，高山峡谷和林间草丛构成复杂多样的生态环境，动植物种类繁多，堪称动植物资源宝库。乌江流域植被属亚热带偏湿性常绿阔叶林区，类群主要有藻类、菌类、地衣、苔藓和种子植物等，是全国植物资源种类最为丰富的地区之一。乌江流域各民族栽培植物种类繁多，农作物主要有水稻、玉米、薯类、小麦、大豆、油菜、花生、烤烟、麻类、土豆、甜菜、甘蔗等。乌江流域的树种资源丰富，以马尾松、杉、柏为建群优势树种，优良树种有白花泡桐、香椿、楠木、香樟等，珍稀树种有银杉、水杉、三尖杉、银杏、秃杉、香果树、鹅掌楸、马挂木、银鹊树及国家保护植物桫椤等，经济林木有油桐、杜仲、油茶、漆树、乌桕、棕榈、柑橘、核桃、李、柿、香蕉等，威宁大黄梨、贵阳苹果梨、安顺雪梨、沿河空心李子、涪陵广柑和南川苹果等具有一定的开发价值。重庆秀山等地曾是当年川黔桐油的主要来源，涪陵榨菜更以其鲜、香、脆、嫩的特点驰名世界。乌江流域的药用植物达900余种，家种药材及野生贵重药材主要有黄连、青蒿、天麻、当归、党参、川芎、厚朴、杜仲、黄柏、金银花等。乌江下游地区的黄连产量占全国总产量的40%，石柱被称为"黄连之乡"。酉阳是世界青蒿资源最集中的地区，产量占世界青蒿资源的80%以上。乌江流域野生动物的种类较多，仅鱼类、两栖类、鸟类、哺乳类就超过600种，其中黑颈鹤、红腹锦鸡等鸟类，金丝猴、黑叶猴、云豹等哺乳类动物，大鲵等两栖类动物属于国家保护的珍稀动物。乌江流域家养动物品种也较多，主要是猪、牛、羊、马、鸡、兔、鸭、鹅等家畜家禽，关岭黄牛、思南黄牛、涪陵水牛、黔江黑猪、贵州山羊、武隆板角羊和威宁鸡等具有较好的利用价值和开发意义，乌江流域的水牛和黄牛肉食、劳役兼备，可乐猪更是著名"威宁火腿"的重要原料，是发展民族地区特色经济的重要基础。

2014年中央民族工作会议指出：大力发展特色优势产业，增强民族地区自我发展能力，开发和利用好优势资源，深化民族地区产业结构调整，加快发展服务业，实现更好更快的发展和各民族脱贫致富。因此，根据根据《国务院关于依托黄金水道推动长江经济带发展的指导意见》（国发〔2014〕39号），乌江流域各地政府和各民族在长江经济带建设中，应提升现代农业和特色农业发展水平，保护和利用乌江流域宝贵的农业资源，推进农产品主产区特别是农业优势产业带和特色产业带建设，建设一批高水平现代农业示范区，推进国家有机食品生产基地建设，着力打造现代农业发展先行区。在乌江中上游地区，各地政府和各民族要立足山多草多林多地少的条件，或者农业生产条件较好、耕地资源丰富的基础，发展现代种植业、高效精品农业和都市农业，稳定优势农产品生产，强化粮食、水产品等重要农产品供给保障能力，发展以草食畜牧业为代表的特色生态农业和以自然生态区、少数民族地区为代表的休闲农业与乡村旅游。尤其需要指出的是，长江经济带建设，需要推动黔中等区域性城市群发展，增强贵阳产业配套和要素集聚能力，重点建设遵义—贵阳—安顺经济主轴带，推动贵安新区成为内陆开放型经济示范区，重要的能源资源深加工、特色轻工业和民族文化旅游基地，推进大数据应用服务基地建设，参与打造西部地区新的经济增长极和生态文明建设先行区，加快推进标准化生产和集约化品牌化经营，全面有效地融入长江经济带建设[5]。

四、交通状况与乌江流域经济通道建设

乌江蜿蜒千余公里，支流众多，水量充沛，中下游地区河道和部分支流具有一定的通航条件，是渝东南和贵州等地具有战略意义的水上通道。

乌江在陆路运输相对艰难的年代，是贵州连通外界的重要通道，是川盐入黔、黔油外销的通道，是沿岸的汉族、土家族、苗族、仡佬族等数十个民族及先民的生存依赖，是乌江流域物资流通、人口流动和文化传播的孔径，在贵州历史时期具有政治、经济、军事和文化的战略价值。乌江特别是其中下游河道是渝东南和贵州等地进出的重要战略通道之一，水运开发的历史最早可溯及巴人廪君的土船时代。随先秦至"中华民国"时期的航道改善延伸，乌江上的歪尾厚板木船等各型船只发挥了重要作用。随着中华人民共和国的成立和机械化时代的到来，乌江航道得到彻底的整治，航线得到延伸，载重数百吨的客货轮船自由通航，直至乌江梯级电站的开发。与此同时，乌江流域在历史时期也形成以重庆彭水和贵州遵义、贵阳、毕节、安顺等为中心的陆路网络，随着铁路、公路和航空等现代交通网络的建成与完善，道路交通环境得到极大改善，闭塞落后的自然人文状况得到根本性的改变，具备深度参与长江经济带建设的前提条件。

历史时期，乌江流域的道路交通建设是国家统治、边疆治理与经济开发的重要方面，逐渐形成彼此往来、勾连内外的水陆交通网络。2014年中央民

族工作会议指出：我国民族地区大多是资源富集、水系源头、生态屏障、文化独特的边疆地区和贫困地区，必须破除幻想，志存高远又脚踏实地，抓基础设施建设，做谋长远、见实效的事情，确保发展后劲。党和国家明确支持民族地区加快经济社会发展，基础设施建设是前提性条件，必须打通内外联系的"大通道"，整合与"大通道"联系紧密的"静脉"和"毛细血管"，确保对内对外畅通无阻。因此，2014年国务院发布《长江经济带综合立体交通走廊规划（2014—2020年）》，更加注重民族地区的基础设施建设，提出在"强化城市群交通网络建设"中，充分利用好区域运输通道资源，加快城际铁路建设，形成与新型城镇化布局相匹配的城际交通网络，主动把流域各地的城市融入以重庆、成都为中心的"一主轴、放射状"城际交通网络，实现城市群内中心城市之间、中心城市与节点城市之间快速及时通达，建设黔中城际交通网络，实现省会城市与周边节点城市之间1~2小时通达。乌江中上游地区要把贵阳等中心城市建成内陆经济开放高地，充分利用云南面向西南开放的桥头堡功能，将自身发展主动融入云南这块面向西南周边国家开放的试验区和西部省区"走出去"先行区，提升自身面向东南亚、南亚的开放水平。乌江中下游地区要充分利用重庆这个长江上游地区唯一汇集水、陆、空交通资源的特大型城市，发挥长江经济带西部中心枢纽作用和西南地区综合交通枢纽的优势，构建多层次对外交通运输通道，加强不同运输方式的有效衔接，实现区域物流集聚，也借助渝新欧等铁路干线，增强乌江流域对中亚、欧洲等地区客货的吸引能力，既参与长江经济带建设，也融入"一带一路"倡议。

五、文化多元与乌江流域民族文化产业发展

乌江流域由于地理位置、自然环境、民族构成、交通状况、经济水平、社会制度、文化发展的特殊性，成为人口输入和文化汇融采借之地，是"多元一体"中华民族和中华文化的衍生地，地域文化积淀极为丰厚并保存为原生态的

状貌，民族文化特色浓厚，"你中有我、我中有你"，保留着原始、古朴、奇异、神秘和浪漫的风格，在维系民族文化多样性与加强文化遗产保护的今天，具备在长江经济带建设中开发文化产业的条件。

乌江流域自古就是人类繁衍生息之地，有古老的濮僚巴蛮及夜郎文化，也有彝苗土家等现代单一民族文化，还是历史时期汉族移民文化富集区，文化积累丰厚。乌江流域传统民居以干栏式建筑为核心，形成了独具特色的村寨文化。乌江流域少数民族的婚姻缔结或始于自由恋爱，或通过"父母之命，媒妁之言"完成婚姻程序，婚姻礼俗存在明显的民族差异。乌江流域各民族有"喜丧哭嫁"的传统，唱孝歌、做道场、念祭文等形式的丧葬文化的区域特色和民族特色浓郁。乌江流域的神话、传说、故事等极其丰富，反映了各民族的开发进程和斗争经验，表达民众美好的理想愿望。乌江流域各民族节日众多，既包含中华民族共同的传统节日，也有繁多的民族节日，著名的主要有威宁县盐仓彝族的赛马节，威宁红岩布依族的马郎节，水城苗族的跳花节、祭山节，水城仡佬族的火把节、祭山节，六枝苗族的岁首串寨节、仡佬族的祭树节，普定苗族的跳花节，织金苗族的花坡节，黔西化屋基苗族的化坡节，金沙苗族麻啄坡采山节，思南正月初九灯节、正月十四板桥甩神节、正月十五白鹭洲游洲节及土家族的赶年、苗族的打棒棒猪等。乌江流域各民族的服饰的种类、花样繁多，苗族、布依族、侗族、仡佬族等服饰制作工艺有纺织、漂染、刺绣、挑花、蜡染等不同过程，另有各种饰挂、头冠、颈圈、面牌、发钗、手圈等，文化内涵丰富。乌江流域苗族、布依族、侗族、仡佬族、土家族、彝族等的民族民间音乐各有特色，民间舞蹈有巫傩舞、摆手舞、灯舞、芦笙舞、鼓舞等，最富少数民族特色的戏剧是侗戏、布依戏、傩戏、阳戏、地戏、花灯等，最古老的戏剧是傩戏与阳戏。乌江流域民族民间工艺从纺织印染到挑花刺绣，从藤编竹编到漆器木器，从石雕陶器到银饰首饰，从生活用品到生产器具，既是各族人民生活装饰的必需品，也体现各民族独有的审美情趣和造型能力，既是生产生活的技能，也表现各民族创造传承的精湛工艺，染织类有贵州蜡染、苗族戳纱绣、织锦、挑花、布依族花土布、布依族地毯、侗锦，竹藤类有贵州竹编、苗族马尾斗篷、思南藤编工艺、侗族藤编，乐器类有贵州芦笙、布依族牛角二胡、仡佬族泡木筒、大筒箫、姊妹箫、苗族古飘琴、侗族牛腿琴、侗族琵琶、铜鼓等，雕刻类有雄精雕刻、织金砚台、思州石砚、印江石雕、贵州地戏面具、贵州傩面具、通草堆画、龙凤花烛、民族银饰、贵州民间剪纸，器具类有牙舟陶器、大方漆器、织金砂器等，体现了民族文化积淀深厚，具备利用民族文化开发文化产业的条件。

大力传承和弘扬民族文化，能为乌江流域民族地区发展提供强大精神动力。但是在全球化、一体化和现代化的进程中，乌江流域作为地域文化的重要部分，民族文化具备开发文化产业的独特价值，具有开发利用的意义。在长江经济带建设中，乌江流域的民族文化底蕴深厚，类别多样，具有加强民族认同、激发文化自信、促进文化产业等方面的价值和意义[6]。在长江经济带建设中，乌江流域多元文化样态实现产业化发展的首要前提是做好对外开放，将"引进来"和"走出去"统一起来，利用好国际、国内两个市场和资源，在构建开放型经济新体制的过程中，突出文化遗产保护与产业化，加大文化产业资源利用力度，不断推出民族文化产品，展示中华民族个性、中华文化精奥和乌江流域特征，在增强民族文化认同与民族自信、推动民族文化产业等方面具有重要意义。

六、结　语

乌江是长江上游右岸最大的支流，自古就是人口流动、物资流通和文化传播的通道，对渝东南和贵州等地的发展具有重要的战略影响。乌江流域位于西南腹地，作为长江流域的组成部分，处于中东部发达地区与西部边疆地区的过渡地带，主要涵盖重庆渝东南，湖北鄂西，贵州黔东、黔东北、黔中、黔西、黔西北和云南滇东镇雄等地，具有地域较为广大而山水景致独特、物产资源富集而交通较为落后、民族构成复杂而人文底蕴深厚、经济发展滞后且社会演进迟缓、文化多元一体而遗产类型多样等特征，是国家长江经济带战略的覆盖区域。在长江经济带建设视域下，乌江流域是长江经济带不可分割的组成部分，自然山水景致、物产资源、便利交通和文化多元使之具备深度参与国家战略的条件和机遇，各地政府和各民族应抓住国家实施长江经济带建设的战略机遇，利用和创造条件，具备利用历史成就，参与和融入长江经济带国家战略，实现其史无前例的更大发展。

参考文献

[1] 余继平. 乌江流域民族地区墓碑建筑雕刻艺术研究 [C]// 国际人类学与民族学联合会世界大会专题会议. 2009.

[2] 段元美，杨改学. 运用科技传播促进西部民族地区经济发展 [J]. 当代传播（汉文版），2001（4）：33-36.

[3] 杨桂山，徐昔保，李平星. 长江经济带绿色生态廊道建设研究 [J]. 地理科学进展，2015，34（11）：1356-1367.

[4] 周妮，黄权生. 乌江流域桐油资源与抗战之关系浅探——以乌江下游之渝东南地区为例 [J]. 三峡大学学报（人文社会科学版），2014（5）：113-116.

[5] 张文齐，秦尊文. 长江经济带建设城市群连绵带问题 [J]. 中国社会科学网，2014.

[6] 范玉刚. 没有文化支撑的事业难以长久 [N]. 光明日报，2014-01-08（第 02 版）.

乌江流域推进林业生态扶贫初探*

欧小蓉

（重庆市石柱县委党校，石柱　409100）

摘　要：围绕"四个全面"战略布局，认真践行绿色发展理念，切实推进精准扶贫，打好"林业生态扶贫牌"这条有效的路径。乌江流域各县市林业生态扶贫存在一些共性问题，如山林权属纠纷多，林权信访案件呈上升趋势；生态环境有恶化倾向，基础薄弱；林业产业发展滞后，经济效益低，对地方经济贡献率小。针对乌江流域推进林业生态扶贫的措施包括：调解纠纷，明确林地权属，推进林业改革创新；在"生态保护"与"生态修复"上做文章；大力发展林业产业，着力提高经济效益；强化科技支撑，实施林产品品牌战略。

关键词：乌江流域；林业生态扶贫；问题；原因；对策

乌江流域面积达 8.79 万 km^2。基础薄弱、生态环境脆弱、经济发展水平较低是其重要特征。加强生态环境保护，加快经济建设步伐和脱贫进度，切切实实增加群众收入，是该流域当前迫切需要破解的难题[1]。

---

* 作者简介：欧小蓉（1970—　），女，重庆市石柱县委党校，讲师，主要从事区域经济社会发展。

一、乌江流域林业生态扶贫困境及原因分析

（一）山林权属纠纷多，林权信访案件呈上升趋势

据调研，近年来经济社会发展迅猛，集体林权制度改革进一步深化，利益格局发生了重大调整。乌江流域各县市各类林权矛盾纠纷如雨后春笋，林权信访案件数量呈上升趋势，其主要原因在于如下两点。

（1）历史遗留问题多。林权初次分配留下"后遗症"。村组干部为省事直接填写林权证，凭感觉大致指个地界，人为填写造成一些错误。因为当时林权没有什么经济效益，认为林权证作用不大或可有可无，明知村组干部胡乱填写也不持反对意见，因此留下隐患[2]。

（2）当今林地经济效益凸显，纷争加剧。随着改革的深入，林地可以进行流转，产生了明显的经济效益，而且还有高涨的趋势。这样一来，一直认为没有什么作用的林地升值了，许多潜在的问题也显现出来，形成"寸林必争"的局面。地界不明引发林权纠纷，项目实施和林地不同类别引起的利益之争，集体封山育林引发林权信访，家庭林权内斗，已经送出的林地想收回来等问题逐渐暴露出来[3]。

（二）基础薄弱，生态环境有进一步恶化倾向

森林被喻为"地球之肺"，具有美化环境、净化空气、保持水土、调节气候、防风固沙等多种功能，森林的数量、质量及分布状况对地球生态系统影响巨大。改革开放以来，该流域地区由于人口过快增长、粗放的经济活动方式与疏于执法等，破坏了生态平衡，生态环境承受的压力巨大。一些人受利益驱使，只看到眼前利益而忽略了长远利益，人为因素对森林的破坏比较大。

（1）公益事业占用林地。例如，农用电网、人畜饮水、乡村公路、通信机站、烟水配套等工程有的选择占用林地。铁路、输油管道、高速公路、水利电力设施、汽管道等各类大型工程的附属设施，如取石、渣场临时占地，不经批准或者批少占多非法占用林地。

（2）因为各类建设非法征用林地。例如，各类园区建设、新农村居民点建设、旅游开发、新城区建设等项目，有的没有取得林业主管部门许可，擅自把林地改为建设用地，并以"招、拍、挂"等形式出让土地使用权，掩盖非法批准占用林地行为，造成林地资源大量破坏。

（3）毁林种植。有的擅自把林地用于改种烤烟等经济作物，有的把已经退耕还林的土地植被毁掉，复耕用于林粮间作，大量侵占国有或集体林地。

（4）乱挖滥采，毁林开矿。就普通情况而言，林区矿产资源相对富足，个别利欲熏心之人不经批准就开始乱挖滥采。有的建碎石厂、红砖厂、铅锌矿等厂矿；有的占用林地，用于堆放矿渣，这在煤矿最为突出，使林地大量被毁坏。

（5）擅自改变林地性质，非法毁坏植被。个别地方政府为发展旅游及其他项目，招商引资流转林地。私自改变林地性质，实施工程建设项目，致使资源林地资源遭到破坏，进一步加剧了自然环境的恶化。

（三）林业产业发展缓慢，经济效益不显，对地方经济贡献率小

（1）林业产业发展滞后。个别地方政府漠视发展林业产业，林业产业发展意识不足。主要体现为对本区域的林业产业现状不清楚，认为林业产业收入太低，对盘活林产资源没有具体举措。部分林农落后的意识也是制约林业产业快速发展的最大障碍。人们认为林业产业资金回收很慢，周期太长。把增收的主要方式放在外出打工或者发展农业上，认为山林除了砍伐部分当燃料外，没有其他的用途。有的为了增加收入，甚至把森林重新变成耕地，导致前几年已经发展起来的部分林业产业规模缩小。

（2）林业对地方经济贡献率比较低。财政资金投入少得可怜，传统的产业经营方式不能实现有效转型。林业科技人员严重不足，专业知识更新缓慢，科技支撑不力，现有林业产业科技含量低。林业产业发展缓慢，规模经济效益过低。林业市场机制落后，市场体系不健全。缺乏规范的交易市场，林业要素市场不规范，很多业务没有正常开展，还不能正确引导各要素向林业产业自由流动和聚集。有实力的龙头企业少，林业产业产值很低，其对地方经济的拉动作用不明显，对地方税收贡献很小，不能给林农带来较大的经济效益，人们的积极性不高也在情理之中。

（3）生态林产品开发力度小，特色品牌少。一是科技创新的贡献率很低，传统林产品不能快速转型发展，还停留在较为落后的阶段。二是林产品龙头企业缺少实力，深加工能力弱，产业链较短，产量小，不能形成规模效应。林农一般会把原生态的抑或经过初步加工的林产品拿到市场出售，但售出的价格很低，没有多少盈利。三是缺乏林产品开发的专业人才和林产品经纪人。林农对市场的预见能力弱，市场风险高，林产品市场路子不宽。四是林产品品牌少。例如，虽然酉阳的龙潭漆在国内外市场上有一定的知名度，但像这样的品牌却非常少。

二、乌江流域林业生态扶贫的现实路径

（一）调解纠纷，明确林地权属，推进林业改革创新

（1）多形式强化宣传工作，让法制观念在林农的脑中扎根。例如，可以充分利用手机短信的形式，因为手机拥有率很高，这种方式很有效；还可以直接进入院坝宣传，广播、宣传车、网络这些形式也要利用好。重点宣传林业法律法规等政策，增强林农的法制观念，使农民群众知法懂法，善于运用法律武器

维权。

（2）组建林权信访处理机构，建立分级负责制。一是组建林权信访处理机构，加强工作人员的业务培训。由县林业局、县信访办、乡镇政府、村组干部组成，专人负责林权纠纷调处工作，解决工作人员的工作经费。加强工作人员的业务培训，使他们熟悉相关政策，提高调解技巧，确保纠纷调解收到好的效果。二是建立分级负责制，实行追责制。根据属地管理原则，落实好层级责任。主要方向为林权纠纷发生双方共同的上级人民政府牵头，村组负责调处，力争就地解决信访问题。林权纠纷发生后，按逐级调处原则积极作为，针对不作为行为的情况要对相关人员给予适当处罚；对调处工作做得较好的人员，要予以表彰。

（3）虚心听取群众意见和建议，把握调处技巧。一是深入基层民调，合理引导群众自我化解矛盾。放下架子，虚心倾听群众的心声。发挥他们的智慧和才能，引导群众矛盾内部调解与消化。二是引导群众学会引导群众"椅子调转坐"。在调处纠纷中，调解人员要把握调处技巧，动之以情，晓之以理，耐心细致地做好双方的思想工作，促使他们互相体谅，构建和谐群众关系。

（4）深度调解，有错必纠。一是以证据说话，以相关法律政策为依据进行调解。深入群众中去听取各方面的意见，搞清问题的根源，科学分析双方提供证据的真伪，准确界定纠纷的性质，制定科学的调解方案。调解以相关法律法规为依据，努力做到有理有据，以理服人。把调解的相关资料整理装进档案，做到有序且方便以后备查。二是对有明显错误的，要在调解的基础上及时纠正，办理新的林权证。对纠纷双方证据不足的，要做好双方思想工作，暂时维持原定界线不变，继续寻找证据和证人，待条件相对成熟后再进行调解。对多次调解不满意的，合理引入司法程序。

（5）推进林业改革创新，让改革更多惠及林区贫困人口。大力推行林业生产设施产权证制度；探索林地、林木所有权、承包权、经营权分置管理办法；积极探索林业碳汇交易。在改革过程中，认真倾听群众意见和呼声。例如，可以通过龙门阵、院坝会议、村民大会、网络等形式，充分收集听取林农意见和建议，对收集到的各类问题认真梳理和研究。在一些基础较好的乡镇，开展林业改革创新试点，为推动大面积的林权制度改革积累经验。

（二）在"生态保护"与"生态修复"上做文章

（1）通过实施林业生态修复工程带动脱贫。大力实施退耕还林、天然林保护、森林质量精准提升、城镇群森林生态空间提升、美丽乡村绿化、石漠化综合治理、湿地生态系统修复等工程。按"贫困村优先实施、贫困户优先覆盖、贫困户劳力优先使用"的原则，在推进重大生态修复工程建设时，让贫困村、贫困户都积极行动起来参与生态建设，从中获取劳务费，提高他们的收入[4]。

（2）强化林业生态保护助推脱贫。一是贫困村占有林地的可以酌情考虑。一些公益基础设施需占用林地的，贫困户为改善生产生活条件采伐林木自己使用的，这两种情况可以优先在限额内进行审批。如果农村修公路、铁路等需要占用林地，在审批时可以优先将其纳入森林防火通道。二是把贫困户纳入生态护林员统筹安排范围。通过转化建档立卡贫困人口为生态护林员，让部分贫困户在管好森林资源的同时，获得一定的护林管理经费，提高生活水平。三是大力实施政府购买生态保护服务。例如，在森林病虫害防治、森林防火监测管理等方面推进政府购买服务，从贫困人口中购买劳务服务，降低购买成本[5]。

（3）对破坏林业生态环境的行为加大打击力度。一是严厉打击涉林刑事犯罪。加大各类涉林刑事犯罪的打击力度，特别是对非法占用林地案件的查处打击，有效遏制毁坏林木和林地资源行为。通过强化采伐监督管理机制、建立林地流转交易平台、组建木材交易市场、强化工作职责，为林业发展创造和谐的环境，最大限度地减少林地资源破坏。二是进一步完善林业行政法律、法规，从管理的机制体制上下功夫。组织专家学者对林业政策、保护森林资源法律法规系统研究，修改完善过时的法律条文，充实相关法条内容，把林业专业术语用法律语言规范统一起来，增添非法征用、占用林地行地行为处罚种类，使行政处罚能行之有效,完善行政处罚执行机制,让执法者执法有据、从容执法。林业部门应尽快组建或充实行政执法队伍,明确各级和部门执法种类、权限,从机制体制上下功夫,分离刑事、行政执法权,克服行政执法依靠森林公安机关的刑事强制权,防止滥用司法权,按社会主义法制要求,依法行政,提高执法部门在群众中的公信,建立起林地资源常态化管理机制,加强对林地资源的管理[6]。

(三)大力发展林业产业,着力提高经济效益

(1)引导林地规范流转,加强基地建设。一是着力引导林地规范流转,组建林业经济合作组织。积极盘活林地、森林资源,减少林地的撂荒率。积极支持人们以林地经营权入股组建股份合作社,提高林农组织化程度,有效降低市场风险。积极探索推进资源变资产、资金变股金、农民变股东的"三变"改革,推动林业资产股权化,增加农民林地资源财产性收入。二是加大林产基地建设,以点带面促发展。要有意识地打造一批林产经济发展示范片区,在政策扶持、资金等方面给予更优惠的政策,鼓励人们把规模扩大,起到示范带动作用,实现林业产业效益最大化。

(2)积极培育林业市场经营主体,带动脱贫致富。鼓励各种社会主体参与林业建设和经营,大力培育林业龙头企业、林业专业合作社、林业大户、民营林场、集体林场、家庭林场、林业经纪人、森林人家等新型林业市场主体,全力推广股权收益、基金收益、信贷收益、旅游收益四种扶贫模式,扶持家庭林业、大户林业、集体林业适度规模化经营。建立市场经营主体与贫困户利益链接机制,完善评定制度和管理办法,使每个贫困户与市场经营主体对接全覆盖。支持新型林业经营主体市场开拓和特色产品研发能力建设。

(3)落实生态效益补偿政策,大力发展林业特色产业。一是落实生态效益补偿政策,大力实施林业生态共享工程。严格执行已出台的生态扶贫等富民政策,实行贫困村、贫困户全覆盖,共享发展成果。二是着力发展林业支柱产业。按"三优先"的原则,依托退耕还林建设林业特色产业基地,在贫困村、

贫困户优先发展森林食品、森林药材、森林旅游、林产品加工、花卉苗木、森林康养产业等支柱产业，使每个贫困村有一个林业特色产业基地、贫困户有一个稳定脱贫致富的产业。积极鼓励贫困户建设森林人家或入股参与森林人家建设，使森林康养旅游成为贫困户增收的有效途径。三是大力发展林下经济，助推精准脱贫。充分利用服务精准扶贫国家林下经济及绿色产业示范基地和各县市林地面积大、林地空间大的优势，把林下经济与林业扶贫紧密结合，在贫困村培育森林食品、药材种植业和山羊、野鸡、中蜂等生态养殖业，拓宽贫困户增收渠道。

（四）强化科技支撑，实施林产品品牌战略

（1）加强技术指导、技术培训及考核。一是做好三支队伍的培训工作。其一，强化林农技术培训。即对有发展林业意愿的贫困人员要组织开展林业技术培训，使其掌握发展林业产业技术和技能，带动贫困户发展林业生产，增加收入，帮助贫困户脱贫。其二，对林业技术人员加大培训力度。可以采用短期轮训的方式进行，如三天或者一周时间，既不耽误工作又能快速提高技术水平。其三，加大林产经纪人的培训。鼓励林产经济人拓展更为广阔的市场，增强抗市场风险的能力。二是加大技术指导考核力度。科学制定林业技术人员技术指导考核方案，鼓励林业技术人员深入基层进行技术指导，把技术和相关政策、信息及时送到农村。

（2）大力实施林业产品品牌战略，打造林业精品。积极培育林业龙头企业，优化其产业结构布局。与基地对接，实行订单生产，保证货源充足。推动林产品深加工，延长产业链，提高附加值。推进林产品品牌注册认证工作，加大营销力度，做大做强精品。

参考文献

[1] 祖毅. 林业生态保护的可持续发展探讨 [J]. 中国农业信息，2013（17）：225.

[2] 金旻. 湘西自治州林业建设与山区发展协调性研究 [D]. 北京：北京林业大学博士学位论文，2013.
[3] 赵荣，杨旭东，陈绍志，等. 林业扶贫模式研究 [J]. 林业经济，2014（8）：98-102.
[4] 吴明忠. 浅议精准扶贫与生态环境保护 [J]. 云南林业，2016（1）：66-67.
[5] 吴萍萍. 山西林业生态保护精准扶贫专项模式初探 [J]. 中国林业产业，2016（7）：39-40.
[6] 马雪亮，秦婷. 林业经济效益与生态保护的平衡 [J]. 现代园艺，2016（8）：146-147.

基于主成分分析和熵权法的重庆市水资源承载力研究*

周 欣

(重庆工商大学经济学院,重庆 400067)

摘 要:随着水资源短缺和水污染问题的加剧,水资源供需矛盾日益突出,水资源承载力已成为衡量区域可持续发展的一项重要指标。本文以重庆市的水资源承载力为研究对象,参考水资源承载力的指标体系选取了12个指标,应用主成分分析法,并采用熵权法进行赋权,对重庆市2005~2014年的水资源承载力进行了综合评价。研究结果表明:影响重庆市水资源承载力的因子主要包括社会经济状况因子、人口因子和水资源自然因子3个主要因子。2005~2014年,主要由于降水量的变率大,重庆市水资源承载力的趋势具有不稳定性,但总体来看,处于上升趋势。为了保护社会经济的可持续发展,必须加强对水资源的管理,提高水资源的利用效率,促进社会经济与生态的和谐发展。

关键词:重庆;水资源承载力;主成分分析;熵权法

---

* 作者简介:周欣(1993—),女,重庆云阳人,重庆工商大学硕士研究生,研究方向为产业经济学。

一、引　言

　　水对我们的生命起着重要的作用，是人类赖以生存和发展的不可缺少的最重要的物质资源之一。水资源承载力是某一地区的水资源在某一具体历史发展阶段下，以可预见的技术、经济和社会发展水平为依据，以可持续发展为原则，以维护生态环境良性循环发展为条件，经过合理的优化配置，对该地区社会经济发展的最大支撑能力[1]。现如今，由于社会的发展，人口的增长，以及工业化、城镇化的不断推进，人们对水的需求量越来越大，水资源的利用规模也越来越大。同时，也产生了越来越多的水危机，水污染、水资源短缺等问题日益严重，在很大程度上制约了社会经济的发展。因此，正确地评价水资源的承载力，对合理充分地利用水资源及促进社会经济的可持续发展具有重要的现实意义。

　　目前，国内外关于水资源承载力的研究有很多。许朗等[1]运用主成分分析法对江苏省的水资源承载力从时间和空间两个角度进行了综合评价。李高伟等[2]运用了主成分分析法选取了15个指标对郑州市的水资源承载力进行了综合评价，研究表明2003～2011年郑州市的水资源承载力总体呈下降趋势，但2011年有所回升。邵磊等[3]提出了用于评价水资源承载能力及其演变趋势的指标体系，并运用主成分分析和熵权法，以太原市为例，分析了2000～2007年的水资源承载能力演变趋势。陈南祥等[4]根据极大熵原理，提出了一种水资源承载力模糊评价模型，并将其应用到河南省水资源承载力评价中。可以得出，国内外在关于水资源承载力的研究上研究方法比较多样，研究区域也很广泛。

　　关于重庆市水资源承载力的研究主要如下。黎明和李百战[5]运用区域水资源的供需平衡模型，对重庆市都市圈2020年的水资源承载力进行了预测。石汝杰[6]选取24个水资源承载力影响因子建立了水资源可持续利用评价指标体系，运用三角白化权函数的灰色评估对重庆市水资源可持续承载力进行了评价。何凌等[7]对重庆市水资源承载力进行了分析和预测，研究表明重庆市水资源能满足现状年2007年水资源需求量，而在规划年2010年、2020年都有一些欠缺。

目前，对重庆市水资源承载力的研究较少，且研究主要分布在水资源和水环境承载力的预测方面。本文采用主成分分析与熵权法，根据重庆市2005~2014年的统计资料，建立了影响水资源承载力的综合指标体系，对重庆市水资源承载力进行综合评价，力求客观全面地反映出重庆市水资源承载力的变化。

二、研究区域及数据来源

重庆位于中国内陆西南部、长江上游地区，地跨105°11′~110°11′E、28°10′~32°13′N，位于青藏高原与长江中下游平原的过渡地带。地貌以丘陵、山地为主，坡地面积较大，有"山城"之称。重庆市境内江河纵横、水网密布，水及水能资源十分丰富，平均水资源总量达5000亿 m^3，主要河流有长江、嘉陵江、乌江、涪江、綦江、大宁河、阿蓬江、酉水河等。其中长江干流自西向东横贯全境，流程长达665km，横穿巫山三个背斜。全市气候温和，属亚热带季风性湿润气候，多雾且素有"雾重庆"之称，年平均气温16~18℃，年平均降水量较丰富，大部分地区在1000~1350mm，降水多集中在5~9月，占全年总降水量的70%左右。2014年年末重庆市人口达2991万人。2014年重庆市地区生产总值达14 265.4亿元，较上一年增长了12.71%，经济持续增长，发展良好。

本文所采用的数据资料均来自于《中国统计年鉴》（2005~2014）、《中国环境统计年鉴》（2005~2014）、《重庆统计年鉴》（2005~2014）、《重庆市水资源公报》（2005~2014），并通过计算整理获得。

三、研究方法

1. 水资源承载力主成分分析

研究水资源承载力涉及多个领域的多项因素，因此本文将采用主成分分析法对基础指标进行筛选。主成分分析法就是在保证数据信息损失最小的前提下，经线性变换和舍弃部分信息，而以少数的综合变量取代原始变量的多维变量的一种多元统计方法，其工作目标就是对高维变量空间进行降维处理，以使原来的多个变量达到最佳综合简化。主成分分析法的计算步骤如下[8]。

（1）为了消除数量级和量纲带来的误差的影响，首先对原始数据进行标准化处理，标准化公式为

$$X_{ij}^* = (X_{ij} - \bar{X}_i)/\sigma_i$$

式中，X_{ij} 为原始值，X_{ij}^* 为标准化值；$\bar{X}_i$ 和 σ_i 分别为第 i 个指标的样本平均值和标准差。

（2）计算标准化后的样本相关系数矩阵 $\boldsymbol{R}$。

（3）计算特征值和特征向量。根据 $|\boldsymbol{R}-\boldsymbol{\lambda}|=0$ 计算特征值，求出 $\lambda_1, \lambda_2, \cdots, \lambda_p$ 并使其从大到小排列，同时求出对应的特征向量 $\boldsymbol{U}_1, \boldsymbol{U}_2, \boldsymbol{U}_3, \cdots, \boldsymbol{U}_P$。

（4）计算贡献率和累计贡献率。贡献率 $e_m = \lambda_i \sum_{i=1}^{p} \lambda_i$，累计贡献率 $E_m = \sum_{i=1}^{m} \lambda_i / \sum_{i=1}^{p} \lambda_i$，其中取累计贡献率≥85%的作为主成分。

（5）计算主成分因子载荷和各因子的得分。$Z_m = \sum_{i=1}^{m} \sum_{j=1}^{p} u_{ij} X_{ij}^*$，主成分载荷即主成分与变量之间的相关系数。

2. 熵权法确定权重

为了客观确定各指标的权重，将利用熵权法计算各指标的权重系数。在信息论中，熵是对不确定性的一种度量。信息量越大，不确定性就越小，熵也就越小；信息量越小，不确定性越大，熵也越大。因而，可以借助熵值来判断各主成分因子的离散程度，因子的离散程度越大，该因子对水资源承载力变化的影响就越大。主要步骤如下。

（1）对各主成分因子的数据进行非负化处理。设重庆市第 i 时段水资源承载力的第 j 个影响因子的值为 X_{ij}（$i=1, 2, \cdots, n$；$j=1, 2, \cdots, m$）。为避免求熵值时对数的无意义特进行以下处理，即进行坐标的平移。设平移后影响因

子的值为 X_{ij}

$$X'_{ij} = \frac{X_{ij} - \min X_{ij}}{\max X_{ij} - \min X_{ij}} + 1 \quad (1)$$

（2）计算第 i 时段第 j 项因子占所有时段该因子和的比重：

$$p_{ij} = \frac{X'_{ij}}{\sum_{i=1}^{n} X'_{ij}} (i=1,2,\cdots n;\ j=1,2,\cdots m) \quad (2)$$

（3）求各因子的权重：

$$w_j = \frac{d_j}{\sum_{j=1}^{m} d_j} \ (1 \leqslant j \leqslant m) \quad (3)$$

式中，$d_j = \frac{1-e_j}{m - \sum_{j=1}^{m} e_j}$ ($0 \leqslant d_j \leqslant 1$, $\sum_{j=1}^{m} d_j = 1$)，第 j 项因子熵值 $e_j = \frac{1}{-\ln n \sum_{i=1}^{n} p_{ij} \ln p_{ij}}$，$e_j > 0$。

（4）计算不同时段水资源承载力的综合得分：

$$s_i = \sum_{j=1}^{m} w_j p_{ij} \quad (4)$$

主成分的综合得分越高，说明该时段的水资源承载力越大。根据不同时段综合得分的大小变化，可以判断在某一时间序列上水资源承载力向有序或无序的变化。综合得分逐渐增大、减小或中间出现波动都可表现为水资源承载力的动态变化状况。

四、结果分析

1. 指标的选取

水资源承载力涉及经济、社会、人口等多个方面的因素，参照全国水资源供需分析中的指标体系和其他水资源承载力的指标体系，结合重庆市自身的水资源环境、水资源开发利用水平等情况，根据科学性的原则选取了12个指标构建了重庆市2005～2014年水资源承载力指标体系[9-12]。具体包括：X_1 为总人口（万人）；X_2 为地区生产总值（亿元）；X_3 为固定资产投资额（亿元）；X_4 为城镇化率（%）；X_5 为水资源总量（亿 m^3）；X_6 为万元GDP用水（m^3）；X_7 为有效灌溉面积（$10^3 hm^2$）；X_8 为人均用水量（m^3）；X_9 为年降水量（亿 m^3）；X_{10} 为总供水量（亿 m^3）；X_{11} 为总耗水量（亿 m^3）；X_{12} 为城市污水处理率（%）（表1）。

2. 主成分分析

用SPSS软件进行主成分分析可得重庆市水资源承载力影响因子的变量相关系数矩阵（表2）和主成分的特征值及贡献率（表3）。

由表2可以看出，12个影响因子之间存在一定的相关性，地区生产总值、固定资产投资额、城镇化率分别与总人口存在相关性，相关系数分别为0.999、0.994、0.99，说明了对水资源的影响因子做主成分分析具有科学性和必要性。

由表3可以看出，前三个主成分的累计贡献率已经达到98.582%，比较全面地反映了影响重庆市水资源变化的驱动因子，所以选取前三个主成分进行分析，进一步计算出各变量在前三个主成分上的载荷（表4）。

由表4可以看出，第一主成分与总人口、地区生产总值、固定资产投资额、城镇化率有很大的正相关性，与万元GDP用水有很大的负相关性，主要代表了社会经济状况。第二主成分与人均用水量、总耗水量有较大的正相关性，与水资源总量、万元GDP用水呈负相关关系，主要代表了人口对水资源造成的压力。第三主成分与水资源总量、年降水量有较强的正相关性，与总供水量、总耗水量呈负相关关系，主要代表了水资源自身的供需状况。因此，重庆市水资源承载力的主要影响因子可归纳为社会经济状况、人口及水资源供需3个主成分。

表1 重庆市经济及水资源状况统计

年份	X_1/万人	X_2/亿元	X_3/亿元	X_4/%	X_5/亿m³	X_6/m³	X_7/10³hm²	X_8/m³	X_9/亿m³	X_{10}/亿m³	X_{11}/亿m³	X_{12}/%
2005	2 798	3 467.7	1 933.2	45.2	509.78	232	618.1	255.05	932.03	71.157 2	31.960 5	34.7
2006	2 808	3 907.2	2 451.835 1	46.7	380.32	210	621.3	261.15	765.866 7	73.201 3	33.346 6	50.4
2007	2 816	4 676.1	3 127.7	48.3	662.96	188	633.7	275.35	1 045.64	77.428 1	33.947 5	74.4
2008	2 839	5 793.7	3 715.9	50	576.9	162	658.9	292.73	978.7	82.773 1	38.158 4	84.2
2009	2 859	6 530	4 855.11	51.6	455.92	131	672	299.41	848.37	85.303 2	41.562 2	88.4
2010	2 885	7 925.6	6 170.61	53	464.3	109	685.3	300.81	872.07	86.386 6	41.345 6	91.7
2011	2 919	10 011.1	7 366.95	55	514.58	87	692.9	299.2	899.67	86.797 6	41.364 2	94.62
2012	2 945	11 459	8 610.37	57	476.89	72	703	282.86	890.45	82.936	41.538	90.07
2013	2 970	12 656.7	10435.2	58.3	474.3	66	675.2	283.7	876.43	83.906 6	41.522 6	94
2014	2 991	14 265.4	1 2281.1	59.6	642.6	56	677.3	270	1 046.519 7	80.468 7	41.182 9	93

表2 重庆市水资源承载力影响因子的变量相关系数矩阵

变量	X_1	X_2	X_3	X_4	X_5	X_6	X_7	X_8	X_9	X_{10}	X_{11}	X_{12}
X_1	1.000											
X_2	0.999	1.000										
X_3	0.994	0.995	1.000									
X_4	0.990	0.987	0.980	1.000								
X_5	0.128	0.170	0.184	0.133	1.000							
X_6	−0.965	−0.958	−0.944	−0.986	−0.087	1.000						
X_7	0.797	0.783	0.743	0.846	−0.022	−0.914	1.000					
X_8	0.293	0.269	0.235	0.392	−0.078	−0.521	0.731	1.000				
X_9	0.152	0.193	0.206	0.146	0.989	−0.097	−0.009	−0.111	1.000			
X_{10}	0.584	0.564	0.530	0.663	−0.0355	−0.765	0.889	0.946	−0.056	1.000		
X_{11}	0.816	0.797	0.778	0.873	−0.066	−0.925	0.947	0.745	−0.058	0.904	1.000	
X_{12}	0.758	0.750	0.732	0.831	0.199	−0.887	0.893	0.793	0.171	0.923	0.917	1.000

表3 主成分的特征值及贡献率

主成分	特征值	贡献率/%	累计贡献率/%
1	8.21	68.417	68.417
2	2.225	18.541	86.958
3	1.395	11.624	98.582
4	0.0956	0.797	99.378
5	0.0394	0.329	99.707
6	0.027	0.227	99.934
7	0.004	0.032	99.966
8	0.003	0.025	99.991
9	0.001	0.008	100

表4 旋转后的因子载荷矩阵

变量	1	2	3
X_1	0.969	0.231	0.067
X_2	0.970	0.210	0.108
X_3	0.974	0.173	0.122
X_4	0.937	0.336	0.074
X_5	0.067	−0.015	0.996
X_6	−0.883	−0.467	−0.034
X_7	0.663	0.699	−0.052
X_8	0.0681	0.993	−0.067
X_9	0.099	−0.050	0.990
X_{10}	0.383	0.919	−0.047
X_{11}	0.687	0.699	−0.100
X_{12}	0.590	0.770	0.167

第一主成分包含了 68.417% 的贡献率，因此社会经济状况是影响重庆市水资源承载力的最主要因子。2014 年重庆市的地区生产总值为 14 265.4 亿元，比 2005 年的 3467.7 亿元增加了 311.38%，固定资产投资由 2005 年的 1933.2 亿元增加到了 12 281.1 亿元，增长了 532.26%。近年来，重庆市的经济保持持续发展，经济增长速度不断提高，伴随着居民消费水平、工业产值等也在不断提高，对水的需求越来越大。并且城镇化率从 2005 的 45.2% 增长到了 59.6%，随着城市化进程的不断加快，外来务工人员的不断涌入，各种用水需求不断增

加,进一步使得水资源大量消耗。

第二主成分包含了18.541%的贡献率,主要反映了人口对水资源造成的压力。2014年重庆市总人口为2991万人,比2005年的2798万人增加了6.900%。人均用水量从2005年的255.05m³增加到了270m³,伴随着人口数量的增加和人民生活水平的提高,生活用水总量和人均用水量迅速增加,造成水资源承载力的压力。此外,人们在利用水资源的过程中不可避免地会出现浪费和污染现象,进一步增加了水资源承载力的压力。但是由于科技水平的提高和人们节水意识的增强,城市污水处理率由2005年的34.7%提高到93%,城市污水处理能力得到显著提高,水资源供需的压力也得到一定缓解。

第三主成分包含了11.624%的贡献率,主要代表了水资源自身的供需状况。重庆市2005年的水资源总量为509.78亿m³,2009年的水资源总量为455.92亿m³,2014年的水资源总量为642.6亿m³,水资源总量的变化具有不确定性。由于重庆市特殊的地理位置和自然条件,极易造成伏旱灾害。受自然灾害影响,2006年的水资源总量只有380.32亿m³,干旱灾害造成了水资源量供给严重不足。从统计资料来看,2013年降水量为876.43亿m³,而2014年的降水量达到了1046.520亿m³。虽然降水在很大程度上能缓解水资源的供给压力,但降水量的变率大却会影响水资源承载力的稳定。

利用原始指标数据的标准化值及主成分的得分系数值进行计算,即可得到影响重庆市水资源承载力的3个主成分的得分情况(表5)。

表5　主成分得分矩阵

年份	1	2	3
2005	−4.822	0.749	−0.723
2006	−4.034	−1.44	−1.597
2007	−2.433	1.977	1.449
2008	−0.653	0.241	1.694
2009	0.513	−1.716	0.797
2010	1.270	−1.399	0.729
2011	2.156	−0.644	0.604
2012	2.387	−0.361	−0.785
2013	2.678	−0.219	−1.174
2014	2.936	2.814	−0.994

3. 重庆市水资源承载力变化的判断及分析

将计算所得的主成分得分值代入式（1）～式（4），得到各主成分因子的权重，从而得到不同年份重庆市水资源承载力的综合得分（图1）。

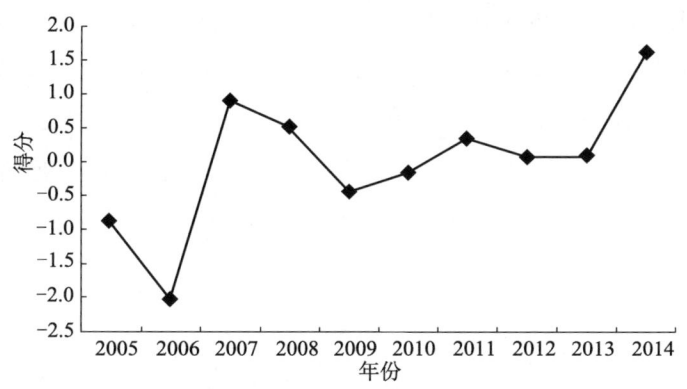

图1 重庆市水资源承载力的综合得分

由图1可得：重庆市的水资源承载力在2014年达到最大。2006年，重庆市遭遇了长达53天的伏旱灾害，相比其他年份，水资源供给严重不足，水资源承载力最小。2007~2009年，水资源承载力波动比较大，主要是受降水量的严重影响，年降水量从2007年的1045.64亿 m^3 下降到了848.37亿 m^3，水资源承载力呈下降趋势。2013~2014年，水资源承载力也波动比较大，上升得很快。在经济-社会-资源耦合性的影响下，对水资源需求使用具有不稳定性，2005~2009年、2013~2014年这两个区间，水资源承载力变化幅度比较大。重庆市水资源承载力趋势具有不稳定性，但总体来看，处于上升趋势。

五、讨论与结论

（1）重庆市水资源承载力变化的影响因子有很多，选取12个指标通过主成分分析法提取出社会经济状况因子、人口因子、水资源自然因子3个主成分，其中社会经济状况对水资源承载力的影响最大。然后利用熵值法对3个主成分进行客观赋权，从而可以对重庆市水资源承载力的状况进行合理的分析。

（2）2004~2014年重庆市水资源承载力状况具有不稳定性，主要是年降水量变化不稳定造成水资源状况不稳定。但总体上，由于科技水平的提升和人们节水意识的增强，重庆市的水资源承载力处于上升趋势，在往好的方向发展。但是随着经济社会的不断发展，人口的不断增长，水资源的有限供给与持续增长的用水需求之间的矛盾将越来越突出。因此必须充分开发水利资源，坚持以节流为主、开源为辅的水资源开发利用原则。大力推广节水技术与污水处理技术，最大限度地提高用水的效率。另外，还要加大对水资源的管理力度，合理地分配水资源，制定合适的水价，推广合理的用水方式，加强民众节约用水的意识。

（3）重庆市由于特殊的地理位置和自然条件，受到干旱灾害的影响，应该在水资源这方面做充分的准备，采取蓄水节水的措施，防止灾害的发生。还应该考虑经济规模、经济增长速度、人口规模、人口增长速度等对水资源承载力的影响，要把这些因素控制在社会和资源所能承受的合理范围内。政府在制定政策时，要重视水资源等自然资源的承载力，以促进社会经济与生态的和谐发展。

参考文献

[1] 许朗，黄莺，刘爱军. 基于主成分分析的江苏省水资源承载力研究 [J]. 长江流域资源与环境，2011，12：1468-1474.

[2] 李高伟，韩美，刘莉，等. 基于主成分分析的郑州市水资源承载力评价 [J]. 地域研究与开发，2014，3：139-142.

[3] 邵磊，周孝德，杨方廷，等. 基于主成分分析和熵权法的水资源承载能力及其演变趋势评价方法 [J]. 西安理工大学学报，2010，2：170-176.

[4] 陈南祥，班培莉，张卫兵. 基于极大熵原理的水资源承载力模糊评价 [J]. 灌溉排水学报，2008，1：57-60.

[5] 黎明，李百战. 重庆市都市圈水资源承载力分析与预测 [J]. 生态学报，2009，12：6499-6505.

[6] 石汝杰. 基于三角白化权函数的重庆市水资源承载力灰色聚类评价 [J]. 中国农业资源与区划，2015，6：22-29.

[7] 何凌，邓春光，熊强. 重庆市水资源承载力分析 [J]. 安徽农业科学，2010，21：11402-11404.

[8] 熊黑钢,付金花,王凯龙.基于熵权法的新疆奇台绿洲水资源承载力评价研究[J].中国生态农业学报,2012,10:1382-1387.

[9] 王友贞,施国庆,王德胜.区域水资源承载力评价指标体系的研究[J].自然资源学报,2005,4:597-604.

[10] 周亮广,梁虹.基于主成分分析和熵的喀斯特地区水资源承载力动态变化研究——以贵阳市为例[J].自然资源学报,2006,5:827-833.

[11] 李坤峰,谢世友,张润甲.重庆水资源承载力影响因子评价[J].人民长江,2009,7:4-6.

[12] 陈慧,冯利华,孙丽娜.南京市水资源承载力的主成分分析[J].人民长江,2010,12:95-98.

探究农村金融症结，提升金融支农效率新思路*

刘开华　许　竹　余　函

（长江师范学院武陵山区特色资源开发与利用研究中心，重庆　408100）

摘　要：通过深入渝东南6区县进行走访调研发现，渝东南特色农业种类繁多，特点突出，但是目前的发展受到严重的资金瓶颈制约。存在的主要问题有：正规金融机构支农缺乏积极性，农村金融效率低下；农业保险等金融服务不到位，农业生产风险较大；抵押担保资产缺乏，农业信贷能力有限；农村信用体系不健全，金融风险监管难度大。提出的政策措施有：改善农村多层次金融服务体系的运行机制；构建金融信息管理系统，为农业生产和管理提供决策依据；创新农村金融工具，盘活农地资产；规范农村信用体系，防范金融风险等。

关键词：农村金融；症结；金融效率；新思路

---

* 基金项目：2015年度国家社会科学基金西部项目"新型城镇化进程中财政教育支出绩效评估研究"（15XGL005）；2016年度教育部人文社会科学西部项目"基于'互联网+'的武陵山片区特色农产品有效供给问题研究"（16XJC790005）；武陵山区特色资源开发与利用研究中心2015年度项目"武陵山片区特色优势农业发展的金融支持研究"（WLYF2015004）。

作者简介：刘开华（1976—　），男，重庆江津人，长江师范学院武陵山区特色资源开发与利用研究中心成员，副教授，博士，研究方向为区域经济与金融。许竹（1988—　），女，重庆涪陵人，硕士，助教，研究方向为金融学。余函（1989—　），女，重庆人，硕士，助教，研究方向为金融学。

一、引　言

特色农业是指依托区域内独特的农业资源，并结合现代科学技术，形成具有适度规模、效益良好、特色优势明显、具有较强市场竞争力的农产品生产体系。渝东南属于武陵山喀斯特地形，山地农业的生产条件恶劣，传统农业经济生产效率较低，发展特色农业，提高农产品附加值是提高山地农业生产效率的有效途径。渝东南拥有丰富的特色农业资源，但农业生产具有高风险、低收益、缺乏担保等原因，金融供给严重不足，其特色和优势没有充分发挥，现有的农业金融体系未能满足特色农业融资需求。如何引导和鼓励生产要素尤其是金融要素反哺农业，为特色农业发展提供有效的金融支持，成为本文研究的核心目标。

近年来，金融支持特色农业的相关研究主要集中在以下几个方面：一是特色农业发展模式及其金融供求状况，从经营模式来看分为高科技创新型、多功能致富型、产业链融合型；从发展主体来看分为市场主导型、政府主导型和政企合作型。农业生产从育种、种养、深加工、运输和市场营销等环节都有价值增值的空间[1]。通过开发特色农业的绿色环保、娱乐体验、旅游休闲等功能，实现三次产业的融合，形成特色农业产业链及特色产业集群[2]。农业金融供给以政策性、商业性、合作性金融为主要形式。与发达国家比较，渝东南特色农业的商品化、规模化、集约化、市场化程度低，产业供应链不完善，品牌运作人才缺乏等，为解决这些问题客观上需要获得金融投资支持，引进先进技术设备，引进高素质人才，加大创意农业的投入力度和产业化发展进程[3]。

二是金融支持特色农业存在的问题。Potts 和 Hartley[4]指出农业科技研发投入和营销推广对特色农业发展产生重要影响；Glaeser[5]从农业发展的历史过程角度，揭示了政府支持、产业政策、基础设施和专门管理机构的重要贡献。Scott[6]从农业组织的角度指出产品特色、农业企业、中介组织、产业园区是其核心组成要素，其中特别强调中介组织联系上下阶层、促进创意农业发展的作用。李硕和姚凤阁[7]指出，日本通过建立涉农企业金融信息管理系统，减少盲目性投资，从而做出正确的决策判断，信息管理系统既可以作为涉农企业计划与决策的依据，又可以对涉农企业的经济活动进行控制和监督。

三是金融支持特色农业发展的对策方面。辛立秋和张婷婷[8]运用层次分析法，评价金融支持创意农业绩效的黑龙江经验，其评价指标包括金融支持规模、机构、效率和外部环境等。何嗣江和汤钟尧[9]通过期货、期权、互换及其组合等新型金融产品，以及构建与此相适应的市场环境，完善我国订单农业。苗洁[10]认为，农业发展深受资金制约，应构建"政府主导、社会参与、多元投入、市场运作"的投融资制度机制，从基础设施建设、研究开发、技术推广、农户培训、行业标准确立等方面入手，分门别类地解决资金问题，如设立创意农业发展的财政专项资金，针对特色农业项目设立商业银行专项基金，鼓励特色农业龙头企业上市融资，以及通过税收减免、投资补贴等优惠政策鼓励民间资本投资开发特色农业等。黄卫红[11]认为中国金融抑制导致农村资金外流和内源性融资盛行，农民资金利率供给弹性和利率需求弹性都很低，光靠放松利率管制难以解除金融抑制，解除金融抑制关键是行政规制，因此，政府应通过诱致性制度变迁净化农村金融融资环境。卞靖[12]认为，我国当前农村金融供求失衡的深层原因是正规金融机构贷款交易成本过高。张振中[13]通过对渭南市创意农业的调查研究，得出应该针对创意农业贷款额度较大、时效性强等特点，健全农村金融服务体系，破解信用担保难题，构建融资绿色通道，推动直接融资，拓宽融资渠道。同时，健全"三农"保险体系，完善风险分担机制。农业的弱质性和低比较利益，客观上决定了金融支持农业发展的必要性。近年来，金融机构农村网点收缩，农村资金外流严重，加剧了特色农业资金的供求矛盾。陈宏毅等[14]认为，光靠政府资金投入，难以满足农业的科技创新和环境建设等对资金的需要。

目前针对金融支持特色农业的研究成果虽然较为丰富，但很少在实践中提出具体的可操作性建议，并且基本没有考虑到不同区域的特殊性。本文通过向重庆市9个区县的金融机构、特色农业生产主体和政府部门发放500多份问卷，并对20多个调研对象进行深度访谈，然后再运用结构方程模型对样本数据进行实证研究的方式，探索特色农业发展金融支持的制约因素，本文的研究成果对推进金融支持特色农业发展提供了决策依据，具有较强的现实意义。

二、渝东南特色农业的发展现状

（一）渝东南特色农产品的种类繁多，特点突出

在重庆市主体功能区布局中，渝东南6个区县处于生态保护发展区，由于工业的发展受到诸多限制，要想农民收入的提高，发展特色农业是有效途径。渝东南特色农产品种类繁多，有些已申请为地理标志产品，如黔江地牯牛、石柱辣椒、秀山银花、酉阳中药材、武隆高山蔬菜、彭水魔芋等，独具地方特点和民族特色，远近闻名。

（二）潜在优势未能充分体现，现代农业体系尚未建立

调研数据表明，渝东南特色农业资金投入有限，规模效应差，集约化程度低，产业链不完善。特色农业发展急需引进金融尤其是商业银行投资，解决融资困难问题，提高农业科技含量和规模以增加市场占有率，扩大特色农业优势。特色农产品质量不高，品牌运作人才缺乏等，许多特色农业企业发展模式陈旧，处于原始买卖交易运作状态，市场化运作水平低，难以适应现代农业的高科技节奏和市场经济要求。

（三）资金瓶颈制约了渝东南特色农产品的健康发展

特色农业的发展，金融是关键，是引擎。本文发现，渝东南农村金融机构对当地特色农业的金融支持十分有限。一是农村互助合作社发放贷款只针对社

员成员，但是进入合作社有资金门槛限制，同时，农村合作社能够提供的贷款资金规模有限，加上管理经营不完善，加大了信贷风险。二是正规金融机构如农业银行和农业发展银行提供的金融服务范围只限于贷款，农业发展难以获得其他的金融保险、金融期货等风险防范服务，制约了渝东南特色农业的健康发展。

三、渝东南农村金融发展存在的问题

通过调研发现，金融在支持渝东南特色农业发展中存在的主要问题如下。

（一）正规金融机构支农缺乏积极性，农村金融效率低下

商业性金融基于成本效益考虑，对农村缺乏激励机制；政策性金融的监督机制不完善，资金使用效率不高；合作性金融的法律规范不完善。农村经济的发展中很重要的一项是民间的借贷行为，但是在我国这项发展并不正规，也没有实行正规的借贷登记制度，具有较高的隐蔽性，从而会引发高利贷等不规范的经营行为，这样一来就不利于农业经济的健康稳定发展。

（二）农业保险等金融服务不到位，农业生产风险较大

正规的农村金融机构数量逐渐萎缩，农村金融机构的资金外流，农村金融机构和保险机构缺乏，农业生产风险难有保障。农业生产存在自然风险、市场风险等各种不确定性，农民靠天吃饭由来已久，并且农业保险的回报率较低，所以保险公司大都不愿提供服务，调研中的某个水果露天种植农户就屡次无法获得保险公司的保险，从而该农户需要承担全部的风险，并且农民金融知识的欠缺，也限制了运用期货等金融工具来规避价格波动风险。

（三）抵押担保资产缺乏，农业信贷能力有限

发展特色农业的生产、销售等产业链环节，需要大量的资金注入，但是农户无法提供足够的抵押品，且正规金融机构贷款难，民间借贷利率高。同时，当前农村整体金融环境不健全，农户缺乏金融知识和信用意识，造成信用违约的维权难度大，极大降低了金融支农的积极性。

（四）农村信用体系不健全，金融风险监管难度大

近年来，虽然惠农政策和措施不断出台，但通过调研发现的金融支农成效显著的案例极其有限，并且有些民间的农村金融组织打着金融支农的招牌，从事高利贷等类似活动，严重干扰了农村金融市场的秩序，潜在风险不断累积。改善农村金融环境和融资环境，不仅关系到农村金融的稳健运行，更关系到农村基础建设和现代农业发展，对农村经济繁荣和农民增收有很大影响。

四、提升金融支持特色农业效率的政策路径

针对渝东南6个区县在金融支持特色农业发展的调研中发现的问题，本文提出如下政策建议。

（一）改善农村多层次金融服务体系的运行机制

加强相关部门领导，积极努力构建由政策性金融、合作性金融和商业性金融相结合的农村金融体系。一是完善正规金融机构支持农业发展的相关政策，要求各类商业银行支农贷款按最低比例（参考发达国家该比例平均不低于总贷款额度的20%），同时给予税收、财政等配套支持；二是调整农村金融机构的

发展模式，促进农村资金回流反哺，充分吸收和利用当地闲散资金，投入当地特色农业发展；三是制定和完善农村金融法律法规，规范民间借贷业务，保障农村金融市场的稳定。

（二）构建金融信息管理系统，为农业生产和管理提供决策依据

以互联网、大数据等工具为依托进行信息的收集、传输、加工、储存、更新和维护，建立金融信息管理系统，服务于企业的高层决策、中层控制、基层运作等工作。金融信息管理系统可以利用过去的金融数据预测未来，能够为有效管理和正确决策提供重要依据。为特色农业企业和农户的经营管理、资产管理、生产管理、行政管理和系统维护等提供决策支持。

（三）创新农村金融工具，盘活农地资产

一是推动农村土地"三权分置"，盘活土地经营权，以土地经营权抵押、担保和入股等形式提高农民的融资能力。建立起以政策性担保为基础，民间担保公司为支撑等农村金融担保体系，保障农户的贷款资金需求。二是要做好担保资金的项目审查工作，规避各种非法集资和盲目集资等违法行为。三是加大对农村金融机构员工的培训力度，增强"三农"服务意识，创新使用多样的金融工具，扩大金融保险、期货等相关金融服务的范围，在农业的产前、产中和产后给予阶段性的金融支持，支持龙头产业的发展和农产品基地的建设。四是加快农业金融现代化建设，运用互联网金融模式进行贷款审查、资金收付，缩减服务流程。

（四）规范农村信用体系，防范金融风险

一是建立规范农村金融运行的相关法律法规，建立"农业信贷快速通道"，

保障农户的合法资金信贷权益。二是加大农村地区金融知识的宣传力度，提高农户和农业企业对金融产品与服务的认识，增强信用意识和风险意识，积极营造"守信光荣、失信可耻"的金融环境。三是推进农户电子信用档案建设。根据农户基本信息、生产经营、主要收入来源、住房结构等信息，依托农村金融机构客户管理系统，建立农户电子信用档案和信息共享机制。四是开展信用评价，防范农村金融风险。建立、完善农户信用评价体系，健全信贷风险管理体系，提高风险管理水平，促进农村金融市场稳定健康发展。

参考文献

[1] 西奥多·W.舒尔茨.改造传统农业[M].梁小民译.商务印书馆，2006.

[2] 刘宏曼.产业农业——北京都市型现代农业新亮点[J].当代经济，2009（14）：118-119.

[3] 袁中华，刘小差.后危机时代我国新兴产业发展的金融支持研究[J].新金融，2010（5）：52-55.

[4] Potts J, Hartley J. Social network markets: A new definition of the creative industries[J]. Journal of Cultural Economics, 2008, (5): 1-19.

[5] Glaeser E L. Review of Richard Florida's: The rise of the creative class[J]. Regional Science and Urban. Economics, 2005 (35): 593-596.

[6] Scott A J. Creative cities: Conceptual issues and policy questions[J]. Journal of Urban Affairs, 2006, 28, (1): 1-17.

[7] 李硕，姚凤阁.日本农村金融体系对中国农村金融改革的启示[J].东北师大学报（哲学社会科学版），2015（2）：235-237.

[8] 辛立秋，张婷婷.基于Fuzzy-AHP模型的金融支持农业绩效评价[J].东北农业大学学报（社会科学版），2011（3）：10-13.

[9] 何嗣江，汤钟尧.订单农业发展与金融工具创新[J].金融研究，2005（4）：114-121.

[10] 苗洁.我国创意农业发展的现状、思路及对策研究[J].中州学刊，2011（6）：80-82.

[11] 黄卫红.中国农村融资问题与金融抑制、金融深化关系研究[J].农村经济，2006（5）：71-73.

[12] 卞靖.破解农村融资难题 提升农村金融服务水平——基于交易成本视角的分析[J].中国物价，2012（5）：54-57.

[13] 张振中.渭南市创意农业发展状况及金融支持路径的思考[J].西部金融，2011（7）：80-81.

[14] 陈宏毅，王刚清，刘杰.创意农业发展的动力要素分析及对策研究[J].现代农业科技，2008（24）：291-292.

渝东南油桐传统知识的挖掘与利用调查报告*

莫代山

(长江师范学院乌江流域社会经济文化研究中心,重庆 408100)

摘　要：渝东南地区油桐种植历史悠久,油桐和桐油传统知识极为丰富,当下绿色发展背景下,这些知识中的有益成分能够发挥积极作用,值得深入挖掘。

关键词：渝东南;油桐知识;整理;调查

一、渝东南油桐产业的历史状貌

油桐,志书中多记为"茬桐""膏桐",是一种木本油料植物。其树干、树叶、果实都有诸多用途,特别是果实经压榨获得的桐油经济价值巨大,曾在我国对外贸易中占据重要地位。武陵民族地区土层、土质酸性沙质壤土较多,处于亚热带季风性气候,气温适中均适宜油桐的生长,是中国油桐种植的重要地区,而渝东南是武陵民族地区油桐板块中必不可少的组成部分,其所产"洪

---

* 作者简介：莫代山（1979— ）,男,湖北来凤人,教授,研究方向为民族文化。

油""秀油"闻名海内外,享有"金色桐油之乡"之誉。地区在清代改土归流以前油桐种植就已经有相关记载,北宋乾德四年起,永顺的桐油被列为贡品,彭水县志中记载有元代初年绍庆府总管王师能所作的诗中有"山半桐花点客衣"的诗句,可见油桐种植的规模之大、桐油的质量之佳。

改土归流后,地区社会经济得到了大发展,在手工业、农业和商业的大力推动之下,油桐产业得到了蓬勃发展,反映在文献中,就是相关记载的增多。例如,记载桐油贸易的,"以桐油蓝靛为居积者,十居八九"。"邑梅河绕县城而东,可通舟楫,直达汉口县境。又擅桐油之利,以故江右楚南贸易者麇至,往以桐油,返以棉花,年来更为辐辏。"① 记载桐油加工的,"九十月子熟乃剥取入榨以压油"①。记载油桐种植的,"桐子茶子熟,山农之采拾者络绎于道。仍有采摘之后,妇女小儿于草中叶底寻觅而得者,谓之散桐子,亦如获稻时遗秉滞穗,足为寡妇之利也。"②

"中华民国"时期油桐产业持续兴盛,酉阳龚滩古镇、龙潭古镇,黔江濯水古镇,秀山石堤古镇、洪安古镇等一大批古镇当时更是凭此成为当地经济重心,如在彭水县,"产物以盐桐漆为大宗……桐油与漆,全县皆出,油漆的制造完全由土人莫守旧法加以制练,卖给城内商号,制成巨桶,由黔江运出涪陵,转运长江各埠销售"③。油桐种植历史久远、规模巨大、社会影响深刻,在长期生产实践中,广大人民群众积累了极为丰富的生态智慧,实现了产业发展、生态保护、社会和谐的协调可持续发展。

二、油桐种植中的传统知识

地区谚语有云"要致富,先种树(油桐树)""家有千株桐,永世不受穷",油桐树是渝东南地区群众最主要的经济作物,几乎家家都会种植油桐树。油桐

---

① (清)王鳞飞等修《酉阳直隶州总志》,同治三年刻本。
② (清)庄定域等修《彭水县志》,光绪元年刻本。
③ (清)王寿松等修《秀山县志》,光绪十一年刻本。

具有生长速度快、对土地质量要求不高、生态补偿能力强的特点，地区群众在选种、育种、栽种和管理方面摸索出了一整套适合地理生态环境特点的知识。

　　选种是油桐种植的起点。而种植首先要选择合适的土地，从调查来看，油桐树对土壤的要求不高，在不同的地理环境、不同的土壤条件下都可以种植。土地里、山坡上、岩缝中都能很好地生长，但最宜生长于缓坡及向阳谷地、盆地及河床两岸台地，对富含腐殖质、土层深厚、排水良好、中性至微酸性沙质壤土尤其适宜。当然，也有极少数地方不适宜于桐树生长，如阴暗的、寒冷的地理环境会影响桐树的生长，导致结果率不高或者结出来的桐子质量不好。

　　选择地点后就需要选种、育种。选种时需要选择那些个头较大的桐子，按照农民的说法，个大一点的桐子比较饱满、子叶含营养较多，更有利于生长发芽。育种方式比较简单，一般情况下，每年九月桐子成熟时，人们就会将选择好的桐子连同外壳一起装入麻布袋中储藏，或将其深埋于地下，这样可以避免桐子受冻而降低出芽率，藏至第二年开春之时就可以播种了。也有更为简单的育种方式，即在头年桐子采摘时，挑选个较大一点的随意扔种在河边、土坎、岩石缝中，由于桐子成熟到一定程度后会炸开出桐籽，而桐籽的生命力强、环境适应能力好，第二年春天也能发芽成苗。当油桐发芽之后，需要匀苗，即在众多桐苗中选择粗壮、苗直、颜色正常的予以保留，其余桐苗则就地铲除。

　　育种后就是种植。由于油桐对生长的环境要求不高，为了提高土地利用效率，绝大多数情况下，群众会把油桐树种植在土坎上、河边及未被开垦过的山坡上，这样不仅可以增加收入，还能加固土壤，防止水土流失。当然，油桐生长是需要一定面积土地的，成年的油桐树每株会占地 $3 \sim 5m^2$，因此在种植过程中，会按照这个面积来确定间距。从桐苗种植到结果大约需要三年时间，而地区可供种植的土地面积是十分有限的，为了提高土地利用率，一般情况下，人们还会在山坡桐树间套种桊树和倍子树，种植在家园附近肥沃土地中的油桐树会套种蔬菜，而离家比较远的土地，会套种玉米、荞子、豆子、红苕、麦子、土豆、小谷、高粱等农作物。

　　油桐树的生命力旺盛，所以一般不需要特意施肥。一般情况下，只需要人们在给油桐树下套种的农作物除草时，顺便把除下来的草，扔在油桐树根部，等它腐烂之后，形成天然的肥料；同时，油桐树的叶子落下来腐烂之后，也可以起到施肥的效果。而油桐本身又具有根系发达、枝叶发达且含油量高的特点，土地如果长期种植油桐，还能起到培植地力、培肥土地、增加土壤的作用，所以种植油桐的土地一般情况下套种的农作物能够得到持续几年的丰收。

据调查，能影响油桐树的害虫主要有老木虫、活揶子、八角丁、青虫等，但这些害虫一般只生长于树龄较大的油桐树上，而树龄大的油桐树的结果量是会下降的，因此，群众处理害虫的方式也非常简单，只要将生虫的老龄桐树砍掉即可，在砍掉的桐树旁再栽种一株新苗，三年后又可结果。人们正是通过这种自然选择的方式，实现着桐树的不断更新。

三、桐子收获、加工中的传统知识

桐子收获时间为农历九月至十月，此时也正值传统的水稻、玉米、高粱、红薯等农作物收获季节，群众十分辛苦。因此在收获桐子时，人们十分巧妙地利用桐子自身特点，发明了两种传统方式：第一种收获方式是待桐子成熟后自动掉落于地，并任其在地上腐烂。这种方式的好处在于，一方面，它能够使群众避开农忙时节，避免油桐收获与其他作物收获重叠，合理分配劳动时间；另一方面，自动熟透后掉落的桐子含油量更高，能使群众获得更高的收入；再一方面，在桐子加工过程中有一个必需的步骤是剥除外皮，任由桐子自由腐烂不仅可以让这个过程在自然中完成，腐烂的外皮还能够为土地提供一定的肥料。可谓一举三得。第二种收获方式是人工采摘。用竹竿将桐子打落于地，再集中运回家中即可，由于方式简单，一般情况下由小孩即可完成。在收获桐子过程中，还形成了一种叫作"散桐子"的习俗，即在桐子成熟后，在采摘时遗漏部分，掉在地下的桐子也不捡拾，留待村中孤寡拾取，以供他们添置日常生存必需品，即"山农采桐子，有遗者，贫妇小儿随拾之，曰散桐子"。

将桐子收获回家后，在加工成桐油之前，还需要经过一系列的处理过程。

首先是"去皮",即将桐子外壳除掉,使桐籽暴露出来。把桐子打下或者捡回之后,于阴暗之地铺一层稻草,然后将桐子倒在上面,再在上面铺一层稻草形成一个相对密封的空间,其目的是让桐子的外壳发酵、变软、腐烂,用时一个月左右,此时期内桐子不能见光。当桐子的皮变软、开始腐烂之后,需要人工把桐籽剥出来。剥桐子一般都在深秋和冬天进行,此时其他农作物已经收获完毕,群众比较空闲,一家老小围坐在火塘旁边,手中拿自制的名为"挖刀"(专门请铁匠做成勺状)的专用剥皮工具,左手拿着一枚桐子,右手拿着小弯刀,把刀尖往桐子里面一插,右手用力向上一翘,就能取出桐子里面的桐籽了。一般情况下一人一天能剥两三百斤桐籽,桐籽剥出后,要将其进行晾晒,尽量晒干水分以利于加工,晾晒时间看天气三五天即可。

在正式加工之前,晒干后的桐籽需要碾成粉末,因此群众会在河沟旁或者河流边修建碾坊。碾坊不仅可以用来加工桐籽,也是加工粮食的重要工具,且碾坊的工作效率是比较高的,因此一般情况下,一个村庄只需要一座碾坊。在修建碾坊时,均由全村群众合作修建,实现互助共赢。也有利用畜力或人力将桐籽进行加工的情况,但成本较高、劳动强度大,除非没有水力条件,一般情况下不会采用这种方式。将桐籽加工成粉末后,在压榨之前要用蒸笼(农村的一种炊具,办酒席时会用它来蒸饭)将桐籽粉蒸熟,蒸桐籽的火候有讲究,一般不会超过20分钟,不添加任何东西,特别不能加水,如果加水就会报废。

蒸熟后的桐籽粉就可以用来榨桐油了。榨油有专门的榨坊,榨坊一般建在油桐树多的地方,分大榨和小榨两种,小榨规模较小,一般是私人用,大榨是比较大的榨油坊,主要用于榨油牟利。榨房主要由巨木制成,且需要由专业木匠制造,小榨房需要四五个木匠工作一星期左右方能成型,大榨房则需要一个月左右才能修建完成,因此成本较高。在传统乡村社会中,榨房一般都是由农户合作修建,在地主家庭中也有家庭修建的。榨房除了自用外,还可以用于商业牟利,即将榨房出租给无能力修建榨房的农户使用,再收取相关费用。当农民租用榨房而又无力支付钱币时,也可以将榨出来的桐油作为支付的费用,一般情况下每榨一百斤桐油需要交纳十斤桐油。

榨坊的打桐油的方式有两种,分别是天撞式和吊撞式,主要是从撞击方向上来区别的。天撞式主要是从正上方撞击榨油，而吊撞式是把撞子用绳子吊起来，然后从侧面撞击。龚滩这里主要是用撞榨，把古树锯为四段，围成一个长方形。把晒干的桐籽用碾碾碎，用蒸笼蒸熟，倒在由稻草铺成的铁圈内，做成一个个桐油粑，放在那个像床一样的长方形里，用一个用硬木料做成的削子（一头大一头小）插进去，几人合作，抱着撞杆用力反复撞击，榨出油汁，这种方法又叫作"打油"。榨油还可以分为一道榨和二道榨，"一道榨为之捣油，是将果实溶质减少三分之一，耗时需二小时半，耗时较少。二道榨乃取尽道榨余之饼碾碎蒸粉，制饼榨油如前，惟制饼较薄时需时较多，迨榨内油饼厚仅时许，如停止撞榨，故二榨油色泽深厚。"

榨油当然少不了榨油的工人。小榨房里面的工人由农户自己担任，互助合作榨油。专业从事榨油生意及地主的榨房会专门请一些榨油的工人，又称为油匠。每个榨房需要的油匠为3～5人，油匠的基本要求是身体强壮，因为榨油对体力消耗极大，身体不强壮的人是不适宜于从事此项工作的。同时，榨油也需要一定的技术，油匠的技术大多是祖祖辈辈传下来的，也有的是通过拜师学习而来，拜师的话就需要交纳一定的物资作为学费。据酉阳龚滩一代油匠反映，1949年以前当地有十几个榨坊，什么油都可以榨，由于榨油劳动强度大，工人工资也比较高，总体来说是总收入中榨坊老板取六成，油匠取四成，有的需要老板提供餐饮，若不需要老板供餐饮则工钱要相应提高。

在榨油的时候，还衍生出许多文化。例如，分工，榨油过程中需要蒸桐籽、包桐饼、撞油、接油几者之间相互协调配合、轮流换工。喊号子，身体强壮的榨油工人，跟着号子一起用力，这样既能省力，又能够把力气往一处使，能够达到较好的效果。榨油坊的工人还有专门的衣服，因为榨油的时候，油会溅出来撒到衣服上，很难洗净。油匠也不是长期都有榨油，一般是从十冬腊月打到来年二、三月，直到把桐子打完，其余时间则可以从事正常的农业生产。在传统社会，为了使榨油活动更为顺利、避免出现安全事故，还需要进行一些祭祀活动，一般情况下都是在新榨房修建或使用之前进行，仪式较为简单，只要将用于祭祀的鸡、猪头、豆腐、粑粑、纸钱、香烛等摆放或燃烧，磕头作揖即可。有的地区在一年开榨之前也会敬师傅。

由于加工手段的不同，油桐加工最终产品桐油在品质上也有许多差异。以色泽为标志主要分为白油、黑油、光油。渝东南最常见的为白油和黑油，白油加工方法是将籽"碾碎炒热，包以稻稿，扎以铁箍，置榨槽内侧。挤以尖枋，乃以巨木撞而逼之，得油，名白油。子碾成后，在煅作黑色。又碾，始人榨。其油黑，名黑油。黑油油渣再以白油和而压之，谓之洗枯油。黑油为正号，洗枯油为副号，正副之值相去有差。"①而光绪年间《秀山县志》对秀油也有详细记载，"其不为秀油者，为桐油。秀油色黑，故俗称桐油为白油，对黑为称也……近三十年始别出一种熬煮白油而染其色。"②当然也有其他区分，如道光年间《松桃厅志·物产》载，"地产桐茶，二树除给用外，以其余运出辰、常，而桐油为甚。炒子而榨，谓之'明油'。以之点灯，性耐久。其炒子至焦始人榨者，谓之'黑油'"。

四、桐油在传统社会日常生活中的利用

桐油具有防腐、防水、杀菌、燃烧值高等特性，因此使用范围广，特别是在传统社会工业产品不丰富情况下，民间用途极广，可以说与群众生活息息相关。

（1）桐油的利用。首先，桐油是传统社会照明的主要物资。在没有电灯和煤油的社会，桐油几乎是照明的唯一物资，家家必不可少。桐油灯是桐油照明的主要工具，用硬木制成，也有的用金属制作，为浅碗状，使用时将桐油盛于其中，中插"灯草"作为灯芯，"灯草"为一种海绵状草体，吸附力极强，可长期使用。桐油照明会产生大量黑烟，这对环境和房屋会造成较大损害，因此在修建房屋时，一般会进行相关设计，留有一定排烟处。也有一些商家利用这些黑烟制造黑墨，对于其方法，《云麓漫钞》有载："迩来墨工以水槽盛水，中列盆碗，燃以桐油，上覆以一碗，专人扫媒，和以牛胶，揉成之，其法甚快

---

① （清）王鳞飞等修，《酉阳直隶州总志》，同治三年刻本。
② （清）王寿松等修，《秀山县志》，光绪十一年刻本。

便,谓之油烟。或讶其太坚,少以松节油或漆油同取媒,尤佳。"明代《天工开物》载有另一种方法:将桐油、清油或猪油放入油灯中点燃,油灯上方有铁盖收集油烟。每一位熟练的工人可以掌管200盏油灯,动作要敏捷,否则油烟过老。然后用鹅毛刷轻轻将铁盖表层的油烟刷入纸片上,这是上等油烟,造出的墨精美有光泽。每斤油可刮取约一两上等油烟。铁盖里层油烟,必须用力刮下的是次等油烟。烧松木取烟法在地上搭上十几丈(1丈=3.3m)长的竹棚,用纸和草席密封,竹棚和地面连接处,用泥土密封。竹棚上每隔一段开一个烟孔,竹棚内用砖铺通烟道。斩取松木必须将松树干底部钻洞,点火烤树干,让松香流净,即便残留一点松香,烧出的松烟,质量不好。将松木斩块堆入竹棚,从竹棚前端点火,连烧几天,松烟从竹棚前端向竹棚后端弥漫,待冷却后便可以入竹棚刮取松烟。从竹棚后段刮取的松烟叫清烟,质量最好,供优质墨料,中段刮取的是二等松烟,叫"混烟",用做普通墨;前段刮取的松烟叫"烟子",供印刷用。明代文献中记载墨烟处理通用的有筛选法,用细绢筛将油烟或松烟筛选出细净均匀的墨烟。

除了当燃料外,桐油具有极强的防水和防腐特性,因此广泛运用于木器类家具、生产工具、船只和房屋等的防腐防水处理。主要工序有两种,第一种,先把一些木制的家具、农具等放在阴处晾干,使其失去本身的水分,但不能直接放在太阳下暴晒,防止晒裂,再将晾干的木制家具、农具漆上一层桐油,最后晾干即可。最终就会形成一层雨水也不能沁入的"保护膜",而且会产生一种不招虫蚁喜欢的独特气味,这样一来也就增加了使用年限。第二种是把桐油、石灰、竹瓤混合在一起,搅拌均匀,然后敷在木料或者木船之间的小缝隙上,随后压紧,干了之后再往船身上涂一层桐油,就可以防止工具、木船漏水,同时用起来安全而且实用。也可以利用这一特点来漆船。把油烧热之后,漆在船上,里里外外都要漆上一遍,只有漆过之后的船才能泡水。如果想要给船上色,也可以把颜料倒进去之后再漆。除此之外由于桐油具有防腐、干燥等特点,还能大量用来制造船艇、制造油纸油布、雨伞雨衣等工具。

桐油具有杀菌功能,还广泛用于民间疾病治疗。从调查情况看,主要包括以下几类：治疗烧烫伤时，将桐子捣汁涂患处；治疗大小便不通，用桐籽粒磨水然后服用；治疗丹毒，主要是将桐壳磨成粉末，调敷患处，最后都起到了明显的作用。除此之外，土家族人民认为桐油性寒，便利用桐油治血风臁疮，治慢性溃疡，治脚肚风，治生疮如癞等病，疗效十分显著。另外还可以治感冒，小孩子患感冒了可以滴两滴桐油在肚脐上，效果也很好；身上疼痛，可以把桐油烧热之后，用铜钱沾上一点，在痛的地方来回刮；治风寒，就用姜沾了桐油刮膝盖、手腕、肩头等部位，刮了以后等发汗了就好了；在农村如果手脚发肿、长疤，就可以用大不拉、桐油、雄黄、交子抹在患处，好得很快；治消化不良，可以用上少许桐油抹在肚子上来回推；当小孩子被虫子咬了，也可以擦一点桐油灭菌。虽然桐油用处很多，但在过去老百姓平时生活都用不了多少。

在农业生产中，桐油的用处是十分广泛的，在种植农作物这块。农民在种玉米和红苕时，会将桐油拌玉米播种或涂在红苕苗根部，既可以作肥料又可以防御虫、鸟危害。还能治小麦黑穗病，能够让种子顺利长出来。在农作物生长时，夜晚人们在田边点一盏灯，放一盆水，水里面滴些桐油，这样一些趋光的害虫（如蜢子虫）便会掉进水中淹死，无法危害农作物。

由于桐油在群众生活中地位重要，其还被赋予神圣性，用于丧葬喜庆等礼仪。例如，人过世了以后，会用桐油，一般是把棺材的两头用较长的凳子架起，在棺材的中央正下方，用一个小碗倒满桐油，接着用一根灯草点燃，不让其熄灭。传说这是为了给死去的人照亮，让其一路走好，在当地几乎每家每户家里有老人去世了，都会这样做。虽然桐油在土家族地区作用普遍，几乎涉及生活的方方面面，但是也不是什么地方都可以用上桐油的。土家族在丧葬过程中有很多讲究，如入殓时，忌将生人的影子盖入棺内等，对桐油的禁忌也很多。虽然桐油具有燃料的作用，但是丧葬时的点脚灯等忌用桐油，只能用木油或菜油，土家族人民认为不能将桐油用作祭祀；桐油虽有防腐功能，但是土家族棺椁的防腐涂料，忌用桐油，就连棺材也忌用桐子树，土家族人民认为在丧葬中用桐油会不吉利。地区人民在炒玉米（土家油茶汤必备之佐）时，洒上几滴桐油，可以使玉米又香又脆，让其更美味。

（2）桐油剩余产品的利用。油桐全身都是宝，在桐油加工中剩余的残渣也是十分重要的资源，在地区传统社会中运用极广，如油枯，含油量很高，是地区传统社会中极为重要的肥料来源。在没有化肥的年代，土地肥力消失从而导致水土流失的情况十分严重，而油枯是十分有效的生态肥料，无任何副作用，对此《酉阳直隶州总志》有载："油枯，压油净后之枯渣也。枯一作箍，以由铁箍箍之而成，故名。枯圆径尺余，重八九斤不等，最坚致。凡桐油枯以白枯为上，黑枯为下。白枯又有二种，粉枯为上，壳枯次之，二者皆可粪田，价贵时则每匹三四十钱，贱则十余钱、二十余钱而已。用者捶碎，杂草灰，散布苗根，则生植茂盛，亦有载至楚南贸易者。茶油枯无他用，可浣油腻，可毒鱼，可烧红代炭；菜油枯则转可饵鱼，亦可粪田，但力视桐枯为减耳"[①]，说明桐油枯的肥田效力较茶油枯、菜油枯为重。其具体的使用方法则是"近今多取桐实枯饼，碾和柴灰培壅稻根，以壮地力"[②]。除了能改善土壤质量，油枯用作肥料还有一个非常重要的作用是可以杀灭土壤中的细菌和害虫，在民间连续施用两年油枯后的土地在几年内都不会产生虫害、发生瘟病。除用作肥料外，桐油枯中含有一定量的碱，还能用于洗发、洗衣，有时也用于毒鱼，为群众生活提供方便。桐子加工过程中所余之壳，也具有非常重要的作用。第一，桐子壳含油量较重，用于生火可以充分燃烧，是农民的燃料。第二，桐子壳还可以用作肥料，将桐子壳埋在土里，任其自然腐烂，是非常有效的自然肥料。按照群众所说，一亩[③]地只需三四百斤桐子壳即能有效肥田。第三，由于含碱量大，桐壳燃烧后所产生的灰烬是十分重要的制碱材料，而桐碱用于洗衣、洗头效果非常好，也是食品用碱重要的来源，所制各种粑食在地区食品体系中占有重要地位。

（3）油桐枝叶的利用。即使是油桐树的枝叶在日常生活中也大有用处。例如，桐叶，可以用作包裹制作玉米粑、米粑和荞麦粑，使这些食物具有独特的口感。油桐枝叶含油量足，直接沤制腐烂即可成为优质的生态肥料，如果用作生火，则燃烧充分，是民间传统的燃料来源。

[①]（清）王鳞飞等修，《酉阳直隶州总志》，同治三年刻本。
[②]（清）《思南府志》，道光三年刻本。
[③] 1 亩 ≈ 666.7m^2。

五、传统油桐知识的当代价值

在目前的大工业背景下,工业产品凭借着"短平快"的特点在市场上占据优势,油桐产业已日渐式微,逐步淡出人们的生活。但是随着工业产品弊端的逐渐显现,人们也开始尝试从传统中寻找解决之道。在绿色发展中,油桐产业仍然具有无可替代的经济价值、文化价值,值得去保护和挖掘。

(一)在土地利用效率和生态修复方面的价值

在土地利用效率上,一方面油桐生长迅速、成林快,对土地要求不高,一般农作物不能生存的石漠化土地、沟坎、土坡、河坎等地都能成活并产生效益,因此如果广泛种植成林,能够提高地区森林覆盖率;另一方面油桐可以与玉米、荞子、豆子、红苕、麦子、土豆、小谷、高粱等农作物进行套种,可以提高土地空间利用效率,增加农作物产量。

在生态修复方面。由于渝东南地区气候较湿润,雨水丰沛,地势较高、较陡,水土流失一直是一个严峻的社会问题。油桐的根系粗大,当长大后它的根就会牢牢地把泥土抓住,避免了水土的流失。这也是当地人们普遍爱种植油桐树的一个重要原因。油桐树的树叶含油量也较丰富。当树叶掉在地上腐烂之后,它所具有的肥土功能也能改良土壤。现代工业社会,由于化学肥料的普遍利用,虽然短时期内收到了良好的成果,但是从长期来看这将对于土壤造成不可逆转的伤害。俗话说,"万物土中生,食以土为本。"土地是万物之母,但自人类使用化肥以来,土壤板结、酸化,有毒物质大大增加,这也直接导致农作物的变异生长及产量的大大下降。同时,化肥的使用对于水资源的污染、资源的浪费也具有很大影响。在这种情况下,油桐籽压榨后剩下的油枯则是一个更环保的选择。桐油枯肥力很强,在施种的时候,土家族人民便大量地利用桐油枯饼,将枯饼磨细后撒下用土盖住,肥力不仅强而且能够保持久。用油枯栽烟、种玉米、种菜,相当于施肥,作物长势好。特别是玉米用油枯施肥后,结的果实比一般的都要重。除了以上作物以外，还可以用桐油枯栽红薯、土豆、辣椒、豆子。同时，油枯还可以起到防虫作用，防止虫蚁咬食庄稼。例如，用油枯种土豆可以防止蚂蚁啃咬土豆。这其实就为现代社会寻找一种环保替代产品提供了更多可能。

（二）传统油桐知识在特色经济发展方面的价值

油桐作为一种经济作物能创造出巨大的社会价值，但前人却未曾给予足够的重视，往往是将其与其他作物间种，并未大规模系统化的种植。这或许与当时粮食资源的匮乏有关，人们不愿意冒险单纯种植油桐。同时，由于油桐加工工艺复杂，人们更愿意节约劳动力进行农业生产。随着我国城市化水平的不断提高，加上退耕还林等政策影响，大规模种植油桐成为一种可能。目前市场上桐油的价格平均在22元左右，有些经济实力较强的公司还会出口欧美地区。物以稀为贵，虽然目前人们在生活中能用到桐油的地方较以前已大量减少，但由于生产者较少，所以发展前景较好。一些有种植加工油桐传统的优势地区可结合当地的地理条件合理规划，发展油桐系列的农林产业。这类地区可根据油桐的生长及加工特点打造油桐系列精品旅游路线，使其利用价值充分发挥出来。油桐树如果能够得到大规模的种植，在桐子花开的季节这种景色必定十分壮观。打造农村体验式旅游则是当下旅游经济发展的一个趋势。从桐籽收获到最后桐油的榨取，这之间有一连串工序，从油桐子的采集、剥壳、晾晒，榨油前的蒸煮，到最后的榨取，这一系列的过程都可以成为重要的旅游资源。

最后，人们在生产生活中所积累的大量油桐文化，也是文化产业发展重要的资源。渝东南地区有许多与油桐有关的生活歌曲，这些歌谣通过对油桐和桐油的隐喻歌颂反映人民生活的方方面面，如描写单身汉孤苦生活的歌谣"桐子叶儿青，吹或点燃灯，小小男儿打单身。出门四五天，屋里不冒烟，锅里锈成红圈圈……"。提醒农民按时播种的"穷人莫听富人哄，桐子花开才下种"。民歌谣"桐子开花一口钟，三人有话不透风。燕儿衔泥口儿紧，蚕子吐丝在肚中。"不同于一般的恋情歌，反映婚前男女热恋情的，双方见不着面时男想女"吃水好比吞桐油"等。土家族《摆手舞歌词》中有这样的词"今年桐子结得好，树上枝丫吊弯了，土家哥哥背一扎哩，苗家姐姐背一背哩，呵哈喧天回寨堡里"，以及重庆土家族民歌唱的"九月十月到了哇，桐子有捡了。王家向家都喊来，王家向家都帮忙哟！块块大的先捡哟。背的人要展劲背哪，捡的人要展劲捡哪！我们一路要送啊，你背一咱哟，我背一咱哟""砍柴莫砍桐子柴，桐子打油划得来。灯盏挂在板壁上，郎读诗书姐鏛（shǎng）鞋"，等等。渝东南地区的有关部门可以多挖掘一些相关知识，建立油桐（桐油）博物化馆，定期举办油桐文化节，不仅有利于保存区域特色文化，也有利于提高区域知名度，带动经济发展。

（三）传统油桐知识在社会治理方面的价值

油桐产业是几百上千年来渝东南地区人们赖以生存的重要物资，它是人们生产生活的一个重要创造，地区人们为了保护油桐的可持续利用，制定了一系列规范村民行为的条例，这些行为规范在当代依然有着重要的价值。

渝东南地区群众爱林如宝，对于油桐等经济林保护很严格，桐子树等生树，不准砍伐当柴烧。在烧柴中如发现桐子等五种生树，每枝各罚桐油、茶油等一斤。有的地方还规定，对枯死的桐、茶等五种干树，也不能由山主随意砍伐用作柴烧，要按统一规定的时间去采伐，即每年农历七月十四日、十五日、十六日这三天为背枯死经济林木的日子。定这三天是因为在此时一般树木绿叶青葱，容易鉴别。事先由管山员在枯树上做好标记，而后鸣锣告众，才能由山主将枯死树背回家去。谁若不遵守规定的办法和时间，都以砍伐生树一样，受到处罚。由上可知，在以前民智尚未开化的时代人们就已经有了保护树林的环保意识，这在当时是非常先进的一种意识。这对于严重困扰现代社会的环境污染问题的确是一个好的借鉴，从传统知识着手，辅之以现代教育思想及手段，能从根本上提高人们的环保意识。

六、结　语

　　作为地区传统战略性资源，油桐及其产品桐油已经全面融入地区居民农业生产、社会生活、思想信仰之中，围绕它们形成了独特的生态维护体系、社会运转体系和文化体系，其中有益成分值得后人继续深度挖掘。

长江上游地区公共基础设施中的PPP模式发展与风险控制*

周 兵 卢小丽 吴静静

（重庆工商大学，重庆 400067）

摘 要： 本文首先描述长江上游地区公共基础设施现状，继而提出PPP模式是长江上游地区基础公共设施资金的重要补充方式，然后分析长江上游地区公共基础设施PPP模式的运作原则、方式与注意问题，最后提出了促进PPP项目健康发展的主要措施。

关键词： 长江上游地区；公共基础设施；PPP

我国经济发展进入新常态，经济增长下行但相对稳定，2012～2015年GDP增速分别为7.7%、7.7%、7.4%、6.9%，2016年上半年GDP增速为6.7%，经济运行效率低，总需求不足，供给老化，重新恢复经济增长需从供给侧发力，刺激新供给、创造新需求、优化经济结构，改革创新经济发展模式势在必行。党的"十三五"规划中提出引领经济发展新常态的重大战略思想——"创新、协调、绿色、开放、共享"，明确"创新"在经济发展中的首要地位。目前长

---

* 作者简介：周兵（1967—）湖北恩施人，男，教授，博士，博士生导师，研究方向为应用经济学（产业经济学）。卢小丽，女，副教授，在读博士，研究方向为应用经济学（产业经济学）。吴静静，女，会计硕士，研究方向为财务与管理。

江上游地区公共服务、基础设施建设紧迫,地方政府资金需求压力加剧,但同时随着市场经济不断发展,社会资本充裕,急需投资项目却无机会加入公共领域建设。为深化体制改革,缓解政府资金压力,为社会资本发展提供投资机会,长江上游地区应大力推广创新型经济模式——政府和社会资本合作(public-private partnership,PPP)模式。为深化体制改革,促进 PPP 模式及 PPP 项目在长江上游地区的顺利推广,同时,应规范 PPP 项目在长江上游地区的运行和风险控制。

一、长江上游地区公共基础设施现状与建设的必要性

1. 长江上游地区公共基础设施现状

基础设施是指为社会生产和居民生活提供公共服务的物质工程设施,是用于保证国家或地区社会经济活动正常进行的公共服务系统。它是社会赖以生存发展的一般物质条件。典型的基础设施项目被分为经济性基础设施和社会性基础设施两类[1]。本文主要分析长江上游地区的经济性基础设施。长江上游地区包括西藏、青海、云南、贵州、四川、重庆六省区,主要指沿长江干支流及其两侧区域分布的四川的攀枝花、云南的昭通、四川的宜宾和泸州,以及重庆的江津、合川、永川、主城、长寿、涪陵、丰都、忠县、万州、云阳、奉节、巫山 16 个区域。重庆是长江上游地区的中心城市,基础设施建设优良,在国内的城市基础设施的建设中具有一定的竞争能力,根据北京-盈石集团研究中心 2014 年 4 月 21 日通过对从国内 347 个城市中甄选出的 20 大城市的持续调研与监测,重庆排名第 7 名,是西南地区的交通枢纽。除重庆主城之外的其他区域,基础设施还需要进一步改善。所列的 16 个区域中,有 1/2 的区域都位于三峡库区的重点建设区域,这些区域的基础设施还处于建设之中,其他几个

区域的基础设施同样也需要进一步改善。特别是在对经济发展具有明显带动作用的交通设施领域和码头的建设领域。

从交通设施来看,全区域的交通通达性及交通网络的建设还有待提高。重庆主城作为区域的交通枢纽,在对外联系上通达性好。但在上游地区内部,虽存在渝万高铁贯穿南北,缩短了渝万沿线地区和重庆的距离,但在重庆市外区域的联系中,公路交通仍是主要的交通方式。在各个地区内部的交通网络中,二级公路仍占了相当大的比重,改善二级公路和多建一级公路提高公路的运输能力被各地区列入计划之中;机场铁路建设方面,上游地区的机场数量有限,重庆只有两个机场,市外的其他地级市各有一个机场,铁路的密度低,同国务院发布的《长江经济带综合立体交通走廊规划(2014—2020年)》中打造长江黄金水道,扩大交通网络规模,优化交通运输结构,强化各种运输方式衔接,提升综合运输能力还有较大的差距。

从港口码头来看,长江上游地区有重庆主城、万州、涪陵3个枢纽港区,奉节等5个重点港区及丰都等9个一般港区,以及其他几十个码头,这些码头中,有的码头因资金等多方面因素停止作业,处于规划恢复的状态。在长江上游装卸集装箱的众多码头中,装卸工艺发展不成熟[2],处在探索适应阶段的码头多,并不能完全满足集装箱装卸的需要,基础设施还有待提高。

从城市的基础设施来看,长江上游地区的水污染的治理、排水系统的完善及各种通信设备等不能很好地满足居民生活和城市发展的需要,城市的基础设施处于供不应求的状态,特别是随着城镇化率的提高,城市人口的增加,各种排污处理、住房道路更显拥挤。

由于上游地势起伏比较大,基础设施的建设难度相对较大,近年来各地区的基础设施建设投入均有所增加,但是由于基础设施建设的基础薄弱,仍跟不上经济建设发展的需要。

2. 长江上游地区公共基础设施建设的必要性

基础设施是社会经济发展的重要物质载体,基础设施的建设是区域经济发展的基础条件,长江上游地区面积大、人口多、资源丰富,具有很大的经济发展潜力，建设"一带一路"，促进长江上游地区的经济发展，完善长江上游地区的基础设施建设非常必要。《长江经济带发展规划纲要》提出了保护和修复长江生态环境、建设综合立体交通走廊、创新驱动产业转型、新型城镇化、构建东西双向、海陆统筹的对外开放新格局等多项任务，长江上游地区是长江经济带的重要组成部分，上游地区的经济发展刻不容缓。

国家经济发展转型的需要，以投资驱动经济增长的经济发展模式的副作用日益呈现，投资对经济发展的边际报酬递减。国内的经济发展模式逐步转换成需求拉动模式，目前的公共基础设施不能满足消费者的需要，要维持经济的持续发展，必须加强基础设施的建设。

二、长江上游地区公共基础设施需求与 PPP 模式

长江上游地区由于公共基础设施建设的底子差，需要投入的资金多，政府的财政压力大，财政投入存在资金缺口，PPP 融资是填补缺口的有效方式。PPP 模式的长期性和不完备契约等特点，决定了 PPP 模式合理选择及风险控制尤为重要，分析 PPP 模式将对 PPP 项目的预期目标的实现产生重要的影响。

1. 长江上游地区公共基础设施的需求

长江上游地区的公共基础设施在建设中涉及新建、完善和改造的需要。按照建设的状态：长江上游地区的立体交通网络的打造，需要新建道路和桥梁；长江上游地区生态环境的保护，需要新建污水处理系统及提高污水处理技术；长江上游地区的码头、机场等目前运营中存在不足或处于衰落状态的设施需要进一步完善。按照公共基础设施的性质，对于不同的基础设施，如收费的道路等经营性的基础设施，投融资可以由社会资本组成；对于自来水厂、地铁等这种象征性收费的准经营性基础设施，政府投资和社会资本共同组成；对于公共

消费的非经营的基础设施，主要由政府投资。

2. 公共基础设施PPP项目的主要方式

对于PPP项目，目前广义的观点认为PPP模式是诸如设计-建造（DB）、运营和维护（O&M）、设计-建造-经营（DBO）、转让-经营-转让（TOT）、建造-运营-转让（BOT）等项目融资模式的总称，只不过在不同模式下，项目所有权和经营权情况、私人机构参与程度及风险利润分配方面会有不同而已[3-6]。狭义的观点则认为PPP模式是以上这些特许经营方式的变体或者延伸，以上这些融资方式政府并不实际参与，而PPP模式更体现了政府的参与性与合作性[7]。

公共基础设施PPP项目表现的形式比较多，英国通常以终端使用者是否付费作为划分标准[8]，分为使用者付费和政府付费两类。使用者付费类项目，具有明确的直接受益者，不具有明显的外部性；政府付费类项目，具有很强的公益性和明显的外部性。加拿大基础设施建设的投资主体主要有市政府、省级国有企业、有特许执照的私人公司、公私合营公司及社区集体五类投资体[9]，投资模式主要有政府财政投资，向银行贷款融资，通过独立的国有企业贷款融资，私营公司贷款融资，BOT方式融资，通过获得土地开发建设费、土地出让费来融资，社区集体投资兴建的基础设施。世界银行把PPP项目分成六类模式，即服务外包、管理外包、租赁、特许经营、BOT和BOO（建设-拥有-运营）、剥离。联合国培训研究院把PPP项目分为三类：特许经营、BOT、BOO。世界银行认为的外包、租赁、剥离，联合国认为这些不属于PPP项目的范畴，在联合国认定的这三类当中，BOO中私人部门的参与程度是最高的。而特许经营方式中，公共部门的参与方式是最高的。欧盟把PPP项目也分为三大类，但是分法和联合国、世界银行都不一样。第一类为传统的承包方式；第二类为一体化的开发和经营；第三类为合伙开发。

由上述分析可知，PPP项目没有统一的标准或者模式；不同的国家在不同的发展阶段具有不同的国情，应根据具体国情对PPP项目进行设计和创新；PPP项目不是固定不变的，从开始推行以来，均处于一种不断探索过程之中，是从各种 BOT、BT（建造－转让）、OT（运营－转让）等多种形式中协调发展而来的，所以 PPP 项目是对 PPP 活动的总结与提炼，在具体的实施中应该根据具体的项目和洽谈情况进行选择。

从国内来看，2014 年年底，国家发展和改革委员会（以下简称国家发改委）发布了《关于开展政府和社会资本合作的指导意见》。在此文件中，从政府的参与方式来看，包括特许经营、购买服务、股权合作、政府补贴等多种方式。从项目的具体运作形式来看，PPP 模式对经营性的项目可以具有明确的收费基础，而且经营收费能够覆盖投资成本，可以通过政府收益特许经营权，采用 BOT、BOOT①等方式来运行。对一些准经营性的项目，可以适当收费，但是收费不足以覆盖投资成本，还需要通过其他方式给予一些补贴或者财政直接补贴，或者给予一些相应的资源，也可以通过 BOT、BOO 等方式运营。对于非经营性项目，缺乏使用者付费基础，主要依靠政府付费收回投资成本的项目，这类项目可以通过政府购买服务、委托运营等方式来推进。

2015 年，国务院办公厅转发的财政部、国家发改委、人民银行《关于在公共服务领域推广政府和社会资本合作模式指导意见的通知》，文件对中国的 PPP 模式并没有给出一个明确的界定，但从文件的内容来看，强调了政府采购的作用。此外，文件也对一些具体的事情进行了阐述，如 TOT（转让－运营－移交）、ROT（改建－运营－移交）、BOT、BOO 等都列入 PPP 项目。例如，为化解地方政府性债务风险，积极运用 TOT、ROT 等方式，要将融资平台存量的项目转为政府和社会资本合作。新建项目，要提高新建项目决策的科学性，在这个里面提到了可以根据项目的实施周期、收费定价机制、投资收益水平等，合理选择 BOT、BOO 这样的方式。

公共基础设施建设中，不同的阶段，采用不同的 PPP 项目方式。新设基础设施建设：采用建设－转让－经营（BTO）、建设－经营－转让（BOT）、建设－拥有－经营－转让（BOOT）、建设－拥有－经营（BOO）等方式。已有

---

① BOOT 是英文 Build-Own-Operate-Transfer 的缩写（即建设－拥有－运营－移交），这种方式明确了 BOT 方式的所有权，项目公司在特许期内既有经营权又有所有权，是 BOT 方式的具体表现形式的一种。

设施的完善、改进、扩散：采用租赁-建设-经营（LBO）、购买-建设-经营（BBO）等方式，扩建的部分可以借鉴新建的方式；已经建好的部分，可以采用服务、运营与维护外包的形式。

三、长江上游地区公共基础设施PPP项目的运作原则与方式

1. 运作原则

结合国内目前关于PPP模式的形式，长江上游公共基础设施PPP项目的运作中，在项目与伙伴的选择、合同签订和履行上要遵循以下原则。

第一，在项目选择上，政府方不宜过度推广PPP模式，在筛选和发起项目时应综合评估项目建设的必要性及合理性、PPP模式的适用性、财政承受能力等因素，确保PPP项目"物有所值"。

第二，在伙伴选择上，应充分理解PPP模式"强调市场机制、促进资源优化配置"的内涵。政府方应公平择优选择具有较强专业能力和融资实力的社会资本方作为合作伙伴，以有效减轻政府债务压力，提高项目运营效率。社会资本方应选择履约意愿和履约能力较强的政府方进行合作。

第三，在合同订立方面，双方均需重视通过合同正确表达意愿、合理分配风险、妥善履行义务、有效主张权利。合同内容要在风险分担和利益分配方面兼顾公平与效率，同时要预留调整和变更空间。

第四，在合同履行方面，政府方和社会资本方均应遵循契约精神。值得关注的是，政府方往往占据强势地位，尤其应注重转变观念，避免单方面拒绝履行合同、变更合同条款及政府更迭引致的履约风险。

2. 运作方式

公共基础设施在具体的合作方面，政府方和社会资本的合作，有三种常见的方式。第一，社会资本主体实施的方式：就是政府方选定社会资本方，由社会资本方具体实施项目，这是一种比较简单的合作关系，对社会资本方有持续经营的要求，以及资质、资格的要求，是一种常见的模式。第二，单方组建项目公司实施。也就是说政府方选择社会资本方，然后社会资本方针对这个项目再成立一个项目公司，由项目公司和政府来签订具体的合同协议之后，项目公司进行运营。第三，双方合作组建项目公司实施。即政府方在选定社会资本主体后，共同成立项目公司，政府方占有一定的股份，然后以项目公司来实施这个项目。政府进行行政管理，通过入股在这个公司的决策中体现政府方的意志和意愿，了解这个项目公司的运营，同时也为将来这个项目公司运营期到了后的退出做好准备。所以这三种方式在整个的实施中都是比较常见的方式。对于重大项目而言，第二、第三种方式更为常见。

在长江上游地区的基础设施建设中，首先政府要对实施的基础设施建设项目进行一定的分类和计划，找出公益性项目、经营性项目及准经营性项目。

（1）公益性项目。并不是所有项目都适合PPP模式，由于其公益性很强，理论上大部分项目应该由政府负责投资融资，采用政府购买的方式操作，如果政府当期资金不够，可以通过发行债券或PPP模式解决。长江上游地区的非营利性公园、市政道路、桥梁、防洪工程等，都可以采用此类模式。此类模式运作时应注意：①项目选择。PPP项目储备、筛选、发起工作均由政府方承担。公益性项目的建设不仅有利于提高当期人的社会福利，而且其资产的长期使用性也将提高未来人的社会福利，采用PPP模式解决了政府当期一次性投资过大的问题，采用分期付款的"政府购买服务方式"，利用代际分配原则拉长了财政收支期限，可降低当期财政负担。②合同订立。对于公益性项目，政府付费是社会资本方取得投资回报的唯一途径。在合同订立中，双方应明确约定政府购买的资金来源、偿付机制及违约处罚机制，以保证社会资本方实现合理投资回报。③合同履行。在公益性项目中，社会资本方参与项目的根本目的在于获取投资收益，而在质量、工期、成本控制、后期运营等方面仍需依靠强有力的政府监管。

（2）经营性项目。公共基础设施经营性项目具有一定的公益性、竞争性和非排他性等特点，表明在资产使用过程中具有一定正外部效应，资产具有一定的收费基础，收费机制决定在资产的使用过程存在竞争性，但资产的使用具有非排他性，由于项目具有一定的公益性，价格调节机制市场化程度较低，政府根据成本－收益的关系对价格进行调节，如污水处理、环境保护等项目。此类模式运作时应注意：①项目选择。经营性项目应具有明确的收费机制，长期看可形成稳定的投资回报，在选择经营性项目开展PPP项目的过程中，确保社会资本回报率对于PPP项目的开展起着十分关键的作用。②合同订立。社会资本方应重点关注特许经营期限、收费机制变更的补偿机制、项目唯一性等条款以保障项目收益；政府方则需重点关注项目监督机制，对于经营性项目，合同订立是保证政府方和社会资本方开展PPP项目成功与否的法律保障。

（3）准经营性项目。与公益性项目相比，其具有比较明确的受益对象，具备收费条件，因而具有一定经济效益；与经营性项目相比，其具有较强的社会效应（正外部性），项目建设和运营直接关系公众的切身利益，因此收费机制往往由政府制定，项目自身收益不太好，项目自身运营效益不足以完全覆盖投资成本，需要政府适当进行补贴，如长江上游地区的收费道路等。此类模式运作时应注意：①项目选择。基于充分调研，能够对准经营性项目的盈利和补偿机制达成共识的项目选择是政府和社会资本合作的起点，而项目是否具有PPP模式适用性等对项目运作成败意义重大。PPP模式适用性主要体现在明确经济技术指标、经营服务标准、投资概算构成、投资回报方式、价格确定及调价方式、财政补贴及财政承诺等核心事项。②伙伴选择。政府方需公平择优选择具有相应专业能力和融资实力等的社会资本方作为合作伙伴。③合同订立。合同内容对风险分担和利益分配需兼顾公平与效率，同时要预留调整和变更空间。

四、PPP 模式发展过程中应注意的问题

1. 政府依旧将 PPP 模式视为融资手段，疏于对 PPP 项目的监督和管理

PPP 模式作为一种改革创新型经济发展模式，但有些地方政府却将其视为新的融资渠道。各地方政府未及时转变固有观念，没精力放到转变体制改革上，无法全面贯彻经济发展战略，疏忽 PPP 项目申报体制管理和过程把关。目前，地方政府突出的财政收支问题使地方政府将心思集中在缓解债务压力，而忽视项目监管，工作协调难以推进。地方政府在项目立项、规划等过程中形成固有习惯，地方政府缺乏 PPP 项目运作经验和真正熟悉 PPP 项目相关政策和业务的专业人员，在 PPP 项目进行过程中实施和管理能力不足。

2. 私人企业多数处于观望状态，PPP 项目中的社会资本仍以国企、央企为主

西方国家的社会资本主要指私人资本，由于我国经济结构的特殊性，社会资本包括民营企业、国企和央企及私人资本，国家更加鼓励民营资本和私人资本参与。国企和央企与地方政府企业文化和管理模式较容易融合，商业信用较好，市场风险较小，投资资金充足，民营企业运营情况的稳定性和营利性较差，地方政府更愿与国企、央企合作，致使参与 PPP 项目的多为国企或央企，民营资本、私人资本则很少。此外，PPP 项目投资额大、经营期长、收益率低，且无利益保障，让不少民营资本、私人资本对 PPP 项目望而却步。

3. 制度框架与法规体系尚不完善，社会资本利益无法保障

PPP 模式处于初步发展阶段，相关法律制度不完善，建立完善的法律法规体系，推行完善的 PPP 制度迫在眉睫。良好的法律体系，合理的利益共享、风险共担的分配机制是保障社会资本合法利益的基本保障。

五、促进 PPP 模式健康发展的主要措施

PPP 模式的最大特点是政府与社会资本的合作，加强政府管理、消除社会资本所有者的顾虑是解决问题和规避风险的关键所在。促进 PPP 模式健康发展的主要措施如下。

1. 改变固有思想，系统组织培养 PPP 项目专业型人才，加强对 PPP 项目的监督管理

系统组织培养专业 PPP 人才，学习先进经验，在各地成立专门的 PPP 项目监管小组，详细评审项目申报材料，实施系统的监督管理，确保项目各方参与者的行为合法合规。在 PPP 项目实施过程中，加强监督和管理。

2. 详细规定社会资本参与 PPP 项目的条件，限制国企和央企的过度参与

适当限制国企、央企参与 PPP 项目，国企、央企的资金均属国家的资金，国企、央企参与 PPP 项目，依然是体制内运转，并未打破传统的经济模式，无法减轻政府的财政压力。PPP 模式的推广，使不擅管理、经营的地方政府，在引入社会私人资本后，学习社会私人资本企业的先进企业文化和管理技术，弥补地方政府在经营管理上的不足。大力推广 PPP 项目，改变公共领域建设的传统模式，并在各 PPP 项目中限制国企、央企的过度参与，鼓励吸引更多的社会私人资本的投入，政府要做有限政府，企业能做的事情则放权让企业去做，政府做 PPP 项目的发起者和监督者，而不能在项目中占主导地位，主要对 PPP 项目的政府与社会资本投入比、合作期限等做出具体的规定，适当保障社会资本的利益不受损失。

3. 落实 PPP 项目激励和奖励政策，吸引社会资本积极参与

多数社会资本并没有实际参与 PPP 项目而是处于观望的状态，原因有二：

①PPP项目多为公共设施建设,属公益性质项目,营利性差,而企业则多是为了赚取更多的利润而投资。②国家出台的激励性政策和奖励政策不足以吸引社会资本的投入。为保证社会资本的利益,吸引社会资本的投资兴趣并积极参与,并在政策上引导,省级政府应及时出台相关激励与奖励政策报国务院批准后实施。

4. 实行透明化管理

PPP项目多为公共性项目,采用招标的方式正确合理地选择合作者,应严格遵守相关法律法规的要求,在法律法规允许的范围内选择投资者,综合评估项目合作伙伴的专业资质、技术能力、管理经验、财务实力和信用状况等因素,并将项目的基本信息和招标情况公之于众,依法择优选择诚实守信的合作伙伴以做到公开透明化管理。

5. 完善PPP法规体系,保障PPP模式健康发展

加快PPP法规体系建设,建立良好的法律环境保障PPP模式健康发展。保证投资者的管理权和利益,做到管理地位的公平和权利义务的对等关系,明确项目的实施、运营、管理、收购的事项,使各步骤都有法规可循。

6. 制定合理的利益共享、风险分担机制,保障参与各方的利益

PPP项目多为公益性公共设施项目,收益率低,要控制地方政府和社会企业的高额利润,加大对PPP项目的监督与管理,为保障项目各参与者的利益,项目风险的分担机制应遵从以下三条原则:①对风险最有控制力的一方承担相应的风险。在PPP项目中处在最有利位置的一方,最有能力控制风险、管理风险,由于风险在其控制范围之内,其有能力和动力为管理各种可能出现的风险而做出努力,减少各种风险发生的概率及风险发生时所能造成的资金损失。②承担的风险程度应与其所得到的回报相匹配。企业承担的风险越大,要

价越高；企业也不会为获取高额回报而承担高风险。因此，各方承担的风险程度都应与其所得回报相匹配。③承担的风险要有上限，应考虑企业承担风险的能力。PPP项目中存在一些不可抗力风险，如自然灾害造成的风险，合作双方都不具有控制该风险的能力。这种由意外或不可抗力带来的损失在正常预计之外且金额巨大。为避免影响参与者对项目的积极性，此损失不可由单独一方承担，应遵从承担风险有上限的原则。合作项目不得将全部利润分配给部分投资者，也不可由部分投资者承担全部风险，不论是企业利润或是风险，都应当设立合理的分担机制，以保证项目的正常运营。

参考文献

[1] Commission, Economic Planning and Advisory. Private sector involvement in economic infrastructure in Australia[R]. Private Infrastructure Task Force Interim Report, Canberra, Australia, 1995.

[2] 李洪. 长江上游典型码头集装箱工艺比较研究 [D]. 重庆：重庆大学硕士学位论文, 2012.

[3] 陈月梅, 徐震宇. 基于PPP视角的城市公共基础设施投融资模式选择——兼论南京三桥的投融资模式 [J]. 建筑经济, 2006, 12: 30-33.

[4] 李秀辉, 张世英. PPP与城市公共基础设施建设 [J]. 城市规划, 2002,（7）：74-76.

[5] 王灏. PPP的定义和分类研究 [J]. 都市快轨交通, 2004, 17（5）：23-27.

[6] 杨学英. 基础设施特许经营项目的经营模式、风险及财务评价 [D]. 武汉：武汉大学博士学位论文, 2005.

[7] 郭兴平, 王一鸣. 基础设施投融资的国际比较及对中国县域城镇化的启示 [J]. 上海金融, 2011（5）：22-27.

[8] 贾康, 孙洁. 我国基础设施建设急需采用PPP模式 [J]. 经济研究参考, 2014（13）：39-43.

[9] 沙骥. PPP模式在我国基础设施中的应用研究 [D]. 南京：东南大学硕士学位论文, 2004.

长江经济带高校科技创新能力评价[*]

孙红宇

(重庆工商大学经济学院,重庆 400067)

摘 要:构建区域高校科技创新能力评价指标体系,选取长江经济带11个省市为样本,以2014年的高校科技活动相关数据为基础,采用因子分析法对长江经济带各省市的高校科技创新能力进行研究,结果发现长江经济带高校科技创新能力在下游和中上游地区之间存在较大的差距,下游省市高校科技创新能力一般都较高,上游省市高校科技创新能力较弱,而中游省市高校科技创新能力介于二者。

关键词:长江经济带;高校;科技创新能力

一、引 言

在当今世界,科学研究的主力军是高等学校。高校科研活动对一国的人才、产业战略及整个创新体系建设有着十分重要的支撑作用[1]。长江经济带东

---

[*] 作者简介:孙红宇(1993—),女,土家族,湖北宜昌人,硕士研究生,主要研究方向为产业结构与布局。

起上海，西至云南，覆盖上海、江苏、浙江、安徽、江西、湖北、湖南、重庆、四川、云南、贵州11省市，面积约205万km^2，人口和生产总值均超过全国40%，是全国高密度的经济走廊之一。然而，这些城市经济实力和创新能力发展不平衡、创新活动尚未形成合力、各地资源流动不畅等问题，制约着长江经济带整体的资源利用效率、知识流动和创新能力提高。为进一步增强长江经济带高校科技创新能力，加快推进区域科技进步，迫切需要对长江经济带高校科技创新能力进行科学、全面的评价和分析，以便于各地准确把握其高校的总体科技创新能力，找出存在的差距与不足，合理定位，明确发展方向。

近年来，随着创新型国家建设步伐的不断推进，高校在国家创新体系中的地位日益突出，高校科技创新能力评价也开始引起重视。目前关于高校科技创新能力的研究主要集中在两个方面：一是研究高校科技创新能力指标体系的构建。王章豹和徐枞巍[2]从科技创新的基础能力、投入能力和产出能力三个方面构建了中国高校科技创新能力指标体系；吕蔚等[3]、王光平和金浩[4]、李绩才和王晓波[5]在评价指标体系中又增加了科技创新成果产业转化能力和科技成果投入产出效率，分别利用不同的评价方法对中国高校科技创新能力进行了评价。二是研究高校科技创新能力的评价方法，大多数研究者主要采取因子分析法和主成分分析方法对我国高校科技创新能力进行分析与评价，如刘伟等[6]、董晔璐[7]分别在前人研究的基础上重新构建了我国高校科技创新能力的指标体系，运用因子分析法和主成分分析方法对我国31个省（直辖市、自治区，除港、澳、台地区）高校科技创新能力进行分析与评价，发现我国高校科技创新能力在东部和中西部地区之间存在很大差距。唐炎钊[8]运用模糊数学方法提出了一个区域科技创新能力的模糊综合评估模型，并用此模型对广东省科技创新能力进行综合评估分析。

从目前的研究来看，高校科技创新能力评价方面的工作仍存在一些不足，如很少有研究者将科技管理能力纳入高校科技创新能力指标体系中，学者建立的评价指标体系各有侧重，目前还没有形成统一的评价指标体系，对高校科技创新能力的综合评价尚显不足。在利用评价体系进行得分排序时的方法选择也有待进一步改进。例如，一些学者利用主观法对评价指标赋予权重，这种方法形成的评价体系往往带着较强的主观性，很难公正客观地对高校创新能力进行评价。国内已有的研究倾向于把研究重点放在某个区域的高校，或者笼统地讨论整个高校系统，而对于具有流域性质的高校系统科技创能力评价鲜有研究。

本文在前人的研究基础上，主要基于科学性、代表性、可操作性、完备性的原则，构建了区域高校科技创新能力评价指标体系。以长江经济带 11 个省市为样本，以 2014 年的高校科技活动相关数据为基础，采用因子分析法对长江经济带各省市的高校科技创新能力进行研究，并据此有针对性地提出政策建议。

二、区域高校科技创新能力评价指标体系构建

（一）指标体系设计原则

（1）科学性。评价指标体系结构的安排要科学合理，指标元素的选取、指标数据来源及评价方法必须建立在科学性基础之上，能客观地反映高校科技创新活动的性质与特点。

（2）代表性。高校科技创新活动涉及领域广泛、内容丰富，如果想让评价指标囊括高校全部创新活动，这并不现实。因此，在设计评价指标体系时，应尽量将入选指标设置为那些具有代表性的科技创新活动，尽量避免将那些地区间差异不大，以及对科技创新活动整体影响较小的科技创新活动指标纳入指标体系中。

（3）可行性。评价指标体系结构要具有相对稳定性，资料获取的可靠性、可比性；评价指标所涉及的数据资料应易于获取，获取的数据资料要易于处理，同时要注意量化的可操作性；区域指标的统计口径和范围要尽量保持一致。

（4）完备性。要以科教创新能力的内涵为核心，不仅涉及理论和技术研究活动，同时还应包括科技研发成果中试验、转化、应用，以及科技服务活动等。因此，设计的科技创新能力指标体系要尽量做到全面、系统、客观地反映高校科技创新能力的全貌。

（二）区域高校科技创新能力评价指标体系

依照高校科技创新能力的内涵和结构，参考文献[2]、[5]对高校科技创新指标体系的构建，主要从科技创新投入水平、科技创新产出水平及科技影响力这三个方面构建高校科技创新能力评价的指标体系。其中，创新投入包括人力资源、科技经费、科技活动物质条件等；科研成果一般是以论文、专著、专利等形式产出，分别以科技创新产出能力和贡献率表示；此外，影响科技创新能力的还有科技影响力，主要考虑科技合作能力。据此本文构建以下指标体系（表1）。

表1 区域高校科技创新能力评价指标体系

一级指标	二级指标	三级指标	变量
科技创新投入水平	科技创新投入能力X1	研究与发展全时人员/（人/年）	W1
		研究与发展经费支出/千元	W2
		专业技术人员数量/人	W3
	科技创新支撑能力X2	从政府渠道取得的科技经费/千元	W4
		从非政府渠道取得的科技经费/千元	W5
		出席国际会议人次/人	W6
		出国进修人数/人	W7
科技创新产出水平	科技创新产出能力X3	学术论文发表总数/篇	W8
		国际级项目验收/项	W9
		出版科技著作数/本	W10
		专利申请数/项	W11
		专利授权数/项	W12
		省（部）级以上科技成果奖数量/项	W13
	科技创新贡献率X4	专利售出合同数/项	W14
		技术转让合同数/项	W15
		专利出售当年实际收入/千元	W16
		技术转让当年实际收入/千元	W17
科技影响力	科技合作X5	主（承）办国家二级以上学会组织的学术会议/次	W18
		国际学术会议交流论文/篇	W19

三、经验分析——以长江经济带高校为例

（一）样本选取

根据上文构建的区域高校科技创新能力评价指标体系，选取长江经济带11个省市的普通高等院校为样本，以2014年的高校科技活动相关数据为基础对各地的科技创新能力进行研究（表2）。本文数据主要来自于《2015年高等院校科技统计资料汇编》《中国科技统计年鉴2015》。

表2　长江经济带高校科教创新能力评价指标统计描述

统计量	研究与发展全时人员/（人/年）	从政府渠道取得的科技经费/千元	学术论文发表总数/篇	专利售出合同数/项	举办国际学术会议/次
平均值	8 143	2 570 687	35 298	116	120
中间值	8 358	2 033 332	28 442	112	94
最大值	15 849	6 883 272	81 844	470	502
最小值	3 308	618 931	13 852	7	22
标准差	4 187	2 172 199	19 937	118	129

在长江经济带11个省市的高校科教创新能力指标体系中，分别从科技创新投入能力、科技创新支撑能力、科技创新产出能力、科技创新贡献率、科技合作这5个方面各选取了1个具代表性的指标，进行数据统计描述。发现所有变量的最大最小值比都在10左右，而所有变量中仅研究与发展全时人员和学术论文发表总数的标准差略小于其中间值，其他变量则正好相反。这些数据初步表明，长江经济带各省市的高校科教创新发展不仅投入规模、产出规模和增长速度差异大，而且它们资源转化效率也不一样。显然，为分析长江经济带高校科教创新能力，有必要充分考虑各个指标综合测度水平，否则将不可避免地导致分析结果较大地背离真实情况。因此，本文后面将采取因子分析法，对长江经济带高校科技创新能力进行科学、全面的评价和分析，以便于各地准确把握其高校的总体科技创新能力，找出存在的差距与不足。

（二）长江经济带高校科技创新能力总体评价

利用本文提出的区域高校科技创新能力评价指标体系和评价方法，以及2014年高等院校科技统计数据，计算长江经济带各省市高校科技创新能力。依据中国高校科技创新能力指标体系中的指标值，运用SPSS 20.0中的因子分析法，对长江经济带高校科技创新能力进行总体评价。

1. 因子辨识

采用方差最大正交旋转法对因子的主成分进行提取，得到表3中的总方差表。表中显示了各因子所对应的初始特征值、累计贡献率及通过旋转后的累计贡献率。

一般来说，如果指标的累计贡献率达到了85%，即可以认为这些主成分包含了全部测量指标的信息。本样本中前两个成分的初始特征值分别为14.824和2.365，均大于1，且累计贡献率达到了90.469%，因此本文提取这两个成分为第一主成分（F1）和第二主成分（F2），作为新的综合指标对高校创新能力评价。

表3 特征值及其累计贡献率

主成分	初始特征值			提取平方和载入			旋转平方和载入		
	合计	方差贡献率/%	累计贡献率/%	合计	方差贡献率/%	累计贡献率/%	合计	方差贡献率/%	累计贡献率/%
F1	14.824	78.021	78.021	14.824	78.021	78.021	9.131	48.056	48.056
F2	2.365	12.447	90.469	2.365	12.447	90.469	8.058	42.413	90.469
F3	0.704	3.707	94.176						
F4	0.518	2.725	96.901						
F5	0.306	1.612	98.513						
F6	0.192	1.008	99.521						
F7	0.051	0.271	99.792						
F8	0.026	0.138	99.930						

续表

主成分	初始特征值			提取平方和载入			旋转平方和载入		
	合计	方差贡献率/%	累计贡献率/%	合计	方差贡献率/%	累计贡献率/%	合计	方差贡献率/%	累计贡献率/%
F9	0.008	0.042	99.973						
F10	0.005	0.027	100.00						
F11	3.345×10^{-16}	1.760×10^{-15}	100.00						
F12	2.623×10^{-16}	1.381×10^{-15}	100.00						
F13	2.056×10^{-16}	1.082×10^{-15}	100.00						
F14	9.946×10^{-17}	5.234×10^{-16}	100.00						
F15	-4.222×10^{-17}	-2.222×10^{-16}	100.00						
F16	-1.344×10^{-16}	-7.073×10^{-16}	100.00						
F17	-1.696×10^{-16}	-8.925×10^{-16}	100.00						
F18	-3.359×10^{-16}	-1.768×10^{-15}	100.00						
F19	-4.128×10^{-16}	-2.173×10^{-15}	100.00						

通过 SPSS 20.0 统计分析软件，对因子采用方差最大正交旋转法，得出因子荷载矩阵（表4）。

表4 旋转后的因子载荷矩阵

编码	指标	成分	
		F1	F2
W1	研究与发展全时人员/（人/年）	0.806	0.566
W2	研究与发展经费支出/千元	0.737	0.641
W3	专业技术人员数量/人	0.809	0.383
W4	从政府渠道取得的科技经费/千元	0.671	0.627

续表

编码	指标	成分	
		F1	F2
W5	从非政府渠道取得的科技经费/千元	0.685	0.631
W6	出席国际会议人次/人	0.962	0.231
W7	出国进修人数/人	0.814	0.457
W8	学术论文发表总数/篇	0.635	0.726
W9	国际级项目验收/项	0.964	0.147
W10	出版科技著作数/本	0.291	0.852
W11	专利申请数/项	0.346	0.900
W12	专利授权数/项	0.356	0.861
W13	省（部）级以上科技成果奖数量/项	0.594	0.774
W14	专利售出合同数/项	0.306	0.935
W15	技术转让合同数/项	0.251	0.822
W16	专利出售当年实际收入/千元	0.218	0.932
W17	技术转让当年实际收入/千元	0.239	0.909
W18	主（承）办国家二级以上学会组织的学术会议/次	0.942	0.172
W19	国际学术会议交流论文/篇	0.738	0.656

由表4可以看出，在主成分F1中，影响程度较大的指标有W1、W2、W3、W4、W5、W6、W7、W9、W18、W19。这些指标主要是从高等学校科技经费拨入总额、高等学校研究与发展经费支出总额等方面影响高校创新能力，可称为投入因子。在主成分F2中，影响程度较大的指标有W8、W10、W11、W12、W13、W14、W15、W16、W17。这些指标主要是从专利出售合同数、科技成果奖等方面影响高校创新能力的，可视为产出因子。

2. 因子得分及评价

根据SPSS 20.0的统计结果，可以得出因子得分系数矩阵，见表5。

表5 因子得分系数矩阵

编码	指标	成分	
		F1	F2
W1	研究与发展全时人员/（人/年）	0.110	-0.013
W2	研究与发展经费支出/千元	0.079	0.017
W3	专业技术人员数量/人	0.143	-0.055
W4	从政府渠道取得的科技经费/千元	0.064	0.025
W5	从非政府渠道取得的科技经费/千元	0.056	0.037
W6	出席国际会议人次/人	0.210	-0.117
W7	出国进修人数/人	0.131	0.039
W8	学术论文发表总数/篇	0.037	0.054
W9	国际级项目验收/项	0.225	-0.137
W10	出版科技著作数/本	-0.075	0.144
W11	专利申请数/项	-0.069	0.146
W12	专利授权数/项	-0.060	0.135
W13	省（部）级以上科技成果奖数量/项	0.018	0.073
W14	专利售出合同数/项	-0.086	0.161
W15	技术转让合同数/项	-0.080	0.145
W16	专利出售当年实际收入/千元	-0.108	0.176
W17	技术转让当年实际收入/千元	-0.099	0.167
W18	主（承）办国家二级以上学会组织的学术会议/次	0.215	-0.127
W19	国际学术会议交流论文/篇	0.076	0.020

F1、F2 两个主成分是从不同的侧面反映高校创新能力的，因此单独使用任何一个因子得分进行排名都难以做到综合评价。本文以各主成分对应的方差贡献率 R 作为权数，进行计算。其中，第一主成分 F1 的方差贡献率 R_1=42.413/90.469，第二主成分 F2 的方差贡献率 R_2=48.056/90.469。根据上述公式及数据，可以计算出主成分综合得分并进行总排名（表6）。

表6 综合得分排名表

省市	总得分	总排名
云南	-0.676 344 2	10
贵州	-0.782 938 2	11
四川	0.070 533	4
重庆	-0.522 577 7	8
湖北	0.222 512 6	3
湖南	-0.134 836 2	7
江西	-0.618 353	9
安徽	-0.051 438 2	6
浙江	0.037 628 3	5
江苏	1.544 052	1
上海	0.911 754 5	2

（1）通过对长江经济带11个省市样本数据进行处理，利用SPSS 20.0软件得出上述统计结果，从上述表格数据中可以发现：长江经济带高校科技创新能力发展不平衡，地区差异较为明显。长江经济带高校科技创新能力在空间分布上总体呈现出下游地区强于中游地区，中游地区又强于上游地区，但中上游地区有些省市的高校科技创新能力表现较为抢眼。排名靠前的省市（如江苏、上海等）均为长江下游地区，这些地区经济基础雄厚，高等院校、科研院所集中，科技工作者数量众多，为科技创新提供了坚实的物质基础和可靠的智力支持。东部地区是经济发展高地、人才创新高地，而实证结果也验证了这一点。跻身中间段的省份（如湖南、江西、安徽等）为长江中游地区，其经济基础相比于下游地区来说显得较弱，在支持科技创新发展、吸引科技创新人才方面还有待进一步加强，因此高校科技创新能力也有较大的进步空间。而（如贵州、云南等）长江上游边远地区的科技创新能力则相对落后，一方面上游地区的地理位置、自然环境等条件不利于经济发展，而薄弱的经济基础也难以支撑地区的高校科技创新发展；另一方面，西部地区难以吸引优秀的科技人才，造成高校科技创新能力也有着很大的不足。

（2）利用SPSS 20.0系统工具，基于高校科技创新能力指标值，对长江经济带高校科技创新投入、产出能力进行评价，得到长江经济带科技创新投入能力、产出能力评价得分雷达图（图1）。分析图1中的数据，可以发现长江经济带的省市大致可以归为四类：① F1为正，F2也为正，典型的如江苏省。江苏省F1值为0.121 32，F2值为2.805 72，这说明江苏省的综合得分中投入和产出这两个因子表现均不错。并且江苏省总得分排名位列第一，同时可以发现F2的值显著大于F1的值，说明第二个主成分对江苏省排名起到了显著的拉动作用。这说明，无论是高等学校的经费拨入、科研人员配备还是在创新产出方面，江苏省表现都很不错，并且在科技产出和科技成果转化能力方面表现更加突出。这与人们对于江苏省作为教育强省、科技大省、创新高地的形象相符合。② F1为正，F2为负，如上海市、四川省、湖北省等。上海市虽然总得分排名位列第二，但是其F1值为2.635 50，F2值为-0.616 85，说明上海市的排名主要是第一个因子起到了较大的拉动作用，即上海市高校科技创新能力排名高主要是由于科研创新经费的投入等因素的拉动，而科技产出和科技成果转化能力并没有很好地带动其科技创新能力排名的提升。③ F1为负，F2为正，如安徽、浙江等综合排名居中的省份。虽然F1、F2一正一负，但是它们的值却非常接近，可以认为，这两个因子并没有显著拉高或者显著拉低其科技创新能力的排名。④ F1为负，F2为负。这一类型主要集中在综合得分排名表的末端，如贵州、云南、重庆、江西、湖南等省市，表明无论是投入因子还是产出因子，它们对于该地区高校的科技创新能力排名起到的均是拉低作用。

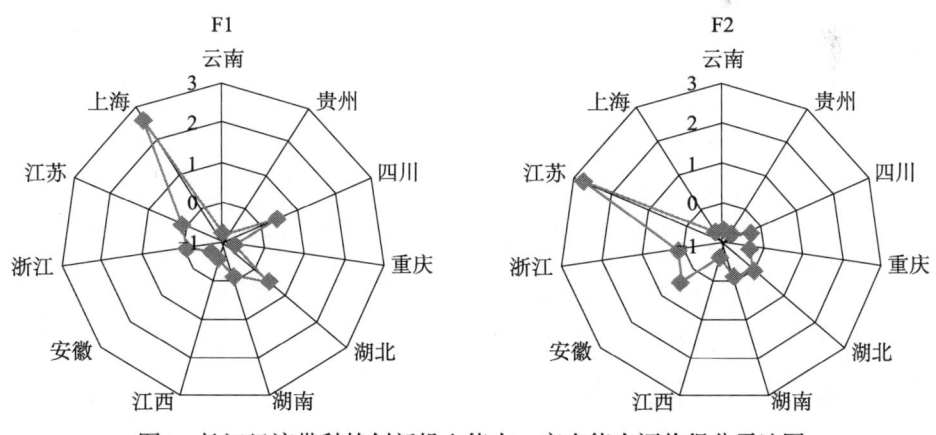

图1 长江经济带科技创新投入能力、产出能力评价得分雷达图

四、结论及建议

根据长江经济带高校科技创新能力评价结果，可以判断长江经济带高校科技创新能力具有以下几个特点。①江苏省科技创新能力在国内的地位不可替代，不仅其总体科技创新能力位居长江经济带第一，其基础资源投入能力、科研实力、科技产出能力和科技创新贡献率也保持领先，科研能力和投入产出效率也相对较高。②长江经济带高校科技创新能力在空间上总体呈现上游地区强于中游地区，而中游地区又强于上游地区，但中上游地区有些省市的高校科技创新能力表现较为抢眼。③高校基础资源投入能力、科研实力较强的省区，其科技产出能力、科研能力、科技创新贡献率并非也强。以上海市为例，虽然上海市高校的基础资源投入能力和科研实力要大大强于长江经济带其他地区，其科技创新投入位列第一位，但其产出排名却位于第9位。

为全面提高长江经济带高校的科技创新能力，结合长江经济带高校科技创新能力发展现状及特点，提出以下三个主要建议：①加大对长江上游地区高校科技创新的支持力度，促进区域间科技创新能力协调发展。政府要进一步加强对中上游地区高校的科技创新支持力度，设立地方高等教育专项资金，扶持中上游地区的科技创新发展，逐步缩小区域间高校科技创新能力的差距，实现区域间创新协调发展。②积极开展对外科技交流与合作，推动我国高校整体科技创新能力的提高。首先，通过加强长江上下游地区高校之间的交流与合作，从而推动我国高校整体科技创新能力的提高。其次，加强高校之间的国际交流与合作，及时了解和掌握国际前沿的学术动态。③重视个体差异，尊重创新规律，走特色创新之路。政府应该深入了解各地区高校科技创新的政策需求，做到具体问题具体分析。对于创新资源丰富、创新能力强、创新效益良好的高校和地区要继续加大支持力度，打造科技创新的"示范区""排头兵"。对于科技创新能力较低的高校和地区则需要进一步分析其原因，做到"对症下药"，走出一条具有自身特色的科技创新之路。

参考文献

[1] 施星国，张建华，仲伟俊. 区域高校科技创新能力的评价研究 [J]. 研究与发展管理，2009（4）：106-110.

[2] 王章豹，徐枞巍. 高校科研排行性评价与科技创新能力评价指标设计 [J]. 合肥工业大学学报（社会科学版），2005（1）：1-8.

[3] 吕蔚，王新峰，孙智信. 基于主成分分析的高校科技创新能力评价研究 [J]. 国防科技大学学报，2008（3）：81-85.

[4] 王光平，金浩. 基于因子分析的高校科技创新能力的实证研究 [J]. 河北师范大学学报（哲学社会科学版），2008（7）：48-51.

[5] 李绩才，王晓波. 区域高校科技创新能力评价研究 [J]. 科技管理研究，2007（7）：243-245.

[6] 刘伟，曹建国，郑林昌，等. 基于主成分分析的中国高校科技创新能力评价 [J]. 研究与发展管理，2010（6）：121-127.

[7] 董晔璐. 基于因子分析的我国高校科技创新能力评价 [J]. 科学管理研究，2015（6）：32-34.

[8] 唐炎钊. 区域科技创新能力的模糊综合评估模型及应用研究——2001年广东省科技创新能力的综合分析 [J]. 系统工程理论与实践，2004（2）：37-43.

三峡库区县域经济发展效率评价研究*

邓雪嵩

（重庆工商大学长江上游经济研究中心，重庆 400067）

摘　要：三峡库区作为我国一个独特的地理单元，研究其县域经济发展对构建和谐社会有极其重大的意义。本文利用数据包络分析（DEA）方法，根据2005～2014年三峡库区26个区县经济投入产出情况，构建评价指标体系对三峡库区县域经济发展效率进行评价，比较这10年中三峡库区各个区县经济发展效率变化状况，对区县的投入冗余和产出不足状况进行横向、纵向分析。研究结果表明三峡库区各区县经济发展效率不均衡，产业结构不合理，劳动力投入冗余严重，全社会消费品零售总额不足，并给出相关建议。

关键词：三峡库区；DEA；县域经济；经济发展效率

一、引　言

县域经济是国民经济发展的基本组成部分。县域经济具有地域特色，这种地域特色与其地理区位、历史人文、特定资源相关联。县域经济是蕴涵希望、

---

* 作者简介：邓雪嵩（1992—　），男，重庆开州人，重庆工商大学硕士研究生，研究方向为区域经济学。

充满活力的经济。自从党的十六大提出"壮大县域经济"的口号后,县域经济得到了迅速发展,但是中西部欠发达地区的县域经济发展相对比较落后,三峡库区这一独特地理单元正处于其中。三峡库区内区县县域经济发展较晚、发展落后,而且由于各区县之间人才、技术、资源等先天和后天的差异性,县域经济的发展存在明显的不均衡性。鉴于此,研究三峡库区县域经济发展效率有利于分析三峡库区区县经济发展中存在的问题,更好地增强库区县域经济综合竞争力,对未来库区的发展有积极意义。

目前我国已有很多文献对县域经济进行了研究,不少学者采用的都是数据包络分析(DEA)方法来测度。袁立科[1]运用DEA方法对江苏省52个县(市)经济发展效率进行分析,得出江苏省县域之间的经济发展效率存在显著差异;产业结构、人口素质和区位优势对县域经济发展效率具有显著的影响。黄海峰和王昕宇[2]运用DEA方法构建分析模型,对2013年四川省的29个县域经济体的发展效率进行测算,研究结果表明四川省的29个县域经济体之间的经济发展效率不均衡。俞园园[3]采用DEA方法,通过具体投入产出指标对长三角城市经济发展效率和规模效率分析认为,长三角城市群总体经济发展效率不高,经济发展存在不均衡现象。李晓梅和吴冬梅[4]运用DEA方法,以辽宁省的14个区域为样本数据进行了实证研究,结果表明:抚顺、本溪、丹东、盘锦、铁岭、朝阳等经济效率为非DEA有效。贾晶莹和马占新[5]运用DEA方法对内蒙古自治区的12个盟市的区域经济效率进行分析,得出了12个盟市的真实情况。袁晓玲和仲云云[6]运用超效率DEA模型测度了我国29个省区1978~2007年的区域经济发展效率,对各地区的经济发展类型进行划分并提出实现效率的策略。

二、经济发展效率的方法

数据包络分析(DEA)方法是由著名的运筹学家A. Charnes和W. W. Cooper等于1978年提出的,是一种线性规划技术,以相对效率概念为基础,用于评价具有相同类型的多投入、多产出的决策单元（DMU）是否有效的一种非参数统计方法。所谓 DMU，是指代表或表现出一定的经济意义，将一定"输入"转化为一定"输出"的实体[7]。DEA 方法的最主要应用就是根据输入/输出数据对同类型的 DMU 进行相对有效性的评价[8]。

（一）DMU 的选择

选择 DMU 的一个基本要求就是 DMU 的同类型。所谓同类型的 DMU，指符合以下三个条件的 DMU 集：具有相同的外部环境，具有相同的目标，具有相同的输入\输出指标[9]。

（二）DEA 模型

DEA 模型有很多，但是在评价经济发展效率时，最常用的是 C^2R 模型和 B^2C 模型。

1. C^2R 模型

C^2R 模型是从投入面分析并假设每一决策单元（DMU）的生产技术为固定规模报酬，利用线性规划方法求得效率前沿边界并计算每一决策单元的相对效率，凡落在边界上的 DMU 为 DEA 有效率，其效率值为 1；而其他未落在边界上的 DMU 则称为 DEA 无效率，其效率值大于 0 小于 1[10]。C^2R 模型前提是规模报酬不变，数学表达式如下[11, 12]：

$$\min \theta$$

$$s.t \begin{cases} \sum_{i=1}^{n} \rho_i x_i + s^- = \theta x_0 \\ \sum_{i=1}^{n} \rho_i y_i - s^+ = y_0 \\ s^+, s^-, \rho_i \geq 0, \theta 无约束 \end{cases}$$

所求的 θ 即为各决策单元的技术效率值。

2. B^2C 模型

B^2C 模型将技术效率分解为纯技术效率（PTE）和规模效率（SE），衡量处于不同报酬规模状态下的相对效率值。B^2C 模型前提是规模报酬可变，数学表达式如下[13,14]：

$$\min \eta$$
$$s.t \begin{cases} \sum_{i=1}^{n} \rho_i x_i + s^- = \eta x_0 \\ \sum_{i=1}^{n} \rho_i y_i - s^+ = y_0 \\ s^+, s^-, \rho_i \geq 0, \eta \text{无约束} \end{cases}$$

式中，η 为各 DMU 的纯技术效率值（PTE）。利用 DMU 在既定产出水平下的最优投入值 $x_0^* = \eta x_0 - s^-$ 和上述两个模型的测算结果，可求得各 DMU 规模效率 SE，SE=TE/PTE。

三、三峡库区县域经济发展效率的实证研究

（一）调查对象

本文选取了三峡库区所有 26 个区县作为调查单位，以这 26 个区县在 2005～2014 年的面板数据为依据，来测算各区县经济发展的相对效率，考虑其综合效率，纯技术效率和规模效率及规模收益的变化情况。

（二）指标体系的构建

1. 输入指标

输入指标为全社会固定资产投资、公共财政预算支出、年末常住总人口数。其中全社会固定资产投资和公共财政预算支出代表各区县资本的总投入，年末常住总人口数代表各区县劳动的总投入。

2. 输出指标

输出指标为全社会消费品零售总额、城镇居民可支配收入、农村居民可支配收入和地区生产总值。其中城镇居民可支配收入和农村居民可支配收入代表了居民的富裕程度，全社会消费品零售总额和地区生产总值是一个地区经济发展的最直接显示。

（三）研究方法

为了考虑规模报酬的影响，选用可变规模报酬下的 B^2C 模型，而且选用的是产出导向的 B^2C 模型，即在既定投入下实现尽可能大的产出的 B^2C 模型。

四、三峡库区县域经济发展效率的实证结果分析

用 DEAP 2.1 软件计算，可得到 26 个区县经济发展的相对效率，结果整理见表 1 和表 2。

表1 三峡库区各区县经济发展效率评价结果汇总

区县	2005年				2006年				2007年				2008年				2009年			
	综合效率	纯技术效率	规模效率		综合效率	纯技术效率	规模效率		综合效率	纯技术效率	规模效率		综合效率	纯技术效率	规模效率		综合效率	纯技术效率	规模效率	
巴东县	0.94	0.98	0.96	drs	1.00	1.00	1.00	—	1.00	1.00	1.00	—	0.90	0.92	0.98	drs	0.84	0.91	0.93	drs
兴山县	1.00	1.00	1.00	—	1.00	1.00	1.00	—	1.00	1.00	1.00	—	1.00	1.00	1.00	—	1.00	1.00	1.00	—
秭归县	0.77	0.92	0.84	drs	0.85	0.95	0.89	drs	0.78	0.95	0.81	drs	0.76	0.93	0.82	drs	0.75	0.93	0.81	drs
夷陵区	1.00	1.00	1.00	—	1.00	1.00	1.00	—	0.85	1.00	0.85	—	0.79	1.00	0.79	drs	0.75	1.00	0.75	drs
库首平均值	0.93	0.98	0.95		0.96	0.99	0.97		0.91	0.99	0.92		0.86	0.96	0.90		0.83	0.96	0.87	
万州区	0.56	0.81	0.69	drs	0.61	0.80	0.76	drs	0.62	0.80	0.78	drs	0.55	0.83	0.66	drs	0.64	0.85	0.75	drs
涪陵区	1.00	1.00	1.00		0.98	1.00	0.98	drs	0.82	0.99	0.83	drs	0.78	0.88	0.89	drs	0.80	0.89	0.91	drs
丰都县	0.66	1.00	0.66	drs	0.65	0.97	0.67	drs	0.59	0.88	0.67	drs	0.53	0.82	0.64	drs	0.56	0.75	0.75	drs
武隆县	0.64	0.97	0.66	drs	0.64	0.99	0.65	drs	0.64	1.00	0.64	drs	0.54	0.65	0.83	drs	0.69	0.96	0.72	drs
忠县	0.62	0.94	0.67	drs	0.63	0.92	0.69	drs	0.60	0.74	0.81	drs	0.57	0.75	0.75	drs	0.67	0.97	0.69	drs
开州区	0.65	0.78	0.83	drs	0.59	0.67	0.88	drs	0.57	0.77	0.74	drs	0.55	0.78	0.70	drs	0.58	0.86	0.68	drs
云阳县	0.53	0.83	0.64	drs	0.54	0.86	0.63	drs	0.50	0.87	0.58	drs	0.44	0.76	0.58	drs	0.44	0.76	0.58	drs
奉节县	0.60	0.65	0.91	drs	0.59	0.65	0.90	drs	0.57	0.77	0.75	drs	0.49	0.75	0.65	drs	0.51	0.74	0.69	drs
巫山县	0.56	1.00	0.56	drs	0.58	1.00	0.58	drs	0.51	1.00	0.51	drs	0.54	0.96	0.56	drs	0.66	1.00	0.66	drs
巫溪县	0.74	0.87	0.85	drs	0.67	0.89	0.76	drs	0.56	0.89	0.63	drs	0.50	0.86	0.59	drs	0.52	0.85	0.61	drs
石柱县	0.59	0.90	0.66	drs	0.56	0.92	0.61	drs	0.61	0.93	0.66	drs	0.62	0.90	0.69	drs	0.70	0.91	0.76	drs

续表

区县	2005年 综合效率	纯技术效率	规模效率		2006年 综合效率	纯技术效率	规模效率		2007年 综合效率	纯技术效率	规模效率		2008年 综合效率	纯技术效率	规模效率		2009年 综合效率	纯技术效率	规模效率	
库腹平均值	0.65	0.89	0.74	—	0.64	0.88	0.74	—	0.60	0.88	0.69	—	0.56	0.81	0.69	—	0.62	0.87	0.71	—
渝中区	1.00	1.00	1.00	—	1.00	1.00	1.00	—	1.00	1.00	1.00	—	1.00	1.00	1.00	—	1.00	1.00	1.00	—
大渡口区	1.00	1.00	1.00	—	1.00	1.00	1.00	—	1.00	1.00	1.00	—	1.00	1.00	1.00	—	1.00	1.00	1.00	—
江北区	0.82	1.00	0.82	drs	0.81	1.00	0.81	drs	0.84	1.00	0.84	drs	0.89	1.00	0.89	drs	0.97	1.00	0.97	drs
沙坪坝区	0.75	1.00	0.75	drs	0.74	1.00	0.74	drs	0.71	1.00	0.71	drs	0.76	1.00	0.76	drs	0.78	1.00	0.78	drs
九龙坡区	1.00	1.00	1.00	—	1.00	1.00	1.00	—	1.00	1.00	1.00	—	1.00	1.00	1.00	—	1.00	1.00	1.00	—
南岸区	0.86	1.00	0.86	drs	0.85	1.00	0.85	drs	0.85	1.00	0.85	drs	0.88	1.00	0.88	drs	0.95	1.00	0.95	drs
北碚区	0.79	1.00	0.79	drs	0.71	0.99	0.72	drs	0.72	0.99	0.73	drs	0.76	0.99	0.77	drs	0.78	0.99	0.79	drs
渝北区	0.59	0.97	0.60	drs	0.63	0.97	0.65	drs	0.70	0.98	0.71	drs	0.66	0.86	0.76	drs	0.87	0.99	0.88	drs
巴南区	0.62	0.97	0.64	drs	0.58	0.97	0.60	drs	0.60	0.98	0.61	drs	0.52	0.98	0.52	drs	0.63	0.99	0.64	drs
江津区	0.84	0.98	0.86	drs	0.78	0.91	0.85	drs	0.72	0.90	0.80	drs	0.65	0.85	0.76	drs	0.60	0.86	0.69	drs
长寿区	0.72	0.94	0.77	drs	0.72	0.89	0.81	drs	0.69	0.87	0.79	drs	0.62	0.85	0.73	drs	0.66	0.86	0.76	drs
库尾平均值	0.82	0.99	0.83		0.80	0.98	0.82		0.80	0.97	0.82		0.79	0.96	0.82		0.84	0.97	0.86	
库区平均值	0.77	0.94	0.81		0.76	0.94	0.81		0.73	0.94	0.78		0.70	0.90	0.78		0.74	0.93	0.80	

续表

区县	2010年 综合效率	纯技术效率	规模效率		2011年 综合效率	纯技术效率	规模效率		2012年 综合效率	纯技术效率	规模效率		2013年 综合效率	纯技术效率	规模效率		2014年 综合效率	纯技术效率	规模效率	
巴东县	0.73	0.87	0.84	drs	0.82	0.89	0.92	drs	0.93	0.94	0.99	drs	1.00	1.00	1.00	irs	0.61	0.84	0.72	drs
兴山县	1.00	1.00	1.00	—	1.00	1.00	1.00	—	1.00	1.00	1.00	—	1.00	1.00	1.00	—	1.00	1.00	1.00	—
秭归县	0.75	0.91	0.82	drs	0.81	0.89	0.92	drs	0.84	0.89	0.94	drs	0.89	0.91	0.98	drs	0.78	0.85	0.92	drs
夷陵区	0.85	0.93	0.91	drs	0.96	0.98	0.98	irs	1.00	1.00	1.00	—	0.88	0.97	0.91	drs	0.96	1.00	0.96	drs
库首平均值	0.83	0.93	0.89		0.90	0.94	0.96		0.94	0.96	0.98		0.94	0.97	0.97		0.84	0.92	0.90	
万州区	0.70	0.86	0.82	drs	0.83	0.91	0.91	drs	0.68	0.87	0.77	drs	0.62	0.89	0.70	drs	0.61	0.90	0.68	drs
涪陵区	0.80	0.87	0.93	drs	0.86	0.89	0.97	drs	0.88	0.90	0.97	drs	0.68	0.90	0.75	drs	0.70	0.91	0.77	drs
丰都县	0.65	0.71	0.93	drs	0.62	0.71	0.87	drs	0.44	0.74	0.60	drs	0.52	0.75	0.70	drs	0.49	0.78	0.62	drs
武隆县	0.69	0.96	0.72	drs	0.68	0.92	0.73	drs	0.69	0.85	0.81	drs	0.69	0.89	0.78	drs	0.68	0.94	0.73	drs
忠县	0.64	0.92	0.69	drs	0.67	0.91	0.74	drs	0.64	0.84	0.76	drs	0.68	0.86	0.80	drs	0.64	0.88	0.73	drs
开州区	0.57	0.81	0.71	drs	0.61	0.79	0.77	drs	0.58	0.74	0.78	drs	0.58	0.75	0.78	drs	0.51	0.78	0.66	drs
云阳县	0.45	0.71	0.63	drs	0.50	0.72	0.69	drs	0.52	0.67	0.78	drs	0.60	0.67	0.89	drs	0.45	0.71	0.63	drs
奉节县	0.53	0.70	0.75	drs	0.51	0.69	0.73	drs	0.49	0.67	0.73	drs	0.56	0.67	0.83	drs	0.46	0.71	0.65	drs
巫山县	0.65	0.99	0.65	drs	0.77	1.00	0.77	drs	0.87	1.00	0.87	drs	0.94	1.00	0.94	drs	0.56	0.89	0.63	drs
巫溪县	0.55	0.80	0.69	drs	0.52	0.77	0.67	drs	0.53	0.71	0.74	drs	0.59	0.73	0.81	drs	0.48	0.71	0.69	drs
石柱县	0.69	0.85	0.81	drs	0.67	0.84	0.80	drs	0.58	0.78	0.74	drs	0.65	0.83	0.78	drs	0.59	0.88	0.68	drs

续表

区县	2010年				2011年				2012年				2013年				2014年			
	综合效率	纯技术效率	规模效率		综合效率	纯技术效率	规模效率		综合效率	纯技术效率	规模效率		综合效率	纯技术效率	规模效率		综合效率	纯技术效率	规模效率	
库腹平均值	0.63	0.83	0.76		0.66	0.83	0.79		0.63	0.80	0.78		0.65	0.81	0.80		0.56	0.83	0.68	
渝中区	1.00	1.00	1.00	—	1.00	1.00	1.00	—	1.00	1.00	1.00	—	1.00	1.00	1.00	—	1.00	1.00	1.00	—
大渡口区	1.00	1.00	1.00	—	1.00	1.00	1.00	—	1.00	1.00	1.00	—	1.00	1.00	1.00	—	1.00	1.00	1.00	—
江北区	1.00	1.00	1.00	drs	0.92	1.00	0.92	drs	0.91	1.00	0.91	drs	0.88	1.00	0.88	drs	0.79	1.00	0.79	drs
沙坪坝区	0.97	1.00	0.97	drs	1.00	1.00	1.00	—	0.94	1.00	0.94	drs	0.88	1.00	0.88	drs	0.95	1.00	0.95	drs
九龙坡区	1.00	1.00	1.00	—	0.94	1.00	0.94	drs	0.97	1.00	0.97	drs	0.95	1.00	0.95	drs	0.93	1.00	0.93	drs
南岸区	0.96	1.00	0.96	drs	0.85	1.00	0.85	drs	0.87	1.00	0.87	drs	0.86	1.00	0.86	drs	0.77	1.00	0.77	drs
北碚区	0.78	0.99	0.79	drs	0.79	0.99	0.79	drs	0.75	1.00	0.75	drs	0.78	1.00	0.78	drs	0.80	1.00	0.80	drs
渝北区	0.77	0.99	0.78	drs	0.63	1.00	0.63	drs	0.64	1.00	0.64	drs	1.00	1.00	1.00	—	1.00	1.00	1.00	—
巴南区	0.64	0.98	0.65	drs	0.71	0.99	0.72	drs	0.83	0.99	0.83	drs	0.77	0.99	0.78	drs	0.79	0.99	0.80	drs
江津区	0.59	0.86	0.69	drs	0.69	0.87	0.79	drs	0.75	0.88	0.85	drs	0.69	0.89	0.78	drs	0.62	0.90	0.69	drs
长寿区	0.54	0.86	0.63	drs	0.72	0.88	0.82	drs	0.77	0.89	0.86	drs	0.71	0.89	0.80	drs	0.72	0.90	0.80	drs
库尾平均值	0.84	0.97	0.86		0.84	0.98	0.86		0.86	0.98	0.87		0.87	0.98	0.88		0.85	0.98	0.87	
库区平均值	0.73	0.91	0.79		0.77	0.91	0.84		0.77	0.90	0.85		0.78	0.91	0.86		0.73	0.91	0.79	

注：irs、—、drs 分别表示规模收益递增、规模收益不变、规模收益递减；武隆县 2016 年改为武隆区

表2　三峡库区各区县根据2005～2014年平均综合效率排名

名次	1	1	1	4	5	6	7	8	9	10	11	12	13
区县	渝中区	兴山县	大渡口区	九龙坡区	秭归县	江北区	巴东县	南岸区	沙坪坝区	涪陵区	秭归县	北碚区	渝北区
平均值	1.000	1.000	1.000	0.979	0.904	0.883	0.877	0.870	0.848	0.830	0.798	0.766	0.749
名次	14	15	16	17	17	19	19	21	22	23	24	25	26
区县	江津区	长寿区	巴南区	巫山县	武隆县	万州区	忠县	石柱县	开州区	丰都县	巫溪县	奉节县	云阳县
平均值	0.693	0.687	0.669	0.664	0.658	0.642	0.636	0.626	0.579	0.571	0.566	0.531	0.497

（一）相对效率研究

各区县经济发展效率的高低采用综合效率、纯技术效率和规模效率3种效率值判断。一般来说，综合效率为1表示最有效率的单位，即区县经济发展效率处于最佳状态；从纯技术效率可以看出，资本和劳动力投入是否有效，其值越高表示其投入资源使用情形越有效率；规模效率可以分为规模收益递增、规模收益不变、规模收益递减三种情况。

1. 综合效率

由图1可以看到，总体上来看，库首、库腹、库尾3个DMU综合效率均未达到DEA有效，2005～2014年，库腹、库尾地区呈波动状态，十年来变化不大，库首地区波动较大，库首和库尾的综合效率值高于库尾的综合效率值。

具体到各个区县，由表1可以看到，库尾地区，渝中区、大渡口区在各年份DEA均达到有效，九龙坡区2005～2010年DEA达到有效；库腹地区，除了涪陵区在2005年DEA有效，其他地区10年间DEA从未达到有效，而且DEA值没超过0.90；库首地区，兴山县在各年份DEA均有效，夷陵区在

2005年、2006年DEA有效，巴东县在2006年、2007年、2013年DEA达到有效。

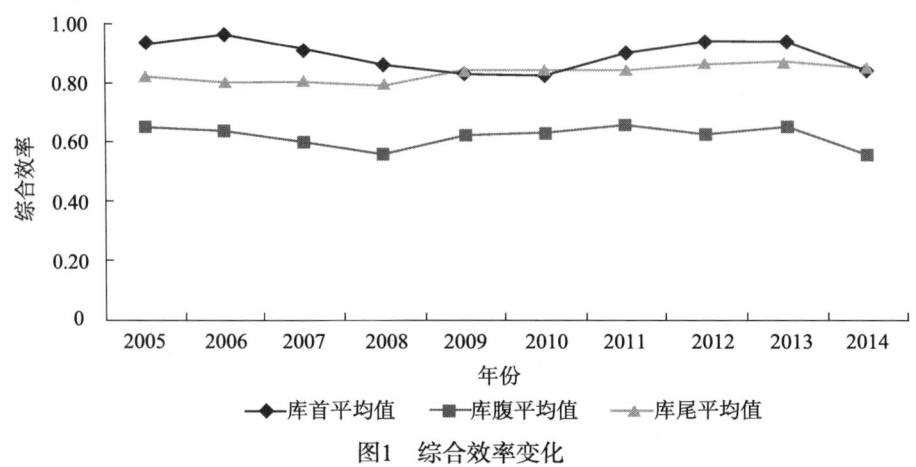

图1 综合效率变化

根据表2中2005～2014年计算的各区县平均综合效率，可以将26个区县分为6类。第一类，平均综合效率＞0.9的区县：渝中区、兴山县、大渡口区、九龙坡区、秭归县。第二类，0.8＜平均综合效率＜0.9的区县：江北区、巴东县、南岸区、沙坪坝区、涪陵区。第三类，0.7＜平均综合效率＜0.8的区县：秭归县、北碚区、渝北区。第四类，0.6＜平均综合效率＜0.7的区县：江津区、长寿区、巴南区、巫山县、武隆县、万州区、忠县、石柱县。第五类，0.5＜平均综合效率＜0.6的区县：开州区、丰都县、巫溪县、奉节县。第六类，0.4＜平均综合效率＜0.5的区县：云阳县。

2.纯技术效率

由图2可以看到，总体上来看，库首、库腹、库尾3个DMU纯技术效率均未达到DEA有效，2005～2014年库首和库尾的纯技术效率很接近，它们都高于库腹的纯技术效率，库首、库腹、库尾的纯技术效率不低于0.80。

具体到各个区县，由表1可以看到，库首地区，兴山县在各年DEA均达到有效，巴东县在2006年、2007年、2013年DEA有效，夷陵区在2005～2009年、2012年、2014年DEA有效；库腹地区，夷陵区在2005年、

2006年DEA有效，丰都县在2005年DEA有效，巫山县在2005～2007年、2009年DEA有效；库尾地区，渝中区、大渡口区、江北区、九龙坡区、南岸区在各年DEA均有效，北碚区在2005年、2012～2014年DEA有效，渝北区在2011～2014年DEA有效。

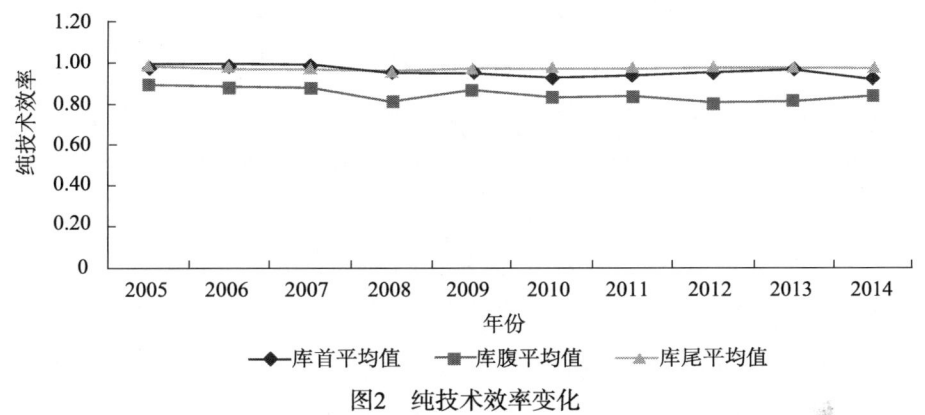

图2　纯技术效率变化

3.规模效率

由图3可以看到，总体上来看，库首、库腹、库尾3个DMU规模效率均未达到DEA有效，2005～2014年，库首地区的规模效率值都大于库尾地区规模效率值，库尾地区的规模效率值都大于库腹地区规模效率值。

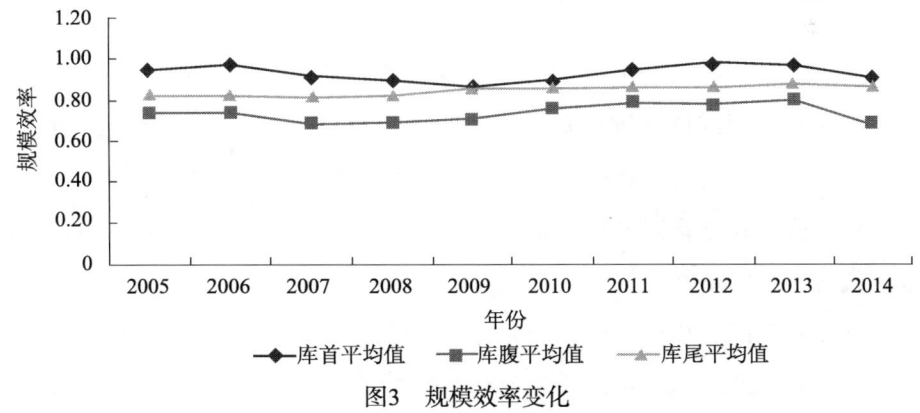

图3　规模效率变化

具体到各个区县，由表1可以看到，库首地区，兴山县在各年DEA均有效，巴东县在2006年、2007年、2013年达到了DEA有效，夷陵区在2005年、2006年、2012年达到DEA有效；库腹地区，涪陵区在2005年达到DEA有效，其他区县在这10年中DEA都未达到有效；库尾地区，渝中区、大渡口区在各年份DEA均达到有效，江北区在2010年DEA达到有效，九龙坡区在2005~2010年DEA达到有效，渝北区在2013年、2014年DEA达到有效，其他区县在各年份DEA均未达到有效。

由表1可以看出库首地区，只有夷陵区在2011年规模收益递增；库腹地区，10年中规模收益都递减；库尾地区，渝中区、大渡口在这10年规模收益不变，九龙坡区在2005~2010年规模收益不变，2011~2014年规模收益递减，渝北区在2013年、2014年规模收益不变，其余年份规模收益递减，其他区县在这10年中规模收益都递减。而且可以看出处于规模收益不变的区县都可以实现综合效率有效；处于规模收益递增的区县都可以实现综合效率无效；处于规模收益递减的区县都可以实现综合效率无效。

（二）投入冗余率与产出不足率分析

1. 横向比较

以2014年为例，由DEAP 2.1结果（表3）整理可知，共有16个区县纯技术效率无效，当纯技术效率无效时，才会产生投入冗余或产出不足，即冗余不足率与纯技术效率密切相关。在存技术效率无效的所有区县中，江津区全社会固定资产投入冗余，因此，应该减少城镇项目、农村建设项目投资及房地产开发投资等项目的重复无效投资，提高固定资产投资的效率。所有区县均存在公共财政预算支出、年末常住人口数和全社会消费品零售总额、城镇居民可支配收入、地区生产总值不足，说明劳动力投入数量、财政预算支出有余而效率不高，财政投入未得到有效利用。

表3 2014年投入冗余与产出不足

DMU	纯技术效率	全社会消费品零售总额/亿元	城镇居民可支配收入/元	农村居民可支配收入/元	地区生产总值/亿元	公共财政预算支出/亿元	年末常住总人口数/万	全社会固定资产投资/亿元
巴东县	0.84	5.71	3668.70	1369.79	11.03	8.86	20.01	0.00
秭归县	0.85	5.97	3488.67	1283.69	12.42	2.20	11.87	0.00
万州区	0.90	27.55	2838.24	1047.08	67.86	29.14	54.75	0.00
涪陵区	0.91	19.90	2584.36	988.48	60.39	10.47	10.85	0.00
丰都县	0.78	15.71	6111.98	2439.00	30.57	8.92	19.54	0.00
武隆县	0.94	2.72	1639.67	567.53	6.45	11.36	4.25	0.00
忠县	0.88	8.11	3441.89	1379.71	23.55	4.03	28.87	0.00
开州区	0.78	38.64	6321.16	2625.37	69.61	7.24	58.78	0.00
云阳县	0.71	32.27	8066.35	3303.87	55.89	19.80	49.74	0.00
奉节县	0.71	17.34	8120.99	3082.71	59.81	14.90	35.18	0.00
巫山县	0.89	3.43	2563.55	832.66	7.84	14.50	21.66	0.00
巫溪县	0.71	9.37	7584.42	2676.80	22.45	11.75	10.22	0.00
石柱县	0.88	5.82	3146.94	1179.07	13.24	13.66	8.64	0.00
巴南区	0.99	1.63	188.84	84.51	2.76	0.00	3.51	0.00
江津区	0.90	22.55	2871.74	1378.19	49.87	0.00	38.30	32.51
长寿区	0.90	9.96	2779.81	1189.42	36.99	0.00	11.80	0.00

2. 纵向比较

由 DEAP 2.1 输出结果（表4）可知，以江津区为例，整理可知，江津区2011年纯技术效率为0.87，纯技术效率无效主要是常住人口数冗余和全社会消费品零售总额、城镇居民可支配收入、农村居民可支配收入、地区生产总值不足造成的。2012年纯技术效率为0.88，纯技术效率无效主要是常住人口数、全社会固定资产投资冗余和全社会消费品零售总额、城镇居民可支配收入、农村居民可支配收入、地区生产总值不足造成的。2013年纯技术效率为

0.89，纯技术效率无效主要是常住人口数、公共财政预算支出冗余和全社会消费品零售总额、城镇居民可支配收入、农村居民可支配收入、地区生产总值不足造成的。2014 年纯技术效率为 0.90，纯技术效率无效主要是常住人口数、全社会固定资产投资冗余和全社会消费品零售总额、城镇居民可支配收入、农村居民可支配收入、地区生产总值不足造成的；2005～2009 年，纯技术效率无效主要是常住人口数、公共财政预算支出冗余和全社会消费品零售总额、城镇居民可支配收入、农村居民可支配收入、地区生产总值不足造成的。因此，要发展经济效率要充分控制劳动力数量、提高劳动力效率，增加全社会消费。

表4 江津区2005～2014年投入冗余与产出不足分析

DMU	纯技术效率	全社会消费品零售总额/亿元	城镇居民可支配收入/元	农村居民可支配收入/元	地区生产总值/亿元	公共财政预算支出/亿元	年末常住总人口数/万	全社会固定资产投资/亿元
2005	0.98	0.97	211.14	81.18	2.98	1.68	55.96	0.00
2006	0.91	4.69	979.34	345.64	13.91	1.74	54.46	0.00
2007	0.90	6.81	1387.69	520.57	19.51	5.22	71.35	0.00
2008	0.85	13.26	2381.75	959.76	3.62	62.66	64.85	0.00
2009	0.86	14.25	2400.12	970.56	36.45	1.26	60.09	0.00
2010	0.86	16.86	2613.50	1110.72	41.77	12.70	49.47	0.00
2011	0.87	18.99	2816.00	1266.54	45.24	0.00	15.51	0.00
2012	0.88	19.92	2898.62	1314.26	45.40	0.00	21.08	22.84
2013	0.89	20.06	2913.72	1363.19	47.54	3.60	46.52	0.00
2014	0.90	22.55	2871.74	1378.19	49.87	0.00	38.30	32.51

五、县域经济发展对策建议

通过 DEA 分析可知，三峡库区县域经济发展存在诸多问题，如地区之间差异大、产业结构不合理等。从效率角度，三峡库区效率较高的区县都集中在经济最为发达的库尾地区，这也和纯技术效率在空间上的分布基本一致。因此，各区县政府应把技术创新和新技术的应用作为促进县域经济发展的主要动力。另外从投入冗余，产出不足角度，三峡库区各区县最大的投入冗余问题是劳动力投入，因此应该提高劳动力投入效率，加快促进劳动密集型产业发展，吸收多余的劳动力。三峡库区各区县最大的产出不足问题是全社会消费品零售总额不足，即全社会消费水平不高，因此，应该促进居民消费，刺激经济增长。从规模收益角度，三峡库区各区县的规模收益处于规模收益不变和递减，因此应该调整产业结构，实现产业升级，促进经济发展。

参考文献

[1] 袁立科. 县域经济发展效率及其影响因素研究——以江苏省为例[J]. 审计与经济研究, 2010, 25（5）: 84-89.

[2] 黄海峰, 王昕宇. 基于DEA的县域经济发展效率研究: 以四川省为例[J]. 农村经济, 2015（10）: 57-61.

[3] 俞园园. 长三角地区城市经济发展效率评价研究[J]. 江南大学学报（人文社会科学版）, 2013, 12（6）: 74-79.

[4] 李晓梅, 吴冬梅. 基于DEA的辽宁区域经济效率实证研究[J]. 辽宁工业大学学报（社会科学版）, 2012, 14（6）: 20-23.

[5] 贾晶莹, 马占新. 基于DEA方法的内蒙古区域经济效益分析的实证研究[J]. 内蒙古科技与经济, 2009（1）: 2-4.

[6] 袁晓玲, 仲云云. 我国区域经济发展效率的时空变化及影响因素分析——基于超效率DEA模型的实证分析[J]. 商业经济与管理, 2010（7）: 81-90.

[7] 段永峰, 罗海霞. 基于DEA的资源型城市低碳经济发展的效率评价——以内蒙古地级资源型城市为例[J]. 科技管理研究, 2014, 34（1）: 234-238.

[8] 张悟移, 杨云飞. 中国区域经济发展效率评价——基于DEA和Malmquist指数[J]. 华东经济管理, 2014（11）: 63-67.

[9] 夏四友, 文琦, 熊欢. 基于DEA的能源富集区经济发展效率实证研究——以陕西省榆林市为例[J]. 地域研究与开发, 2016, 35（5）: 47-52.

[10] 宝雾鹰, 张玉林. 基于DEA的县域经济发展效率分析——以内蒙古通辽市为例[J]. 内蒙古科技与经济, 2014（18）: 7-9.

[11] 王宏亮, 郝晋珉, 孙丕苓, 等. 基于DEA模型的内蒙古城镇用地效率分析[J]. 干旱区资源与环境, 2015, 29（10）: 20-24.

[12] 陈晓华,李久林,储金龙. 基于 DEA-ESDA 的皖江城市带城市效率评价 [J]. 华东经济管理,2015,29（12）:51-56.
[13] 买亚宗,孙福丽,石磊,等. 基于 DEA 的中国工业水资源利用效率评价研究 [J]. 干旱区资源与环境,2014（11）:42-47.
[14] 付正义,涂建军,李小敏,等. 我国经济发展的时空演变分析 [J]. 经济地理,2016,36（2）:11-18.